U0676625

青岛大学学术专著出版基金资助

经济全球化
对企业家精神的影响

刘鹏程○著

中国社会科学出版社

图书在版编目（CIP）数据

经济全球化对企业家精神的影响／刘鹏程著．—北京：中国社会科学
出版社，2019.11

ISBN 978 – 7 – 5203 – 5146 – 1

Ⅰ.①经…　Ⅱ.①刘…　Ⅲ.①经济全球化—影响—企业家—企业
精神—研究　Ⅳ.①F272.91

中国版本图书馆 CIP 数据核字(2019)第 208985 号

出 版 人	赵剑英
责任编辑	安　芳
责任校对	张爱华
责任印制	李寡寡

出　　版	中国社会科学出版社
社　　址	北京鼓楼西大街甲 158 号
邮　　编	100720
网　　址	http://www.csspw.cn
发 行 部	010 – 84083685
门 市 部	010 – 84029450
经　　销	新华书店及其他书店

印　　刷	北京明恒达印务有限公司
装　　订	廊坊市广阳区广增装订厂
版　　次	2019 年 11 月第 1 版
印　　次	2019 年 11 月第 1 次印刷

开　　本	710×1000　1/16
印　　张	17.5
插　　页	2
字　　数	281 千字
定　　价	85.00 元

凡购买中国社会科学出版社图书，如有质量问题请与本社营销中心联系调换
电话:010 – 84083683
版权所有　侵权必究

目　　录

第一章

导　　论

第一节　选题背景

从历史上看，人类跨国界的技术交流活动从未停止过。例如，在中世纪晚期，大批的意大利企业家进入英国和荷兰，将银行和其他金融技术传播给当地居民；欧洲大陆国家最早并没有工厂或者机器作坊，是英国企业家最早在当地投资，才将技术传播开来；到了 20 世纪，英国老板、经理、技术工人所组成的业余球队遍布各大洲，将现代足球运动传播到世界各地；20 世纪 70 年代中期以来，通信、交通、信息和网络等各个领域的高新技术飞速的发展，各种新技术和新产品不断涌现，产生了廉价且便捷的全球通信网络。科技的革命性发展大大弱化了各国在地理空间上的障碍，缩短了各国进行经贸交流的距离，不管是有形的商品和劳动力还是无形的资本和信息都能在全球各国间通畅地流动，这为经济全球化的高速发展提供了可行性。国与国之间的社会分工也得以进一步细化，世界各国、各地区的经济活动都变成了经济全球化的一部分，从而在超过一国或地区的范围紧密地联系在一起，这使得生产社会化的发展达到了前所未有的高度。在经济全球化高速发展的背景下，发达的经济生活和高度社会化的生产方式更加依赖于科学技术，也对科学技术提出了更高的经济需求。另外，在各国交流的过程中，科技资源在一定程度上实现了在全球范围内的共享，这为给科技的发展进步创造了更为有利的条件。科学和技术在各种因素的共同作用之下，显现出意想不到的发展力量和速度，也成为经济增长的重要推动力量。

在以信息技术、计算机技术为主要标志的高科技领域迅速发展的同时，市场体制和市场结构更加灵活与开放，生产要素的流动与配置更加自由，市场需求不确定性增加，市场供给也需要随时调整。这一切使得规模经济优势的重要性变小，而知识优势和信息优势的重要性变大。随着企业最优规模的变小以及行业进入壁垒的逐渐消除，创业门槛大大降低，大量新创企业开始涌现。20世纪70年代中期，大量的美国人开始创业，诞生了数量众多的中小型企业。1982年，美国著名社会预测学家约翰·奈斯比特对美国个体创业数量呈爆炸式增长的现象进行了细致观察，并给出了如下描述："在1950年左右，美国每年新产生的企业为9.3万家，到了1981年新诞生企业数量迅速发展为每年60万家。美国逐渐转变成个人创业社会，而不再是公司经营社会。新创企业为美国带来了良好的经济效益和社会效益，提供了90%以上的新增就业，而且逐步超越大企业，在经济发展中的重要性越来越大，成为经济发展的源泉，促使美国经济由管理型经济发展为更为高级的创业型经济。"20世纪末，蒂蒙斯撰写了《战略与商业机会》一书，该书写道："从20世纪70年代开始，大量涌现的创业企业和创业者颠覆了美国传统经济社会结构，并逐渐影响到全世界。创业思想的传播将会影响未来几代人，将会决定美国乃至世界各国居民的工作、学习和生活方式。"

经济全球化的发展和创业思想的传播极大地促进了各国创业型经济的发展。2002—2005年，从世界范围来看，新注册企业占企业总数比重有了较大提升，由7.9%增加到8.6%。按照经济发展程度来看，中低收入国家新注册企业占企业总数比重较低，但发展迅速，由6.8%增加到7.8%。其中，低收入国家发展比重最低，发展最快，由4.3%增加到6.5%；中等收入国家的比重由7.5%增加到8.2%；高收入国家比重最高，也取得了较快的发展，由9.4%增加到10.0%。从新登记注册企业数目来看，2002年世界范围内的新注册企业数为195.2万家，到2005年该数字增加到365.7万家。按照经济发展程度来看，中低收入国家处于明显劣势。其中，低收入国家2002年的新注册企业数量为2.7万家；2005年达到3.6万家；中等收入国家2002年新注册企业数为70.2万家，2005年达到139.8万家；高收入国家则处于明显优势，2002年新注册企业数为122.3万家，2005年达到222.4万家。改革开放40年来，随着经济体制的改善和经济发展水平的不断上升，我国新创企业也大量涌现，中小企业的比例不断提升。1996年，我国中小企业总量为259.1万家，占全国企业法人单位总数的98.5%；到了2001年，我国中小企业数量净增加40多万家，达到300万家，所占企业总数的比重进一步上升，达到99.2%；2004年，我国企业总数达到324.9万家，而小企业数量则达到322.6万家，比例增至99.3%[①]；截止到2010年9月，我国中小企业数量和企业总数均得到大幅度提升，前者数量达到1023.1万户，后者达到1030万户，中小企业占企业总数的比重为99.3%。

与传统管理型经济不同，创业型经济的关键特征是个体和组织富有企业家精神，创业活动活跃。创业型经济也被认为是更为先进的经济发展模式，在经济发展中发挥了显著成效，不仅产生了大量的工作岗位，在促进新产业兴起、繁荣市场经济和维护社会稳定等诸多方面都提供了关键支持。例如，在经济合作与发展组织（OECD）国家，中小企业数量占企业总数的比例达到95%，创造了OECD国家70%左右的就业岗位和一半以上的国民财富[②]，极大促进了这些国家的经济社会繁荣。我国中小企业的贡献同样举足轻重，2010年中小企业提供的国民财富达到GDP的60%。在该年末，中小企业新增4400万个就业岗位，其中80%为城镇就业岗位，这为农民务工和下岗职工再就业提供了重要渠道，为社会稳定做出了突出贡献。同时，中小企业实现利润2.6万亿元，贡献的税收额度高达1.5万亿元。

正是在这一背景下，世界各国政府无不将创业型经济作为竞相追求的目标，把提升企业家精神、促进鼓励创业、发展以创新为依托的创业型经济作为国家战略和政策取向。例如，为了降低个体创业风险，提高创业收益，在社会上营造良好的创业政策环境，支持初创企业发展，促进新兴企业的持续增长，在全社会范围内提升创业认知，欧盟委员会在2003年初正式发表了名为《欧洲创业》的绿皮书。该书以创业企业为核心地位，提出了诸多政策，客观上大大地促进了欧洲对创业的重视，提

---

① 田大洲、曲涛、田娜：《我国中小企业发展及其就业贡献》，《人口与经济》2011年第12期。

② 张茉楠：《启动创业型经济释放新一轮增长动力》，《中国高新技术产业导报》2008年第10期。

高了创业率。2009 年 5 月，美国政府开展小企业周（Small Business Week）活动，以在社会上宣传创业精神，提升国民的创业意识，提高创业者数量，扶持中小企业顺利发展，从而贡献更多的就业岗位，推动知识和技术创新，促进经济社会快速发展。中国政府也十分重视创业企业的作用，积极努力地促进创业型经济的发展。2007 年，党的十七大报告就明确指出政府必须积极地引导、鼓励自主创业，以创业解决就业，使越来越多的劳动者成为创业者，实现"实施扩大就业的发展战略，促进以创业带动就业"。2012 年党的十八大报告中也继续贯彻了这一思想，提出要贯彻鼓励创业的方针，加大创新创业人才培养支持力度，提升劳动者就业创业能力，特别是要支持青年创业，促进创业带动就业。

然而，与大型企业比较，中小企业比较脆弱，在经济形势波动时，受到的影响程度会很大，其就业贡献率也常常会出现周期性变化。而国际贸易和 FDI 恰恰又给世界各国的宏观经济环境加入了诸多不确定性因素，使得各国提升企业家精神、发展创业型经济的政策面临着层层挑战。首先来看国际贸易带来的影响：第一，国际贸易带来的竞争加剧增大了创业的风险，满足了居民的多样化需求，因而会降低一国居民进行创新的动力。第二，国际贸易降低了国内市场产品价格，提高了工人的相对工资。海外需求还吸引了更多的国内企业成为出口商，导致国内劳动力需求的增加，进一步地提高了实际工资，减少了个体成为企业家的比率。第三，在全球化市场上，新生企业与具有规模优势和低成本优势的跨国企业在统一市场竞争，这使得小企业和萌芽企业处于非常不利的地位。创业企业还会受到倾销的威胁。第四，很多情况下，进口商品因为质量低下，不符合产品标准而在母国或其他国家不能够销售。这些商品在一国市场上被廉价的销售，降低了本地产品的价格，本地企业家的产品价格也被迫下降，其创业行为变得无利可图。外资企业的进入也有对当地企业家精神不利的一面，主要表现在：第一，通常情况下，跨国公司具有所有权优势，其技术水平更高，规模更大，财务约束更少，比国内企业更加有经验，可以更好地利用规模经济或者承受巨大的沉没成本，而且经常会获得当地政府的优惠政策。第二，外资企业对优秀员工的支付工资要比国内企业高，从而将有可能成为企业家的员工从国内企业掳走。第三，外资企业在本地生产和销售商品和服务，冲击了本地市场，降低了企业家的预期收入。第四，所有权优势比较大的外资企业甚至会在东道国构建行业壁垒，阻挠东道国企业家的创业。

对世界各国而言，在面对经济全球化时，提升企业家精神，发展创业型的机遇与挑战共存。那么，如何迎接经济全球化的挑战，如何在日益激烈的全球市场竞争中站住脚跟？如何在经济全球化下创造和保持竞争优势？这是我国政府和企业家必须解决的重要问题。正是基于以上背景，本书以此为选题，探究国际贸易和 FDI 对企业家精神的影响。

第二节　研究意义

从理论角度来看，企业家精神早已进入主流经济学的视野，其在经济增长中的重要作用也得到经济学界的广泛认同。例如，根据萨伊的论述，企业家将虚拟知识运用到具体实际中的职能是经济生产的原始动力。根据熊彼特的论述，企业家是一国经济高速发展的原动力，是经济中活力最大的因素，其创新行为是商业周期波动和经济发展的最根本原因。但企业家精神理论在经济学领域中还未达成统一，在标准经济学框架内总结出来的经济规律有限，置于国际贸易和 FDI 高速发展大背景下的研究更是鲜见。企业家精神理论目前仍还处于初级构建阶段，存在巨大的研究空间。因此本书以此为选题，探索和分析国际贸易和 FDI 影响企业家精神的规律，以期更新、补充与扩展现有的企业家精神理论。

从现实角度来看，目前发展创业型经济已经成为我国增加就业岗位、提升创新实力、实现可持续发展的重要战略和关键途径。2008 年 9 月下旬，中国人力资源社会保障部、发展改革委和教育部等十个部门联合公布了《关于促进以创业带动就业工作的指导意见》。该意见要求各地区和各相关部门要将创业提升到一定高度，加大政策支持力度，提供全面的服务保障，创造适合创业的政策环境，使个体劳动者、创业者和中小企业受到具体的激励与扶持，促进个体私营、外资经营等非公有制经济的发展，从而扩大创业的经济领域，增加就业岗位。要在社会上培养创业意识，释放个体居民的创业激情，使更多城乡劳动者走上创业再就业之路。重点扶持和激励高校毕业生、失业人员和返乡农民工等群体，积极采取措施促进军队复员转业人员、留学回国人员等创业。力争用三五年的时间，实现创业人数大幅增加，基本形成以创业带动就业的局面，使更多有创业意愿和创业能力的劳动者成功创业。2012 年党的十八大报告中明确提出要贯彻鼓励创业的方针政策，加大创新创业人才培养支持力度，提升劳动者的就业创业能力，特别是要支持青年创业，促进创业带动就业。2013 年，国务院办公厅公布关于做好全国普通高等学校毕业生就业工作的通知，要求积极努力完善促进创业的相关政策，加强创业培训、创业教育和创业服务，对高校毕业生自主创业进一步放宽准入条件，降低注册门槛。特别要鼓励高校毕业生创办我国和地方优先发展的资源综合利用型、智力密集型和创新科技型企业，鼓励通过网络创业来促进就业。

由此可见，提升企业家精神，发展创业型经济是我国实现经济增长和增加就业的重要手段。创业型经济能否良好发展关乎中国可持续发展战略的实现，也将是中国经济社会实现和谐转型的必然选择。因而探索创业型经济发展的机理，寻找适合中国发展创业型经济的道路是极为紧迫和重要的。在经济全球化的浪潮中，创新和创业将会是各国经济发展的"风向标"，认清国际贸易和 FDI 影响企业家精神的规律，积极利用经济全球化给我国创业型经济带来的诸多机遇，以提升企业家精神是我国经济学者当前的重要任务。

第三节 核心概念界定

界定核心概念是学位论文写作的逻辑起点，是重要的奠基性工作。对文中所涉及的核心概念加以界定有利于在计量检验中规范合理地选择合适的衡量指标，也有利于在理论分析中阐述问题和解释机制。本书涉及的核心概念主要包括企业家精神、创业和创业型经济等。

企业家精神。企业家精神对应的英文为"Entrepreneurship"，其含义为个体发现市场上的企业家机会，并能够将其商业化、创办为企业的能力。然而，现存文献并没有企业家精神的统一定义。在被学者们广泛使用的过程中，企业家精神这一概念的定义也已经远远超过字面意思，其内涵大大扩展，涵盖了承担风险与不确定性、提供金融资本、创新、决策、领导、经营活动管理能力、有效进行资源分配、承保能力、寻找套利机会能力、组织者和协调能力、创业和自我雇佣等诸多内容。

在经济学文献中，"企业家"的概念最早由坎蒂隆（Richard Cantillon）在 1775 年的《商业性质概论》一书中提出。企业家概念的法文是"Entreprendre"，其含义为"着手工作，发现创业机会，借由创业和创新来达到人生目标，满足整个社会的需求"。坎蒂隆评价个体是否为企业家的标准与现今有很大的不同，坎蒂隆认为，企业家以收入是否具有确定性来评判的。他指出，除了君主和地主以外，人只有工资收入者和企业家这两类。其中工资收入者指的是报酬数额确定的人，企业家指的是报酬数额不确定的人。工资收入者和企业家的划分与其身份无关，无论是奴仆、侍臣、将军、乞丐和强盗，只要报酬是不确定的，都可以被认为是企业家。报酬的不确定性就是个体所面临的风险，而承担报酬不确定性的风险就是企业家活动的本质。企业家个体也应当是风险承担者，是冒险家，而不是厌恶风险或者懦弱的人。

斯密（Adam Smith）从劳动分工的角度论述了企业家的职能：进行产业投资和产业管理。斯密认为企业家与普通人表现出来的极不相同的才能，是劳动分工的结果而非原因。斯密对企业家持赞扬和肯定态度，认为企业家在行使职能，参与逐利活动的同时，会创造公共利益，加快社会进步。即使企业家在主观上无意促进公共利益，但"看不见的手"在客观上却促进了社会的和谐和发展。

萨伊（Jean Baptiste Say）将人类劳动的过程分解为三个连续的步骤。人类劳动首先要有指导理论，即"研究关于产品的规律和自然趋势"，这一工作由科学家来承担；其次，劳动需要将理论具体化，即"应用劳动理论来达到一个有用的目标"，这一工作由企业家群体来承担；最后是劳动理论的执行，即"完成以上两个步骤所要求的用手的工作"，这一工作由工人群体来承担。萨伊根据收入来源的不同，从经济范畴上对资本家和企业家做了界定，这是其对企业家理论的另一个重大贡献。根据萨伊的论述，企业家的收益应被称为"利润"，资本家的收益应称为"利息"，前者取决于企业家本身的人力资本、积极程度和判断能力等，后者依赖于资本数量、投资机会的稳定性等。

马歇尔（Alfred Marshall）认为企业家在社会生产中具有三大职能，即整合生产所需要的生产要素、承担生产中的各种风险和领导协调其他劳动者等。在马歇尔眼中，企业家职能只有具备较高品质的个体才能承担。企业家首先要具备领导能力，能够从更高水平上统帅全局，其次要敢于承担风险，而且具有理性评价风险的能力。马歇尔用"活力"一词来概括企业家能力和素质，这与"企业家精神"的概念比较接近。

熊彼特（Joseph Alois Schumpeter）提出的企业家理论影响最为广泛。他在《经济发展理论》一书中把企业家定义为创新者，把企业家精神定义成一种不断创新的精神。通过将全新的思想付诸实践，把纸面设计变为能够产生利润的生产活动，企业家精神不断地驱动着社会的发展。熊彼特指出除了纯粹的技术改进，企业家的创新活动还有以下5种形式：（1）引入一种新产品——赋予产品新的功能属性或者在市场推广消费者还不熟悉的产品；（2）采用新的生产方式或者采用新的商品商业化处理方式，新的方法尚未被相关生产部门实践检验，也未必建立在新的科学发现之上；（3）开辟一个新市场，这个市场可以是早已存在或新开辟的，但其他的特定生产部门并不曾进入该市场；（4）获取新的原材料或半成品供货渠道，这个供货渠道可以是早已存在或第一次建立起来；（5）实现新的产业组织形式，例如打破一种垄断地位或建立一种垄断地位。

熊彼特认为企业家与发明家有很大不同，企业家所从事的"创新"职能是一个经济概念，与技术上的发明完全不同。只有当纸面上的技术发明在现实中被商业化、应用于经济活动时，才称为"创新"。熊彼特认为企业家和资本家也有根本性的不同，两者是雇佣关系或是债务人和债权人关系，是利益完全对立的两个经济主体。

舒尔茨（T. W. Schultz）将企业家精神定义为处理失衡的能力。舒尔茨的企业家精神概念不仅包含市场行为，还涵盖了非市场行为，如家庭决策和时间分配等。他认为失衡以各种方式存在于我们的现实生活中，降低了整个社会的福利。人们需要做的是重新调配资源，找回均衡，达到经济最优化的目标。

舒尔茨认为每个人的能力可以分为五类，第一类是学习知识的能力；第二类进行某种具体工作的能力；第三类是娱乐放松的能力；第四类为创造创新的能力；第五类为处理经济失衡、最优化经济资源配置的能力。他认为每个人在任何时候都会忙于改变自身所处的环境，即处理经济失衡，因此每个人在任何时间点上都是企业家，即便他的身份是家庭主妇、教师、自我雇佣者等。但是，人们处理经济失衡的能力具有较大的差异，失衡处理的效率有高低之分。而教育是提高个体处理能力的重要途径，人力资本丰富的个体察觉和处理失衡的能力要高于其他人。

柯兹纳（Israel Kirzner）也对企业家精神有独到的论述，他认为企业家精神的本质是对潜在创业机会的一种敏锐性，是觉察发现现实生活中创业机会的过程。企业家善于发现由于别人的错误判断而被埋没的机会，通过纠错，有效地配置经济资源，获取利润。他认为市场主体对某一机会的预期过分悲观或者过分乐观都会产生判断上的错误，这些错误客观上能够给其他人带来获取额外收益的时机。这些机会有赖于具有敏感度、富有企业家精神的个体发掘。富有企业家精神的个体将闲置的利润机会利用起来，整合了社会现存的零碎而分散的知识，着眼于当前科学技术条件，试图接近于最大化地利用现有资本和劳动力等经济资源，进一步推动科技的发展。随着先进技术的开发，资源约束被逐步突破，企业家持续不断地发现利润机会，并将其商业化，因而整个社会的生产可能性曲线不断向外扩张，总供给才会增加，经济才能迅速增长。

除了以上学者关于企业家精神的论述，还有许多学者从不同的角度阐述了企业家和企业家精神的概念。例如，萨缪尔森（Samuelson）认为企业家是拥有超前观念和发明专利的个体，往往具备推出新产品或者降低已有产品生产成本的能力。企业家还能够做到远见卓识，具有创新能力和超前经营理念。德鲁克（Drucker）认为企业家精神是革新除弊行为，体现了社会的创新意识，不单能够充分地利用现有资源创造财富，更是推动社会向前进步的杠杆等。

为了研究国家或区域创业活动的影响因素以及发掘全球创业活动的演化态势，英国伦敦商学院和美国百森学院于 1999 年启动了全球创业观察（The Global Entrepreneurship Monitor，GEM）项目。最初 GEM 项目仅涵盖美国、德国等 12 个发达国家，在之后调查国家范围不断扩大。2002年，包括中国在内的 37 个国家和地区加入 GEM 项目，使得参与该项目的国家和地区人口总数已经占世界的 62%，GDP 占世界总量的 92%。目前，GEM 已经迅速成为创业领域国际领先的研究项目，被公认为认识企业家精神问题的重要信息来源，是迄今为止衡量企业家精神最全面、权威且具有全球可比性的数据。GEM 在个体层面上定义了企业家精神，认为具备企业家精神的被调查个体需要满足以下任一条件：（1）被调查者自己或者与他人一起创办企业；（2）被调查者自己或者和他人一起开展一项新生意或者建立一个新企业；（3）被调查者自己或者与他人一起拥有一家公司，并由被调查者负责经营管理。该定义将企业家精神的概念限制在初次创业（Start-Up Entrepreneurship）而非在现有组织的二次创业（Corporate Entrepreneurship），与企业家精神诸多内涵中的承担风险与不确定性、创新、寻找套利机会能力、创业和自我雇佣等相接近。

目前，GEM 数据提供了 2001—2009 年 72 个国家或地区 100 多万个体的调查数据。[①] 使用 GEM 数据能够更好地分析经济全球化对企业家精神的影响。主要原因如下：（1）GEM 包含多个国家的调查数据，能够克服研究样本的空间局限，得到较为准确的一般性结论；（2）GEM 数据是个体调查数据，这使得我们可以较为全面地捕捉到个体特征因素对企业家精神的影响；（3）GEM 不仅根据个体创业动机的差异将创业类型分为生存型创业和机会型创业，还根据创业企业生产产品的技术含量和新颖度提供了新技术型创业和新产品型创业的数据。这使得本书可以全面地考察国际贸易和 FDI 对企业家精神的影响；（4）一国市场上创业机会的多寡和创业者预期收益的乐观程度是个体选择创业的决定性因素。利用GEM 提供的企业家机会和企业家预期收益的调查数据，本书可以考察国际贸易和 FDI 影响企业家精神的机制；（5）使用 GEM 数据可以将个体微观经济变量（个体企业家精神、年龄、性别、个体人力资本、个体社会资本、个体风险规避程度、家庭财富等）和宏观经济变量（国际贸易额、FDI、GDP、区域人力资本水平、区域制度发展水平等）相结合。这样既能够涵盖影响个体选择是否成为企业家的个体特征变量，同时也较好地控制了宏观经济变量的影响。同时，由于单个个体是否成为企业家对个

---

① 这 72 个国家或地区包括阿尔及利亚、阿根廷、澳大利亚、奥地利、比利时、玻利维亚、波斯尼亚、巴西、加拿大、智利、中国、哥伦比亚、克罗地亚、捷克、丹麦、厄瓜多尔、埃及、芬兰、法国、德国、希腊、危地马拉、香港、匈牙利、冰岛、印度、印度尼西亚、伊朗、爱尔兰、以色列、意大利、牙买加、日本、约旦、哈萨克斯坦、韩国、拉脱维亚、黎巴嫩、马其顿、马来西亚、墨西哥、摩洛哥、荷兰、新西兰、挪威、巴拿马、秘鲁、菲律宾、波兰、葡萄牙、罗马尼亚、俄罗斯、沙特阿拉伯、塞尔维亚、新加坡、斯洛文尼亚、南非、西班牙、瑞典、瑞士、叙利亚、泰国、汤加、突尼斯、土耳其、乌干达、阿联酋、英国、美国、乌拉圭、委内瑞拉和也门。

体所在区域的国际贸易和 FDI 影响很小，本书的计量方法也在很大程度上减轻了内生性。鉴于此，本书在综合了以往文献的研究之后，采用了GEM 定义企业家精神的方法。

创业。作为一个相对独立的学术研究领域，创业吸引了很多学者进行研究，直到目前为止，创业这一概念仍然非常的宽泛。在《英汉双解剑桥国际英语词典》中，"创业"一词的英文是"Enterprise"，其最初的意义为"某种商业组织机构抑或是某种能够带来利润的商业计划"。熊彼特认为创业是"实现要素新组合"的创新。肖恩和维卡塔拉曼（Shane and Venkataraman，2000）[1]将创业定义为识别现实中被忽略的商业机会，并将其成功利用以产生利润的过程。国内学者张玉利教授认为："创业的本质意义体现在抓住现实生活中的商业机会、开创性地整合所有可获得的资源、具有高度的创新性以及反应迅速。"全球创业型经济研究报告也给出了创业的定义，认为创业是一种创办全新企业或者在原来组织机构基础上加以改进的市场行为，这种行为最终实现了市场上的某种需求。

创业型经济。相比于传统的管理型经济（Managed Economy），创业型经济（Entrepreneurial Economy）是市场经济中的新兴经济形态。其核心内容为除弊革新、创办新企业和创造新产品。创业型经济的运行方式是新知识、新技术、新的管理思想、资本以及企业家精神相互渗透，相互影响和相互融合的过程。[2]

创业型经济根植于企业家群体的创意和创新，其实现途径以整合资源，创办全新公司为主。在微观个体层面上，创业型经济搭建了企业家实现人生价值的平台；在宏观层面上，创业型经济推动了国家经济转型，是实现可持续发展的重要方式，极大地促进了经济发展。创业型经济具有诸多表现，例如创业行为活跃、创业型中小企业数目众多、相关的技术发明和技术专利层出不穷、创业思想传播迅速、创业进入退出率较高以及人力资本和研发投入明显高于传统型经济等。创业型经济的最终体

---

① Shane Scott, S. Venkataraman, "The Promise of Entrepreneurship as a Field of Research", *The Academy of Management Review*, 2000, 25（1）.

② 解安:《中国新一轮起飞动力在哪——评〈走向创业型经济〉一书》,《人民论坛》2011年第 10 期。

现是具有持续性的较高经济增长率。

张玉利①对创业型经济进行了定义。他认为，在创业型经济中，创新和创业在经济增长中发挥了至关重要的作用，是推动经济蓬勃发展的发动机，而普通个体转变为创业者之后也能够在经济社会中体现自我价值，发挥关键作用。创业型经济能够创造新知识，并在现有资源条件下将其商业化，进而推动经济的高速增长。创业型经济特有的制度优势、鼓励性的政策和支持战略不断催生经济体的自我创新和创业，使得创业型企业不断地成长。在微观个体层面上，创业型经济帮助企业家实现了知识价值和精神意志；在宏观层面上，创业型经济提供了国家经济发展的新型经济模式。在这种经济模式下，国家自我创新能力持续走高，逐渐发展为创新型国家，国家经济增长方式由粗放型转化为集约型，具有可持续性。

第四节　研究思路

国际贸易和 FDI 对企业家精神具有深远的影响，也是企业家精神发生和发展的重要外部环境。由于企业家精神涉及多个学科，本书在使用经济学方法探讨国际贸易和 FDI 对其影响时，从宏观和微观两个角度综合考虑了国际经济学、劳动经济学、人口经济学、制度经济学、行为经济学、金融学、管理学和心理学等学科内的相关理论。本书的基本思路为：

1. 系统全面地阐述已有研究成果对企业家精神的定义，并对创业和创业型经济等引申概念做出解读。重点详细阐述 GEM 调查关于企业家精神定义方法，解释其该定义的优势所在及其给本书计量部分带来的方便。

2. 借鉴格罗斯曼（Grossman，1984）② 的方法，构建国际贸易影响企

---

① 张玉利：《开启中国创业型经济之路——评李政的〈创业型经济：内在机理与发展策略〉》，《社会科学辑刊》2011 年第 4 期。

② Grossman G. M.，"International Trade，Foreign Investment，and the Formation of the Entrepreneurial Class"，*American Economic Review*，1984，74（4）.

业精神的数理模型；借鉴约万诺维奇（Jovanovic，1994）① 的方法，构建 FDI 影响企业精神的数理模型；借鉴迪茨和奥达吉利（Díez and Ozdagli，2012）② 和比安奇（Bianchi，2012）③ 的方法，从理论角度分析国际贸易/FDI 渠道企业家精神溢出的影响。

3. 利用 GEM 数据实证验证贸易和 FDI 对总体、机会型、生存型、新产品型和新技术型企业家精神的影响，并从企业家机会和企业家预期收益两个角度分析其影响机制。进一步区分国际贸易和 FDI 的来源国，分别分析发达国家/发展中国家贸易与 FDI 对一国企业家精神的影响。

4. 分析贸易渠道和 FDI 渠道企业家精神溢出对总体、机会型、生存型、新产品型和新技术型企业家精神的影响。区分贸易和 FDI 的来源国，分别分析发达国家和发展中国家贸易和 FDI 企业家精神溢出效应。从区域人力资本水平和经济自由度两个角度，分析企业家精神溢出的机制。最后，根据 FDI 渠道企业家精神溢出的数理模型分析企业家精神溢出对企业家效用的影响。

5. 根据我国创业型经济发展的现状和本书的实证分析结果，给出经济全球化背景下提升我国企业家精神的对策与建议。

第五节 研究方法

1. 多学科交叉分析方法：本书以国际经济学和劳动经济学相关理论为基础，同时结合人口经济学、行为经济学和制度经济学等相关学科，综合分析企业家精神的影响因素，重点探讨国际贸易和 FDI 的影响。同时，由于企业家精神理论还涉及金融学、心理学和管理学等领域，因此本书的研究和以上学科均有关联。

2. 数理分析和计量检验相结合的方法：本书在明确了企业家精神的

---

① Jovanovic Boyan, "Firm Formation with Heterogeneous Management and Labor Skills", *Small Business Economics*, 1994, 6 (3).

② Díez Federico, Ali Ozdagli, "Entrepreneurship and Occupational Choice in the Global Economy", *Society for Economic Dynamics Meeting Papers*, 2012, No. 1004.

③ Bianchi M., "Credit Constraints, Entrepreneurial Talent, and Economic Development", *Small Business Economics*, 2010, 34 (1).

基本概念与内涵的基础上，参考以往学者研究成果，构建了国际贸易和 FDI 影响企业家精神的理论模型。从理论角度考察了国际贸易和 FDI 对一国企业精神的直接影响和溢出影响。在此基础上，本书构建计量模型，对理论模型进行检验。理论模型的分析结果经由实证研究验证与说明之后，本书的研究结果才能够既有理论支撑，又经得起实证的检验，研究结果的可靠性与说服力大大增强。同时，在实证分析结果的基础上，本书采用规范分析方法，对实证结果进行了价值判断，并提出了相应的政策建议，从而使本书的研究更具有现实意义。

3. 宏微观数据结合的方法：本书基于微观层面的个体职业选择模型构建了国际贸易和 FDI 宏观变量影响个体选择成企业家概率的数理模型。本书的计量模型也贯穿了这一思想，将个体微观特征变量（个体企业家精神、年龄、性别、个体人力资本、个体社会资本、个体风险规避程度和家庭财富等）和宏观经济变量（国际贸易额、FDI、国际贸易渠道企业家精神溢出、FDI 渠道企业家精神溢出、GDP、区域人力资本水平和区域制度发展水平等）相结合，既控制了影响个体选择是否成为企业家的微观特征变量，同时也较好地控制了宏观经济变量的影响。而且，由于单个个体是否成为企业家对个体所在区域的国际贸易和 FDI 影响很小，本书的计量方法也在很大程度上减轻了内生性。

4. 定性分析与定量分析相互结合的方法：企业家精神是一个复杂的社会现象，但是作为一个独立的经济学概念来说，企业家精神的研究有着严谨和科学的研究方法。研究方法主要包括定性方法和定量方法两大类，其选择也必须与研究的理论或假设相匹配。本书使用定性研究方法构建企业家精神的概念性框架，引用案例分析法、归纳法和演绎法来分析、诠释和预测国际贸易和 FDI 对企业家精神的影响。同时，本书大篇幅地使用定量的实证研究方法。使用现有统计调查数据，利用数理统计和回归分析等方法检验个体特征因素和区域因素对企业家精神的影响。

第六节   结构安排

本书在以往经典文献研究的基础之上，构建国际贸易和 FDI 影响企业家精神理论模型，利用计量分析方法检验国际贸易和 FDI 对企业家精神的影响，本书的具体结构如下：

第一章为导论。本章首先阐述国际贸易/FDI 和企业家精神研究的现实情况和理论背景。其次对研究中涉及的基本概念进行科学界定，给出了本书主要研究思路，诠释了本书的研究方法，详细描述了本书的框架结构，在此基础上，对本书的创新之处做出总结。

第二章为文献综述。本章从企业家精神的衡量指标、影响因素以及贸易和 FDI 对企业家精神的影响三个角度总结回顾了以往学者研究企业家精神的成果，探求企业家精神研究的发展脉络。本章在前人研究基础上，明确了本书的研究目标，为下文综合考察国际贸易和 FDI 对企业家精神的影响奠定基础。

第三章是国际贸易对企业家精神的影响。本章通过借鉴格罗斯曼 ① 的模型，构建了国际贸易影响企业家精神的理论模型。在此基础上，结合 GEM 混合截面数据的特点进行严谨的计量分析，实证验证国际贸易对企业家精神的影响，利用双边贸易数据将贸易伙伴国分为发达国家和发展中国家，分析不同贸易伙伴国贸易影响企业家精神的差异。企业家精神可以细分为机会型、生存型、新产品型以及新技术型。各种细分类型的企业家精神在国际贸易的影响下会有不同表现，本书给出了国际贸易影响细分企业家精神的计量结果。以往学者大多通过企业家预期收益和企业家机会两个角度来分析国际贸易对企业家精神的影响，本章最后对这一机制进行了验证。

第四章是贸易开放对发展中国家企业家精神的影响。本章采用 GEM 个体调查数据，考察了贸易开放对发展中国家企业家精神的影响。研究发现贸易开放对本国企业家精神具有显著的负向效应。区分贸易伙伴国后研究发现，在南北贸易中，发展中国家的出口品具有低附加值的特点，并处于产品质量阶梯中的模仿者地位，因而面向发达国家贸易开放对本国企业家精神存在抑制效应；而在南南贸易中，发展中国家之间存在共享式外贸增长的基础和门槛较低的技术扩散效应，因而面向发展中国家贸易开放会有效提升本国企业家精神。从影响机制来看，总体贸易开放

---

① Grossman G. M. , "International Trade, Foreign Investment, and the Formation of the Entrepreneurial Class", *American Economic Review*, 1984, 74 (4) .

和面向发达国家贸易开放对企业家机会和预期利润均产生了显著的负向效应，而面向发展中国家贸易开放则存在显著的正向效应。因此，发展中国家应确定适宜的贸易开放度，着力加强南南贸易空间的开拓，以抵御贸易开放对本国企业家精神所带来的竞争冲击。

第五章是 FDI 对企业家精神的影响。本章通过扩展的约万诺维奇（Jovanovic，1994）[①] 的模型构建了 FDI 影响东道国企业家精神的理论模型，从理论上证明了 FDI 对企业家精神的抑制效应。本章实证部分的框架与第三章基本一致，首先，分析了 FDI 对东道国总体、机会型、生存型、新产品型和新技术型企业家精神的影响；其次，利用 OECD 国家双边 FDI 数据，分析了发达国家和发展中国家 FDI 对东道国企业家精神的影响；最后，分析了 FDI 对企业家预期收益和企业家机会的影响，严谨、规范地阐述了 FDI 影响东道国企业家精神的机制。

第六章分析了国际贸易渠道企业家精神溢出。国家层面的贸易来往引发了民众间的技术转移和创业思想交流。本章引入企业家精神溢出的概念，借鉴迪茨和奥达吉利（Díez and Ozdagli，2012）[②] 和比安奇（Bianchi，2012）[③] 的方法，构建了相应的数理模型来阐述这一现象对各国企业家精神的积极影响。在实证检验部分，本章借鉴科伊和赫尔普曼（Coe and Helpman，1995）[④] 的研究方法，利用双边贸易数据，在国家层面对贸易渠道企业家精神溢出效应进行计量检验。本章将贸易伙伴国分类为发达国家和发展中国家，实证分析了与发达国家和发展中国家进行贸易所获取的企业家精神溢出的差异。由于一国的人力资本水平和经济自由度对企业家精神溢出有着重要的影响，本章实证检验了这一机制。最后，由于本章理论模型指出国际贸易渠道企业家精神溢出显著提高了企业家效用，本书对这一结论进行了验证。

---

① Jovanovic Boyan，"Firm Formation with Heterogeneous Management and Labor Skills"，*Small Business Economics*，1994，6（3）.

② Díez Federico，Ali Ozdagli，"Entrepreneurship and Occupational Choice in the Global Economy"，*Society for Economic Dynamics Meeting Papers*，2012，No. 1004.

③ Bianchi M.，"Credit Constraints，Entrepreneurial Talent，and Economic Development"，*Small Business Economics*，2010，34（1）.

④ Coe D.，E. Helpman，"International R&D Spillovers"，*European Economic Review*，1995，39（5）.

第七章是 FDI 渠道企业家精神溢出。本章首先借鉴迪茨和奥达吉利和比安奇的方法，构建了 FDI 渠道企业家精神溢出的数理模型。其次，本章借鉴科伊和赫尔普曼①的研究方法，利用 OECD 国家的双边 FDI 数据，对数理模型做出实证检验，实证分析了发达国家和发展中国家 FDI 企业家精神溢出的差异。第三，本章从区域人力资本水平和经济自由度两个角度，分析了 FDI 渠道企业家精神溢出的机制。最后，本章验证了企业家精神溢出与企业家效用的关系。

第八章为贸易开放对流动人口自雇创业的影响。本章利用 RUMIC2007 数据，实证研究了贸易开放对农民工自雇创业的影响。结果发现贸易开放显著降低了农民工自雇创业率。然而对于不同技能水平农民工的影响存在差异，表现在贸易开放对低技能群体创业，影响不显著，对高技能群体创业具有显著负向影响。从产业内部看，贸易开放显著降低了第三产业及其细分行业——生产性服务业、生活性服务业创业率，而对第二产业没有显著影响。本书进一步探讨扭转贸易开放抑制作用的机制，发现通过提高城市金融发展程度、健全制度建设和完善区域基础设施水平，能够减轻贸易开放对农民工自雇创业的抑制效应，提升其促进效应。

第九章为外商直接投资对农民工创业几率和绩效的影响。本章利用国家卫计委 2013 年调查数据，系统分析了 FDI 对农民工创业几率和绩效的影响。结果显示，FDI 总体上对农民工创业几率存在抑制效应。分样本研究发现，FDI 对不同类型农民工创业存在异质性影响，相对于第二产业，FDI 对第三产业的农民工创业的抑制作用更为显著；相对于低学历者，FDI 对高学历农民工创业的抑制作用更大。FDI 影响农民工创业绩效的研究发现，FDI 显著提高了创业者的收入，而且对第二产业和生产性服务业创业收入的积极影响较大。因此，政府在调整外资引入政策时，应当评估已有生产力提升和创业人才流失形成的挑战，着力提升 FDI 的正面溢出效应，降低其对高效率创业活动的抑制作用。

第十章为金融开放对个体创业的影响研究。本章以金融开放为立足点，使用 2010 年全球创业观察系统地分析了金融开放对个体创业的影响。

---

① Coe D., E. Helpman, "International R&D Spillovers", *European Economic Review*, 1995, 39 (5).

实证分析结果显示，金融开放与个体创业呈现负向相关的关系。分样本研究发现，金融开放对发达国家个体创业抑制作用不明显，对发展中国家个体创业具有显著的抑制作用。

第十一章为以协同创新推动创客经济发展的路径研究。

总结全文，根据以上几章的分析给出了整篇文章的主要结论。根据我国创业型经济发展的现状和本书的实证分析结果，给出当前国际贸易和 FDI 快速发展背景下提升我国企业家精神的对策与建议。最后总结本书不足，提出本书进一步的研究方向。

全文的结构安排如图 1—1 所示。

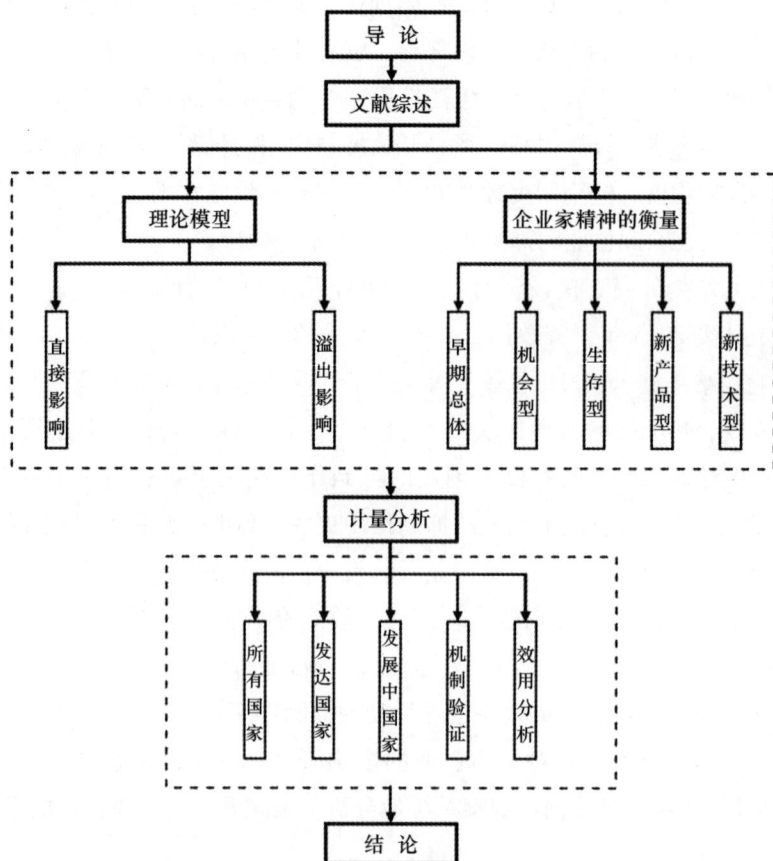

图 1—1　本书的结构路线图

企业家本质上是一种职业，以往学者往往基于职业选择模型来研究个体的企业家精神，当个体成为企业家的收益大于其他职业的收入时，理性个体就会做出创业的选择。在微观层面，个体选择是否成为企业家受到其年龄、性别、身体健康程度、人力资本、社会资本、风险规避程度和家庭财富的影响。除此以外，个体所在区域的经济发展水平、人力资本程度和经济自由度也是创业所必须倚重的环境。作为本书研究重点的国际贸易和FDI对个体企业家精神的影响也是多方面的。第一，国际贸易和FDI在某种程度上会降低国内产品价格，具有产品市场竞争效应。第二，出口公司和外资企业对劳动力需求增加，往往会雇佣能力比较强的员工，造成国内实际工资上升，增加了创业的机会成本。第三，外资企业往往具有所有权优势，能够承担较高的沉没成本，不论其直接进入国内市场，还是只与国内厂商进行贸易，都会造成行业壁垒效应，阻止其他国内厂商进入该行业。第四，国际贸易的发展显著提高倾销的状况，被倾销国的相关产业会受到沉重的打击，导致产业内失业率严重。在这种情况下，新创企业的利润下滑，创业者的创业热情也会受到抑制。

当然，FDI和国际贸易也会对国内企业家精神产生积极因素，例如，贸易开放为国内创业者提供了更为广阔的海外市场，外资企业带来的竞争效应和先进技术也会激励国内企业创新。本书着重从溢出角度论述了FDI和国际贸易对企业家精神的影响。贸易开放和外资企业的进入能够改变一国以往的创新意识，带来生产方式和消费习惯的变化，最终导致整个行业经营模式的创新。更加关键的是，在贸易逐步开放和外资企业不断进入的进程中，无论是个人还是企业，其思维都会受到外来思想的冲击。通过认知优秀的外来思想，个体和企业会在潜移默化中接受，并加以模仿。在先进思想普及之后，居民和企业会根据本地的实际情况开展二次创新，从而导致全民思维方式的全面转变，国民的创新意识也就从无到有，培养出本国居民较强的创新能力，直至创业活动蓬勃兴起，形成本国先进的创新机制。国际贸易和FDI还能带来技术溢出，国家间的技术转移对各个工业化经济与整个世界经济的增长做出了重要贡献，来自别国的技术转移甚至能比本土的发明创新更大地促进生产率。

通常来说，溢出的途径主要包括人员流动效应、示范效应、竞争效应和产业关联效应等。人员流动效应指的是，为了确保国外投资项目能够持续盈利，外资企业需要培养符合自己需要的当地员工，采取的措施包括职前培训和在职教育等。而雇员在辞职后可以选择在相同或相关的产业里利用在外企工作中所学习到的技术知识新建企业。因此，外资企业员工在流动过程中的技术外溢通常是不可避免的。示范效应包含两点：一是外资企业的管理经验、营销理念等软技术通过外资企业的"示范"，很快会被国内企业所掌握；二是通过逆向工程实现技术溢出。国内企业可以模仿和研究外资企业的产品与服务，启发自我创新意识。竞争效应也包含两点：一是跨国公司不断增加的竞争压力会促使最低效率的企业退出市场，也迫使国内先进企业改善经营管理，加大研发投入。而外企为了保持技术优势，会在东道国继续引进更加先进的技术。由此，便会形成良性循环，从而优化配置行业资源，推动东道国企业技术水平和生产效率的提高；二是较于当地企业，外企通常有着更大的规模效应、更少的财务约束、更为丰富的经验并享受更多的政府优惠政策。因此，外企更容易进入某些具有高沉没成本和规模经济等强大行业壁垒的行业，特别是一些高度政府垄断或者自然垄断的行业。外企的进入冲击了原有的市场均衡，在很大程度上去除了垄断，促进竞争，也促进当地企业的技术进步。这样也为国内创业者进行创业活动扫清了障碍，创造了新的机会。产业关联效应是指某一产业由于自身的发展而带动其他相关产业发展的一种作用效果，分为前向关联和后向关联效应。前者指的是外资企业与本地原材料和半成品厂商之间的联系。外资企业进入后为了从当地得到符合要求的中间品，会通过人员培训、技术转让、建立质量标准等手段，帮助当地供应商丰富产品多样性，提高产品质量、劳动生产率和企业利润率；后者指的是外资企业和下游当地企业的关系。外资企业向当地的下游当地企业提供了质量更高的中间品，提高了下游企业的产品竞争力。外资企业还可以通过向经销商传授先进的营销策略等方式，来促进当地下游企业经营业绩的提高，这也激励更多个体进行创业。图1—2描述了国际贸易和FDI影响企业家精神的机制：

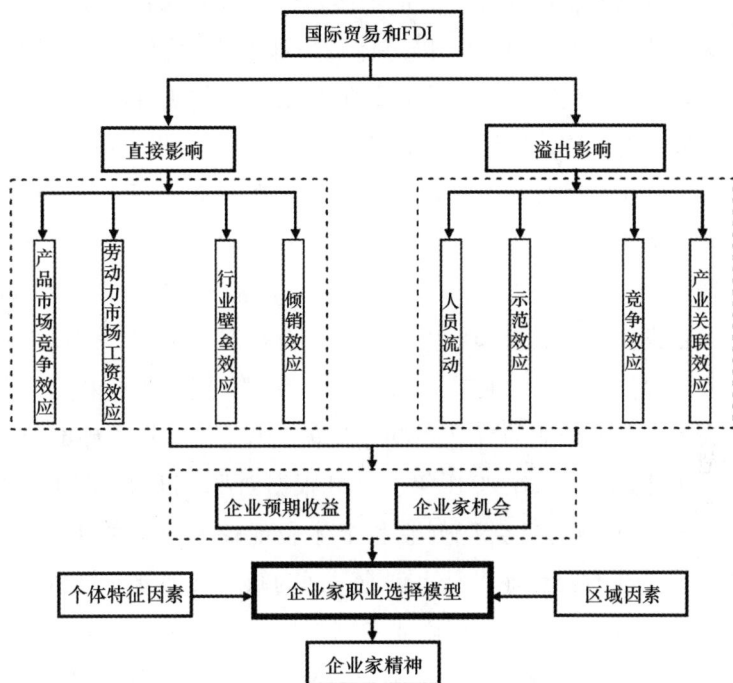

图1—2 影响机制示意图

第七节 创新之处

与以往研究相比，本书在以下五个方面作了全新的尝试：

第一，本书使用了全球企业家观察（GEM）2001—2009年72个国家100多万条个体调查数据分析国际贸易和FDI对企业家精神的影响。使用GEM数据能够克服研究样本的空间局限，得到较为准确的一般性结论。另外，GEM数据是个体调查数据，这使得我们可以较为全面地捕捉到个体特征因素对企业家精神的影响。根据传统的职业选择模型，个人特征对个体是否成为企业家的影响是不可忽视的。默恩和玛丽亚（Moren and Maria）① 甚至认为个体特征（如年龄）能够决定个体生命期间内的时间

---

① Minniti Maria, Moren Levesque, "Recent Developments in the Economics of Entrepreneurship", *Journal of Business Venturing*, 2008, 23（6）.

折扣率和风险规避程度，进而决定个体是否选择成为企业家。而且单个的企业家精神微小变动对于一国总体贸易和 FDI 的影响是微乎其微的，本书使用国家宏观层面数据与个体数据相结合的方法有助于控制双向因果关系造成的内生性，使得结论更富可信性。

第二，以往文献对企业家精神衡量的标准并不统一，导致计量结果大相径庭。例如，埃文斯和雷顿（Evans and Leighton）[1] 以是否自我雇佣为被解释变量，发现失业率和小企业的成立正相关；奥德斯（Audretsch）等分别以新成立企业数量和新生企业率为被解释变量，研究发现失业率和企业家精神负相关；而卡雷（Carree）[2] 使用美国零售业和服务业的数据发现失业率和新企业的成立并没有关联。因此，选择正确的企业家精神指标是十分必要的。在 2001 年，GEM 根据创业动机的不同重点考察了个体表现较为主动的机会型创业和个体表现较为被动的生存型创业。GEM 报告认为生存型创业者从事创业是因为缺乏其他就业渠道，是被迫的而非主动自愿的，而机会型创业者则相反，是那些为了实现人生价值选择创业的人。机会型创业者不缺乏就业岗位，但是在商业机会面前，他们选择的创业。本书参考 GEM 的方法，以"是否进行创业""是否进行机会型创业"和"是否进行生存型创业"作为企业家精神指标。这显然也是较为合理和准确的，也使得本书可以分析国际贸易和 FDI 对不同创业动机的企业家精神的影响，以得到有价值的结论。同时，企业家精神的细分指标还包括新产品型和新技术型等，各个细化指标在国际贸易和 FDI 的作用下会具有不同的表现，本章对这一问题进行了实证检验。

第三，贸易和 FDI 对一国企业家精神影响会随着伙伴国的不同而产生差异。鉴于此，本书将伙伴国分为发展中国家和发达国家，分别分析了与两类不同经济发展水平国家的贸易和 FDI 往来对一国企业家精神的影响，并对比其差异。要对这一问题进行分析，必须使用双边贸易数据和双边 FDI 数据。DOT 数据库给出了 GEM 所有调查国的双边贸易数据，

---

[1]　Evans D. S., Leighton L. S., "Some Empirical Aspects of Entrepreneurship", *American Economic Review*, 1989（79）.

[2]　Carree M., "Does Unemployment Affect the Number of Establishments? A Regional Analysis for US States", *Regional Studies*, 2002, 36（4）.

所以在分析国际贸易时，本章的样本国为 GEM 的所有调查国家。而 OECD 数据仅给出了 OECD 国家的双边 FDI 数据，因此分析 FDI 时，本章的样本国为 OECD 国家。

第四，一国市场上创业机会的多寡和创业者预期收益的乐观程度是个体选择创业的决定性因素。以往学者也是从创业机会和创业预期收益角度来分析国际贸易和 FDI 对企业家精神影响，然而由于数据限制，少有关于这一影响机制的实证研究。幸运的是，GEM 对企业家机会和企业家预期收益进行了调查。鉴于此，本书利用 GEM 数据验证了国际贸易和 FDI 对企业家预期收益和企业家机会的影响，填补了以往研究的空白。

第五，贸易和 FDI 除了通过影响市场价格以外，还会带来技术溢出，更重要的是能够改变一国居民以往的创新意识，带来生产方式和消费习惯的变化，最终导致整个行业经营模式的创新。最重要的是，在此过程当中，企业和个人都经历了一次思维方式的转变，从认识、接受到模仿，甚至在此基础上结合本地情况进行二次创新，这种普遍性的思维方式的转变意味着一个国家创新意识的兴起，这对发展中国家创新机制的形成和创新能力的提高都具有根本性的意义。

以往学者的研究大都采取案例分析的方式来研究国际贸易和 FDI 带来的企业家精神溢出以及其对企业家带来的正面效应，缺乏经济学研究要求的规范性。鉴于此，本书构建了贸易和 FDI 渠道企业家精神溢出的数理模型，并借鉴科伊和赫尔普曼（Coe and Helpman）① 的方法构造企业家精神溢出指标，对数理模型进行实证检验。区域人力资本水平和区域经济自由度对地区内企业家精神溢出具有重要的影响，本书对这一机制进行了检验，发现区域人力资本水平越高，区域经济自由度越大，企业家精神溢出的正向作用越强。根据本书的数理模型，在企业家精神溢出程度越大的地区，企业家的效用越高，本书利用企业家预期回报率和预期回报期限来衡量企业家效用，对这一问题进行检验，发现企业家精神溢出提高了企业家预期回报率，缩短了企业家预期回报期限。

---

① Coe D., E. Helpman, "International R&D Spillovers", *European Economic Review*, 1995, 39 (5).

第二章

文献综述

自从企业家精神进入经济学者的研究视野之后，其研究经历了一个视角不断拓宽、探索不断深入的过程。本章沿着经济学者的研究路线，针对企业家精神的衡量指标、分类和影响因素等问题，对以往文献进行梳理。本章还着重阐述了以往学者关于国际贸易和 FDI 影响企业家精神的研究成果，为后续的研究打下基础。

第一节　企业家精神的衡量指标

企业家精神内涵丰富，其研究领域非常宽泛，囊括不同文明、族群、企业伦理、性别歧视、经济发展、国际贸易和 FDI、全球化、金融发展、国际和区域发展案例研究、中小企业进入退出、企业家特征、创业教育和培训、创业理论及实践、企业绩效、家族式企业研究、经济制度研究、人力资本研究、跨国投资创业、创业动机分析、中小企业出口、激励研究、社会资本和创新等。企业家精神的研究主题也包含不同文化对比研究、经济发展模式研究、创业动机和激励研究、性别创业率差异研究、新创企业政策研究和社会网络等诸多角度。赫伯特和林克（Hebert and Link）[1] 总结了以往文献给出的 12 种企业家职能，主要有承担风险与不确定性（assume the risk associated with uncertainty）、提供金融资本（supply financial capital）、创新者（innovator）、决策者（decision maker）、领

---

① Hebert R. F. , Link A. N. , "In Search of the Meaning of Entrepreneurship", *Small Business Economics*, 1989, 1 (1) .

导者（industrial leader）、经营管理者（manager or superintendent）、资源组织协调者（organizer and coordinator of economic resources）、企业所有者（owner of an enterprise）、雇主（employer of factors of production）、承包商（contractor）、套利者（arbitrageur）和资源分配者（allocator of resources among alternative uses）。由于很难找到同时满足以上 12 种职能的衡量指标，经济学者们在研究不同的细分领域时往往会有不同的侧重点，继而产生了各种各样的方法来测度企业家精神。

一　单一指标

对于企业家精神单一指标的衡量，从以往研究来看，主要包括自我雇佣、小企业所占市场份额、市场参与创业人数和企业所有权比率和企业的进入退出比率等。我们逐一对这些指标进行介绍。

（一）自我雇佣

自我雇佣是学者们用来衡量企业家精神的常用指标。世界劳工组织将自我雇佣者的基本特征定义如下：自我雇佣者独自在企业或经营场所进行企业家活动，并自我负责。独自意味着自我雇佣者自己行使所有权、管理权和行政工作。自我雇佣者是自营或与一个或几个合伙人合作的劳动者，自我雇佣者的报酬直接取决于产品和服务的利润。以该指标衡量企业家精神的文献主要有：埃文斯和雷顿（Evans and Leighton, 1989）[1]利用美国一项个体调查数据中自我雇佣指标来衡量个体企业家精神，实证检验了美国青年男子选择自我雇佣以及自我雇佣收益的影响因素；布兰奇福劳（Blanchflower et al.）[2]，使用自我雇佣指标衡量企业家精神。在分析了世界部分国家的潜在企业家情况之后，发现在调查国中波兰、葡萄牙和美国国民的企业家精神最高，挪威、丹麦和俄罗斯国民的企业家精神最低；其次，随着年龄的增加，个体自我雇佣的意愿降低，但自我雇佣的比率却上升了，与普通员工相比，自我雇佣的个体也有着更高

---

① Evans D. S., Leighton L. S., "Some Empirical Aspects of Entrepreneurship", *American Economic Review*, 1989（79）.

② Blanchflower D. G., "Self Employment in OECD Countries", *Labour Economics*, 2000（7）.

的工作满意度。奥德斯和斯瑞克（Audretsch and Thurik，2001）① 使用自我雇佣率作为企业家精神的替代指标，检验了 OECD 国家企业家精神与经济增长率和失业率的关系，发现企业家精神对经济增长率具有明显的提升作用，而对失业率具有显著负向作用。格里洛和伊里戈延（Grilo and Irigoyen，2006）② 利用欧洲创业调查数据（Eurobarometer Survey on Entre-preneurship）检验了美国和 15 个欧盟成员国中个体年龄、性别、人力资本、风险规避程度以及区域金融支持力度等因素对现存的和潜在的企业家精神（Actual and Latent Entrepreneurship）的影响。其中，现存的企业家精神以自我雇佣指标来衡量，潜在的企业家精神使用更加喜欢自我雇佣的调查项来表示。高波和赵奉军（2009）③ 根据我国每个省份个体和私营企业总数与劳动人员比率来衡量自我雇佣率，发现自我雇佣率对各省经济发展水平具有显著正向作用。

（二）小企业所占市场份额

20 世纪 80 年代以来，以生物医药、信息技术、交通运输和新材料等为代表的新科技迅速发展，逐渐成为国家和区域经济发展的驱动力，使得资源优势对于企业的重要性逐渐降低。与此同时，各国市场化进程加快，纷纷追求灵活、自由和开放的市场制度与结构，资本、劳动力等生产要素在利润的驱动下更具有流动性，可以更加自由地配置，市场需求变化莫测，不确定性增加。在这种情况下，规模优势对于企业的重要性下降，而能否及时获取所需的知识和信息成为企业成功的关键。由于大企业很难满足消费者多变的需求，因此大量的具有前瞻性的创业型企业涌现了出来，将前沿性的高新科技迅速的商业化，满足了市场上需求空缺，催生了潜力巨大的新兴市场和产业。奥德斯等（Audretsch et al.，2002）④ 对 OECD 国家

① Audretsch D. B.，Thurik A. R.，"Linking Entrepreneurship to Growth，OECD Science Tech-nology and Industry"，*OECD Working Papers*，2001.

② Grilo Isabel，Jesus Maria Irigoyen，"Entrepreneurship in the EU：To Wish and Not To Be"，*Small Business Economics*，2006，26（4）.

③ 赵奉军、高波：《经济发展与企业家精神的 U 型关系及其检验》，《广东商学院学报》2009 年第 1 期。

④ Audretsch D. B.，A. R. Thurik，I. Verheul，A. R. M. Wennekers，"Entrepreneurship：De-terminants and Policy in a European US Comparison"，*Boston/Dordrecht：Kluwer Academic Publishers*，2002.

的研究发现，在这些国家小型化企业蓬勃发展，比大型企业更加具有活力，个人也都具有一定的创业意识，自我创业的意向很高，总体而言，这一现象会推动经济加速发展，减少失业人数。罗斯韦尔和泽赫尔德（Rothwell and Zegveld，1982）[①] 研究了美国小企业对创新的贡献率，发现美国小企业贡献了 27% 的激进式创新和 37% 的渐进式创新。奥德斯和斯瑞克（Audretsch and Thurik，2001）[②] 分别使用小企业所占市场份额和自我雇佣率作为企业家精神的替代指标，检验了 OECD 国家企业家精神与经济增长率和失业率的关系，发现企业家精神对经济增长率具有明显的提升作用，而对失业率具有显著负向作用。沈坤荣和周卫民（2012）[③]在我国省份层面上使用面板数据分别研究了大企业家数目以及中小企业家数目与人均生产率的关系，发现中小企业家数目对人均生产率的贡献低于 40%，而大企业家数目对人均生产率的贡献超过了 60%，主要原因是由于中小企业家和大企业家的个人能力区别很大，前者要普遍低于后者。

（三）市场参与创业人数和企业所有权比率

在个体或区域层面上，目前有很多学者衡量企业家精神的方法是考察具有劳动能力的个体中创办企业意愿的强烈程度或者已经进行创业的比率。例如，奥德斯和斯瑞克（Andretsch and Thurik，2000）[④] 考察估计了 20 多个欧洲国家以及美国的创业者与工人的比率，发现从 20 世纪 70 年代到 20 世纪末，该比率在各个国家和地区变化各异，总体来看，在 10% 的比例上浮动。

GEM 项目采取程序化的方法，通过随机调查与当面访谈相结合的方式调查企业家精神，构建了能够全面衡量区域和个体企业家精神的综合性指标体系，受到了经济学者的高度关注。如王、胡和奥多（Wong et

① Rothwell Roy, Zegveld Walte , *Industrial Innovation and Public Policy*：*Preparing for the 1980s and the 1990s*，Westport：Conn Greenwood Press，1982.

② Audretsch D. B. , Thurik A. R. , "Linking Entrepreneurship to Growth，OECD Science Technology and Industry"，*OECD Working Papers*，2001.

③ 沈坤荣、周卫民：《中国经济增长中的管理要素：理论梳理和实证分析》，《科研管理》2012 年第 5 期。

④ Audretsch D. B. , A. R. Thurik , "Capitalism and Democracy in the 21st Century：From the Managed to the Entrepreneurial Economy"，*Journal of Evolutionary Economics*，2000（10）.

al.，2005）[1] 考察了一国劳动者创业率与经济增长的关系，发现创新性较高、雇佣人数较多的创业者比率越高，经济增长越快，而总体创业率与经济增长没有显著关系。通过考察 GEM 数据，高建等（2007）发现在全球各国中，中国创业率一直保持在较高的水平上，并且逐步上升，在 2002 年全员创业指数超过 12%，到了 2007 年该指数超过了 16%，在 GEM 调查国中排名第六。

企业所有权指的是投资者对其投资开办企业所拥有的剩余所有权和剩余控制权，投资者的企业经营权等其他权利都是由所有权派生出来的。企业所有权比率代指在一个企业所有劳动者中企业投资者所占的比例。企业所有权比率的范围比自我雇佣比率要大一些，包括法人组织的所有者或经理以及非法人组织的所有者、公司制企业的股东等。卡雷等（Carree et al.，2002）[2]使用企业所有权比率指标即企业所有者人数与劳动力人数之比来衡量企业家精神，构建了企业家精神与经济发展水平的"U"型关系模型。

（四）企业的进入退出比率

企业进入指的是某个企业进入以前从未开展过的营业领域，与市场上已有产品或服务的供应商进行竞争，提供替代品。企业退出指的是某个企业撤出以前的生产和服务领域，即不再生产和提供原先的某种商品或服务。企业进入率可以通过多个指标加以衡量，较常用的有总进入比率和净进入比率，也有很多学者开始考察企业进入渗透比率和企业进入新领域后的存活时间。进入和退出问题是经济学的重要研究领域。企业更替率较高则意味着经济环境具有较强竞争性，较高的进入和退出频繁度反映了企业家行为的较高活跃度，即企业家精神十分丰富。在进入退出机制的作用下，生产率低下的企业会丧失原先的消费者，直至退出市场，而生产率高的企业会攫取较大市场占有率，这是一个资源优化配置

---

① Wong，Poh Kam，Yuen Ping Ho，Erkko Autio，"Entrepreneurship，Innovation and Economic Growth：Evidence from GEM Data"，*Small Business Economics*，2005，24（3）.

② Carree M.，"Does Unemployment Affect the Number of Establishments? A Regional Analysis for US States"，*Regional Studies*，2002，36（4）.

的过程，从总体上提高了生产率。[1] 对于行业领先者来说，新企业的进入是一种潜在的威胁，不仅会抢占市场份额，还会降低产品价格。在位企业为了防范进入者会积极主动地开发新技术和新工艺，降低生产成本，提升生产效率。[2]

于（Yu，1997）[3] 分别分析了香港地区的企业的进入退出比率和美国的进入退出比率，并将两者加以比较。在衡量企业家精神时，该文还使用了每万人拥有的企业数目指标。池仁勇[4]认为国民经济不景气或产业结构调整是影响企业进入退出率的重要原因，通过对比美国和日本的情况发现，日本在经济鼎盛时期，企业进入率较高，退出率较低，在经济衰落时期则相反。同时期的美国则进入率和退出率都非常高。何予平[5]对比分析了多种企业家精神衡量方式，研究表明企业进入率与中国转轨阶段的各个企业的创新活跃程度有很高的相关性。将企业进入率添加到 C – D 函数中后，实证分析结果显示企业进入率显著提高了中国经济增长率。在资本存量、劳动力数量和技术水平不变的情况下，如果企业进入率提高 1%，则经济增长水平将会提升 0.54%。李威等[6]以东道国企业数量的增与减来表示 FDI 对其企业家精神的正向培育效应与负向打压效应，认为短期内 FDI 对企业家精神具有培育作用，长期内具有打压效应。

---

① Carreira C., Teixeira P., "Internal and External Restructuring Over the Cycle: A Firm Based Analysis of Gross Flows and Productivity Growth in Portugal", *Journal of Productivity Analysis*, 2008, 29 (3).

② 吴利华、申振佳：《产业生产率变化：企业进入退出、所有制与政府补贴——以装备制造业为例》，《产业经济研究》2013 年第 4 期。

③ Yu T. F., "Entrepreneurship and Economic Development in Hong Kong", *Knowledge Advances in Asia Pacific Business*, 1997.

④ 池仁勇：《美日创业环境比较研究》，《外国经济与管理》2002 年第 9 期。

⑤ 何予平：《企业家精神与中国经济增长——基于 C—D 生产函数的实证研究》，《当代财经》2006 年第 7 期。

⑥ 李威、黄顺武、喻鑫：《FDI 对中国企业家精神的影响——基于制造业面板数据的分析》，《中央财经大学学报》2009 年第 5 期。

二 综合指标

从国外学者的研究来看，福格尔（Fogel，1994）[1] 以影响企业家精神的五个因素——政府的政策和进程、社会经济条件、企业和商业技巧、金融以及非金融支持来衡量企业家精神；蒡吉马（Atuahene Gima，2003）[2] 使用量表衡量了企业家精神，包含"重视学习和吸收其他企业当前使用的能够有效解决问题的方法；寻求使企业脱离当前产品、市场信息；重视搜寻企业现有产品、当前市场的信息；不断寻求新的产品、市场信息"等 10 个项目。何、王（He and Wong，2004）[3] 基于量表衡量了企业家精神，包含"开发引进新产品，拓展全新的产品范围；开发全新的市场；改进现有的产品；寻求技术改进，降低生产成本"等 8 个项目。

国内也有很多学者使用综合指标衡量企业家精神。张晔（2005）[4] 使用科研投入、专利数目和新建立的私有企业数量等变量作为企业家精神替代指标。杨宇、郑垂勇（2007）[5] 选取个体私营从业人员比例和科技人员比例作为企业家精神衡量指标；欧雪银（2007）[6] 使用了系统、公司、个体三个层面四级指标 8 个变量的指标体系来衡量企业家精神；陈卫东和卫维平（2010）[7] 使用量表来衡量企业员工的企业家精神，从冒险性、创新性和开创性三个维度来衡量企业家精神。其中，冒险性的度量指标包括：在面对不确定性时，为了实现企业目标，倾向于采取大胆和迅速

[1] Fogel D. S., "Environments for Entrepreneurship Development: Key Dimension and Research Implications", *Entrepreneurship Theory Practice*, 1994, 18（1）.

[2] Atuahene Gima K. "The Effect of Centrifugal and Centripetal Forces on Product Development Quality and Speed: How Does Problem Solving Matter?", *Academy of Management Journal*, 2003, 46（3）.

[3] He Z., Wong P., "Exploration vs Exploitation: An Empirical Test of the Ambidexterity Hypothesis", *Organization Science*, 2004, 15（4）.

[4] 张晔:《政府干预、经济自由与企业家精神》,《南京大学学报》2005 年第 2 期。

[5] 杨宇、郑垂勇:《企业家精神和区域经济增长的典型相关分析》,《工业技术经济》2007 年第 3 期。

[6] 欧雪银:《企业家精神评价指标体系与灰色关联度系数的测量》,《求索》2007 年第 11 期。

[7] 陈卫东、卫维平:《企业家精神与企业绩效的结构方程建模》,《系统工程学报》2010 年第 2 期。

的行动；历来选择前瞻性的、大胆的态度，以获取被他人忽略的机遇；更加愿意选择高风险高回报的项目。创新性的度量指标为：过去三年里，开发了许多新产品或者新服务；高度重视企业技术开发实力、创新或技术吸收能力；对现有产品或服务的改造力度很大。开创性的度量指标为：经常第一个引进新产品或服务、管理技能及操作技能等；企业一向先发制人，而竞争者处于被动状态；历来采取竞争性的行为，旨在胜过竞争者。

第二节　企业家精神的分类研究

有关企业家精神概念的研究越来越宽泛，为了满足研究需要，学者们对企业家精神概念也越来越趋于细分化。目前，较为常见的企业家精神分类方式有：机会型企业家精神和生存型企业家精神、创新型企业家精神和模仿型企业家精神、个体、组织和国家层面的企业家精神等。

一　生存型企业家精神和机会型企业家精神

根据创业者创业动机的差异，以往学者将企业家精神区分为机会拉动型和贫穷推动型。前者是指创业者自主积极地发现了创业机会，这些机会往往是别人或者是因为没有意识到，或者是觉得风险过大而忽略掉的。此时，机会型创业者敢于承担相应的风险，追逐潜在的商业利润。在这一过程中，个体的人生目标和自我价值也会得到体现。贫穷推动型创业者又称为生存型创业者，其创业动机与机会型创业者相反，是被动而消极的。这类企业家往往没有更好的工作选择，只能从事创业来解决生活困难。生存型创业者往往不得不面对创业失败的风险，而非自愿去承担创业风险。

生存型创业在提供就业岗位数量、产业升级、创新产品、市场拓展以及提升经济社会竞争力等方面，都存在比较大的劣势，是一种较低层次的创业类型。然而，创业类型也可以相互转化，在创业初期很多创业者是基于生存的目标去创业，这也往往发生在一国或一个地区经济处于低谷并开始起飞之时。生存型创业往往规模较小，采取精细发展的战略。

随着资本的积累，以机会型为主的"二次创业"不断出现，企业投资规模不断变大，机构规模、就业岗位不断增加，管理水平和产品技术升级，企业发展对经济的推动力量也就越大。①

生存型创业和机会型创业在行业方面也具有很大的差别。具体来说，采集提炼类行业是传统产业，具有较高的成熟度，其产业内的创业机会、赢利潜力均处于较低水平，不利于机会型创业，但这类行业的进入门槛较低，能够为部分生存型创业者提供机会；商业服务类行业进入壁垒和退出障碍都比较高，企业家在该行业开展创业活动的风险较大，但是该类行业成熟度较低，蕴含大量的商业机遇和盈利机会，对机会型创业者有一定吸引力；顾客服务类和移动转移类行业的资本与技术要求、进入壁垒、退出障碍和风险程度均较低，存在大量的商业机会，因此，生存型企业家和机会型企业家主要集中在这两个行业。②

GEM 考察了两性中不同创业类型的比率，指出在 2005 年我国每三个女性已有企业家中，至少有两个是生存型；而每三个机会型已有企业家中，至少有两个是男性。2006 年，我国女性早期创业中，机会型创业与生存型创业的比例仅为 0.71，在所有参与国中排名最后。2007 年，我国女性机会型创业和生存型创业比率上升到 1.11，但仍然低于亚欧中低收入国家平均水平的 1.96 和高收入国家平均水平的 4.28。③

二　创新型企业家精神和模仿型企业家精神

通过分析大量创业者的案例，奥德里奇和玛蒂娜（Aldrich and Martine，2003）④ 认为他们当中仅有一小部分进行了创新，大部分缺乏创新性，仅仅是复制者，所做的工作无非是在已有市场中多建立一个企业，

---

① Kouriloff M.，"Exploring Perceptions of a Priori Barriers to Entrepreneurship：A Multidisciplinary Approach"，*Entrepreneurship Theory and Practice*，2000，25（2）．

② 刘鹏程、李磊、王小洁：《企业家精神的性别差异——基于创业动机视角的研究》，《管理世界》2013 年第 8 期。

③ 高建、程源、李习保、姜彦福：《全球创业观察中国报告（2007）——创业转型与就业效应》，清华大学出版社 2007 年版。

④ Aldrich H. E.，Martinez M.，"Entrepreneurship as Social Construction：A Multi-Level Evolutionary Approach"，*Handbook of Entrepreneurship Research. Springer*，*Boston*，*MA*，2003.

或者对现存商品和服务进行简单变更。科琳吉（*Koellinge*，2008）[1] 提出了创新型机会的概念，认为创业者选择创新型商业机会会面对更大的风险，因为有关这类商业机会的客户行为、盈利潜力和竞争对手情况等相关信息十分缺乏，创业者需要应对复杂多变的外部市场。与之相对的则是创新性和风险程度较低的模仿型机会，这类商业机会往往存在于成熟完善的市场中，信息相对透明，客户群体特征明确，也很容易觉察竞争对手的行为。

与创新型机会相对应的是创新型创业，与模仿型机会相对应的是模仿型创业。前者指的是运用前瞻性思维，敢于承担风险，率先变革，开发创新型创业机会，以获取超额利润的创业行为；后者是指模仿他人，承担较低的风险，跟随现有市场和客户销售创新性较低的产品和服务，以获取稳定收益为目标的创业行为[2]。GEM 项目提出了新产品型创业和新技术型创业的概念，对这两类创业做出了相应的调查。相应的调查项为"是否进行早期创业并且对客户来说是新产品？是 = 1，否 = 0"以及"是否进行早期创业并且使用新技术？是 = 1，否 = 0"。

三　个体、组织和国家层面的企业家精神

个体层面：这一层面上的企业家精神主要研究对象为自然人，学者们往往从个体特征、性格特质、风险偏好等角度探讨企业家在创业过程中所表现出来的异于常人的特质。例如，邢以群[3]对 100 多个优秀创业者进行详细分析，将文献中对企业家个体的描述关键字加入量表中，统计出的优秀企业家的突出精神主要包括努力进取、创新、勇于开拓、意志顽强和实事求是等。奈德（Neider，1987）[4]、米尔等（Miri et al.，1997）[5] 和

---

① Koellinger P.，"Why Are Some Entrepreneurs More Innovative Than Others?"，*Small Business Economics*，2008，31（1）.

② 李剑力：《创新型创业和模仿型创业的分类促进政策探析———基于浙苏粤豫鄂陕渝七省市的调查》，《学习论坛》2013 年第 8 期。

③ 邢以群：《企业家及其企业家精神》，《浙江大学学报》（社会科学版）1994 年第 2 期。

④ Neider L. A.，"Preliminary Investigation of Female Entrepreneurs in Florida"，*Journal of Small Business Management*，1987，25（3）.

⑤ Miri Lerner，Candida Brush and Robert Hisrich，"Israeli Women Entrepreneurs：An Examination of Factors Affecting Performance"，*Journal of Business Venturing*，1997，12（4）.

孙国翠[1]分析了男性和女性创业率的差异，认为女性具有较低的体力、风险承担能力、人力资本和社会资本，这导致其较低的创业率。胡怀敏（2007）[2] 则认为在家庭困难或者没有其他更好的职业选择时，如果女性能够为了维持家庭生计而进行创业，那么，她们体现出的顽强坚韧、不惧失败、吃苦耐劳和勇于拼搏的品质会得到社会的认同和赞扬。

组织层面：该层面企业家精神也被常称为公司企业家精神。米勒（Miller，1983）[3] 给出了组织层面企业家精神的定义，即企业组织和个体能够承担风险进行二次创业或对已有产品和服务进行改造创新。与一般的公司相比，富有企业家精神公司行动具有超前性，能够正确细致地评估风险，善于根据客户的需求进行创新。公司企业家精神的内涵有两种，即对现有企业进行战略重组以及在现有企业内部建立新的企业。[4] 根据公司产品服务战略和市场战略，公司企业家精神还可以进一步细化为渐进式和激进式。[5]

社会层面：企业家精神在特定的社会人文环境和经济制度环境中会慢慢发展成一种社会现象，而不仅仅是某个企业家的个体特征。沙利文莫特等[6]认为企业家精神是一个多维度的概念，包括在面临复杂状况时所呈现出的均衡判断能力、保持目标和行动一致性的能力、擅长认识机会和利用机会的能力、运用更为优越的方式创造社会效益的能力、风险承受能力、创新能力和前瞻性等。迪斯（Dees，1998）[7] 认为，作为变革代理人的社会企业家具有如下五个特征：坚守使命、创造并维护社会价值；

① 孙国翠：《女性创业成功影响因素及作用机制研究》，山东大学博士论文，2011 年。

② 胡怀敏：《我国女性创业及影响因素研究》，华中科技大学博士论文，2007 年。

③ Miller D.，"The Correlates of Entrepreneurship in Three Types of Firms"，*Management Science*，1983，29（7）.

④ Guth W. D.，Ginsberg A.，"Guest Editors' Introduction：Corporate Entrepreneurship"，*Strategic Management Journal*，1990.

⑤ Henderson R. M.，Clark K. B.，"Architectural Innovation：The Reconfiguration of Existing Product Technologies and the Failure of Established Firms"，*Administrative Science Quarterly*，1990，35（1）.

⑥ Sullivan Mort G，Weerawardena J.，Carnegie K.，"Social Entrepreneurship：Towards Conceptualisation"，*International Journal of Nonprofit and Voluntary Sector Marketing*，2003，8（1）.

⑦ Dees J. G.，"Enterprising Nonprofits"，*Harvard Business Review*，1998，76.

追求新机会；不断学习、调整和创新；突破资源限制；服务人民。

第三节　企业家精神的影响因素

一　个体特征影响因素

（一）年龄

近年来，很多学者从人口统计学的角度来研究企业家精神。帕克
（Parker，2004）[1] 认为，年龄是影响个体能否成为企业家的最重要因素之
一。利用德国 1987—2000 年的相关数据，邦特等（Bonte et al.，2007）[2]
实证分析了区域年龄分布和区域企业家精神的关系，结果显示区域新建
企业的数量与区域内 20—64 岁人口比例呈正比。通过对各个年龄段的进
一步细化，发现区域内 20—30 岁以及 40—50 岁人口数占总人口数的比例
与区域内新建的高科技制造企业数量呈正比关系。

关于这一结果，我们可以从先天个体特征和软技能积累两方面解
释。首先，由于天生的生理特征，人们在不同的生命阶段会更适合从事
某一类型的工作。在青年期间（20—30 岁），人们的身体状况处于最好
阶段，富有激情，存储和处理信息的能力强，能够迅速地处理困难、解
决问题和适应新环境。[3] 其次，青年时期，个体对事物很少有先入为
主的偏见，相对于其他年龄段的人而言，青年人更具备创造力。[4] 不
过，他们由于大都刚刚离开校园，缺乏社会经验，也很少有自己的社会
商业关系圈，这些软技能需要他们慢慢积累，主要是通过社会活动和干
中学来获得。一般在 50 岁时会积累到顶峰，之后一直到 80 岁也不会再有

---

[1]　Parker S. C.，*The Economics of Self-Employment and Entrepreneurship*，Cambridge University Press，2004.

[2]　Bönte W.，Falck O.，Heblich S.，"Demography and Innovative Entrepreneurship"，*Jena Economic Research Papers*，2007（084）．

[3]　Kaufman A. S.，Hom J. L.，"Age Changes on Tests of Fluid and Crystallized Ability for Women and Men on the Kaufman Adolescent and Adult Intelligence Test（KAIT）at Ages 17-94 Years"，*Archives of Clinical Neuropsychology*，1996，11（2）；Ryan J. J.，Sattler J. M.，Lopez S. J.，"Age Effects on Wechsler Adult Intelligence Scale III Subtests"，*Archives of Clinical Neuropsychology*，2000，15（4）．

[4]　Dees J. G.，"Enterprising Nonprofits"，*Harvard Business Review*，1998，76.

显著变化①。

除先天个体特征和人力资本因素外，最终决定个体是否成为企业家的因素还包括风险偏好程度和时间折扣率。在人力资本给定的情况下，莱维斯克和明尼蒂（Levesque and Minniti, 2006）② 引入了一个理论模型。该理论模型用于研究个体生命期间内的时间折扣率和风险规避程度。L－M 模型认为时间是个体的稀缺资源，个体自我雇佣的意愿随着年龄增加而减少。个体新建一个企业，并不是期望能够立刻得到收入，而是期望在未来得到回报。因此，个体需要时间保证才会新建企业。随着年龄的增加，个体时间机会成本增加，同时个体新建企业的未来收入现值减少，个体时间折扣率增加；另外，随着年龄的增加，个体的经验和资历增加，工资收入也会增加，个体新建企业的工资机会成本增加。根据以往对企业家精神的研究，当企业家的期望收入不低于其作为雇佣工人的收入时，个体才会选择成为企业家。③ 因此，新建企业的现值必须要超过个体的工资。工资机会成本的增加也客观上使得个体时间折扣率增加；最后，随着年龄的增加，个体风险规避程度减小。因为老年人更加稳定，也敢于承担更多的风险。④ 根据以上分析，个体的一生中总有某个阶段时间折扣率、风险规避倾向和人力资本储备都处于适合新建企业的状态。这个阶段被称为企业家精神的"黄金时期"。

（二）性别

随着经济发展和社会进步，女性创业者群体不断扩大，但是女性创

① Wang J. J. , Kaufman A. S. , "Changes inFluid and Crystallized Intelligence Across the 20-to 90-Year Age Range on the K-BIT", *Journal of Psychoeducational Assessment*, 1993, 11 (1); Kaufman A. S. , Horn J. L. , "Age Changes on Tests of Fluid and Crystallized Ability for Women and Men on the Kaufman Adolescent and Adult Intelligence Test (KAIT) at Ages 17-94 Years", *Archives of Clinical Neuropsychology*, 1996, 11 (2); Ryan J. J. , Sattler J. M. , Lopez S. J. , "Age Effects on Wechsler Adult Intelligence Scale III Subtests", *Archives of Clinical Neuropsychology*, 2000, 15 (4).

② Levesque M. , M. Minniti, "The Effect of Aging on Entrepreneurial Behavior", *Journal of Business Venturing*, 2006, 21.

③ Kihlstrom, Richard E. , Jean Jacques Laffont, "A General Equilibrium Entrepreneurial Theory of Firm Formation Based on Risk Aversion", *Journal of Political Economy*, 1979, 87 (4).

④ Van Praag B. M. S. , Booij A. S. , "Risk Aversion and the Subjective Time Discount Rate: A Joint Approach", Working Paper, Department of Economics and Econometrics, University of Amsterdam 2003.

业率要显著低于男性。自从全球创业观察（GEM）项目实施以来，调查数据显示女性创业率仅为男性的 2/3。[①] GEM（2005）计算了 34 个参与国的女性平均早期创业活动指数（Total Entrepreneurial Activity rate, TEA），发现各国男性创业率均高于女性。中等收入国家企业家精神性别差异较大，男性创业率比女性高 75%，而发达国家和低收入国家则分别高出 33% 和 41%。GEM（2010）调查了 59 个国家，发现仅有一国的女性创业率高于男性以及少数国家创业性别比率持平，对绝大多数国家而言，男性创业率高于女性。

女性创业的低比率引起了广泛的研究和讨论，部分学者认为女性具有较低的体力、风险承担能力、人力资本和社会资本[②]，并且在创业活动中的一些关键环节中几乎都会面临一定程度的性别歧视[③]。此外，也有学者认为女性创业者并不一定会受到歧视。[④] 在家庭困难或者没有其他更好的职业选择时，如果女性能够为了维持家庭生计而进行创业，那么，他们体现出的顽强坚韧、不惧失败、吃苦耐劳和勇于拼搏的品质会得到社会的认同和赞扬。

女性生存型创业者对于家庭是至关重要的。为了维持家庭生计，她们当中的一部分人不得不承担创业风险，从事自主经营。生存型创业具有产品新颖度低、生产技术和工艺手段陈旧、企业规模小的特点，对人力资本和社会资本要求较低，女性的人力资本和社会资本储备很容易满足该类型创业的要求。生存型创业既可以为女性所在家庭

① Minniti M., Arenius P., "Women in Entrepreneurship", *The Entrepreneurial Advantage of Nations: First Annual Global Entrepreneurship Symposium.* 2003, 29.

② Sexton D. L., Bowman-Upton N., "Female and Male Entrepreneurs: Psychological Characteristics and Their Role in Gender-Related Discrimination", *Journal of Business Venturing*, 1990, 5 (1); Lerner M, Brush C, Hisrich R "Israeli Women Entrepreneurs: An Examination of Factors Affecting Performance", *Journal of Business Venturing*, 1997, 12 (4).

③ Bates T., "RestrictedAccess to Markets Characterizes Women-Owned Businesses", *Journal of Business Venturing*, 2002, 17 (4); Rosti L., Chelli F., "Gender Discrimination, Entrepreneurial Talent and Self-Employment", *Small Business Economics*, 2005, 24 (2); Coleman S., "Constraints-Faced by Women Small Business Owners: Evidence from The Data", *Journal of Developmental Entrepreneurship*, 2002, 7 (2).

④ Buttner E. H., Rosen B., "Funding New Business Ventures: Are Decision Makers Biased against Women Entrepreneurs?", *Journal of Business Venturing*, 1989, 4 (4).

提供重要收入来源，又可以使女性灵活安排工作时间，在创业的同时尽到照顾家庭的义务。因此，女性生存型创业者具有较高的家庭经济地位，她们所体现出的顽强坚韧等优秀品质也往往会受到家庭和社会的赞美。①

随着思想的开放、教育程度的提高以及服务业和信息产业等新兴行业的发展，越来越多的女性开始主动追求商业机会，进行机会型创业。机会型创业对个体的风险规避程度有一定的要求，与将创业视为最优选择的生存型创业者不同，潜在的机会型创业者如果认为创业风险较大，机会成本较高，便会放弃创业。因此，女性较高的风险规避程度会降低机会型创业率。机会型创业对个体人力资本也有较高的要求，需要创业者能够洞察创业机会，理性、前瞻性地分析潜在的创业风险，获取超额利润。然而，创业教育和相关工作经验的缺失使得女性具有较低的创业知识存量和较单一、低层次的人力资本结构，降低了机会型创业率。首先，正式教育从产生到发展的过程中始终负载着性别意识。女性职业教育主要集中在适合女性生理和气质特点的专业，例如裁剪、纺织、宾馆服务、财会、文秘、服装、医护、幼师、美容和公关等，技能范围相当狭窄。② 女性高等教育也是更多地选择自由艺术类专业而不是工程、商业或技术类专业；其次，两性的工作类型和职业路径有很大差异。研究发现，女性的工作经历一般是集中于零售业、教师、办公室管理或秘书等类似领域的职业，很少是典型男性从事的科研、管理或技术等职位。③ 而且，由于生育和照顾家庭等原因，女性职业生涯路径更容易被打断。④

---

① 胡怀敏：《我国女性创业及影响因素研究》，华中科技大学博士论文，2007 年。

② 许艳丽：《社会性别视角下的女性职业教育发展》，《中华女子学院学报》2001 年第 3 期；Guy, Mary Ellen and Meredith A. Newman, "Women's Jobs, Men's Jobs: Sex Segregation and E-motional Labor", *Public Administration Review*, 2004, 64 (3); Anker Richard, "Theories of Occupa-tional Segregation by Sex: An Overview", *International Labour Review*, 1997, 136 (3).

③ Oakes Jeannie, "Opportunities, Achievement, and Choice: Women and Minority Students in Science and Mathematics", *Review of Research in Education*, 1990, (16); 孙国翠：《女性创业成功影响因素及作用机制研究》，山东大学博士论文，2011 年。

④ Cromie Stanley, John Hayes, "Towards a Typology of Female Entrepreneurs", *The Sociological Review*, 2011, 36 (1).

机会型创业需要创业者通过社会资源获取企业存在和发展的关键性资源、机会和支持。社会资本对机会型创业尤为重要，对商业目标的实现是不可或缺的。女性创业者的社会网络包括家庭网络、家庭外网络和社团组织网络。[①] 家庭网络主要由配偶、家人和亲戚组成，家庭外网络主要由朋友、以前同事和生意伙伴组成。在这三种关系网络中，家庭关系网络对女性初创企业家的支持力度最大，也是女性创业初期最为倚重的融资关系网络。但是，男性占优的家庭环境使得女性处于不利地位。传统家庭结构认为女性要满足照料家务和协调家庭的需要，而女性机会型创业者往往不能满足这一要求，从而失去他人尤其是亲人的理解。史蒂文森（Stevenson，1986）[②] 的研究认为大部分女性创业者的配偶也会选择外出工作，导致50%—70%的已婚女性创业者的婚姻处于不稳定状态，而大部分男性创业者的配偶不会选择外出工作，有将近90%的男性创业者的妻子扮演着支持角色。另外，女性创业的初始资金大多来自家庭存款或亲戚借款，但女性往往具有较低的家庭财富决策权和支配权或者不能获得家庭成员的理解，因此很难从家庭关系网络中获得初始创业资金，这也是导致女性机会型创业低比率的一项重要原因。

家庭外关系网络和社团关系网络对女性机会型创业者也是不可或缺的。然而，女性大多就业于进入门槛和科技含量较低的行业，深受性别行业隔离的影响。在工作岗位上，女性获得职业晋升，得到锻炼的机会也远远低于男性。[③] 这使得女性很少能理性能动地加入高层次正规社会网络。更为关键的是，大多数国家的传统文化并不鼓励女性进行创业，不赞成女性单独与异性进行非正式的社会往来，甚至对女性参加各种社团组织也采取消极限制的态度，这降低了女性社会关系网络的复杂度，导致女性较低的配置社会资源能力。最终，人力资本、社会资本、风险规避程度和家庭财富的两性差异以及歧视性因素使女性在诸多创业领域不仅数量偏少，而且处于一种"边缘"地位。

---

① 费涓洪：《社会资本与女性创业——上海30位私营企业女性业主的个案调查》，《中华女子学院学报》2005年第2期。

② Stevenson Lois A. ， "Against All Odds: The Entrepreneurship of Women"，*Journal of Small Business Management*，1986，24（4）.

③ 卿石松：《职位晋升中的性别歧视》，《管理世界》2011年第11期。

（三）人力资本

根据舒尔茨的人力资本理论，企业家的教育水平越高，其学习掌握新知识的速度越快，也越容易积累恢复经济社会不均衡的经验。人类社会医疗条件的改善，人类身体素质的提高，也是人力资本存量增加的重要保障，因此会增加了社会上企业家数量。舒尔茨认为人力资本除了能够提高劳动者生产能力外，更重要的是还能够提高劳动者的配置能力，其主要表现就是一个人在市场活动中能够应付新要素重新组合的情况。这就是说，人力资本的提高能够增强劳动者创业和创新的能力。创业活动的本质就是围绕着市场机会识别和市场机会开发而展开的一系列过程，而市场机会识别又包括了市场机会发现和市场机会创造。[①] 肖恩和斯图尔特（Shane and Stuart, 2002）[②] 将市场机会识别看作人力资本的函数，认为创业者的人力资本存量决定了他们发现市场创业机会的能力。安蒂奇维力和雷（Ardichvili and Ray, 2003）[③] 建立了商业机会识别模型，该模型以创业者的能力为主要研究对象，研究发现如果创业者的相关人力资本水平越高，那么他识别市场创业机会的能力及其成功率就越大，很显然，创业者警觉性的高低与他们的创造力和市场知识等人力资本是紧密相关的。

除了能促进创业活动外，人力资本还有利于初创企业获得更多的资源。贝茨（Bates, 1990）[④] 和罗宾逊和塞克斯顿（Robinson and Sexton, 1994）[⑤] 等的实证研究结果表明，如果创业者所受的教育程度越高，那么就越有利于他们在创业之初获取更多风险资本的青睐，在高技术产业领域内更是如此。也就是说，创业者的受教育程度与他们新创企业所获取

---

① Shane S. , "Reflections on the 2010 AMR Decade Award: Delivering on the Promise of Entrepreneurship as a Field of Research", *Academy of Management Review*, 2012, 37.

② Shane S. , Stuart T. , "Organizational Endowments and the Performance of University Start Ups", *Management Science*, 2002, 48 (1) .

③ Ardichvili A. , Cardozo R. and Ray S. , "A Theory of Entrepreneurial Opportunity Identification and Development", *Journal of Business Venturing*, 2003, 18 (1) .

④ Bates T. , "Entrepreneur Human Capital Inputs and Small Business Longevity", *The Review of Economics and Statistics*, 1990.

⑤ Robinson P. B. , Sexton E. A. , "The Effect of Education and Experience on Self Employment Success", *Journal of Business Venturing*, 1994, 9 (2) .

的资金规模呈正相关关系。[①]

（四）社会资本、风险偏好和家庭财富

企业家社会资本是指个体在社会网络中通过认识他人或者被他人所认识，以及拥有良好声誉所带来的现实或潜在的资源。[②] 根据 GEM 报告，2003 年在 30 多个被调查国和地区中，新创公司的融资渠道有一半来自具有血缘关系的家庭成员，有 1/4 来自亲朋好友，其余的部分主要来自同事、普通亲戚或者是陌生人。由此可知，企业家的融资主要依靠其掌握的社会网络资源。边燕杰和张磊[③]研究了珠三角地区 800 多家创业企业资金来源和融资渠道，发现 97% 以上的企业家利用社会网络关系进行融资。

从上文可知，坎蒂隆以为创业活动实际上就是承担风险。企业家应当是风险承担者，是冒险家而不是对创业机会消极被动的人。马歇尔也认为企业家的三大职能之一为风险承担。因此风险规避程度越低的个体，企业家精神会越高。对于创业者来说还需要有足够的毅力和坚持不懈的精神来面对创业风险，创业者必须是风险偏好者才能对风险进行有效掌控。

家庭财富是创业初始资本的重要来源。例如，赫斯特（Hurst et al.，2004）[④] 的研究发现，美国富有家庭的风险偏好程度较高，敢于接受风险较高的创业活动，而且创业被富有家庭将购买奢侈品（luxury good）视为能够获得额外的效用。因此在高收入家庭，财富与创业之间具有明显的正向关系。

（五）其他

除了以上因素以外，学者们还从多个方面研究了企业家精神的影响因素，并得到了不同的结论。例如，高德纳（Gartner，1985）[⑤] 认为企业家间心理特质差异巨大，大大超出企业家与普通劳动者之间的差别，因

[①] 李长安、苏丽锋：《人力资本对创业活动的影响——基于 2003—2011 年数据的实证分析》，《清华大学教育研究》2013 年第 2 期。

[②] 耿新：《企业家社会资本对新创企业绩效影响研究》，山东大学博士论文，2008 年。

[③] 边燕杰、张磊：《网络脱生：创业过程的社会学分析》，《社会学研究》2006 年第 6 期。

[④] Hurst, Erik, and Annamaria Lusardi, "Liquidity Constraints, Household Wealth, and Entrepreneurship", *Journal of Political Economy*, 2004, 112 (2).

[⑤] Gartner, William B., "A Conceptual Framework for Describing the Phenomenon of New Venture Creation", *Academy of Management Review*, 1985, 10 (4).

此创业者不可能形成共有特征，更不会存在影响创业决策的心理特征变量；杜比尼和奥德里奇（Dubini and Aldrich, 1991）[①] 将逃避、自由和效仿前人作为企业家的创业动机；艾玛尔（Amar, 2000）[②] 认为较强的创办企业倾向、自我调节能力和最大化利用资源的能力是创业的首要具备能力，而不惧风险、掌控全局能力和组织管理能力等不是决定性因素。

二　外部影响因素

随着创业型经济在世界各国快速传播并逐渐成为重要的经济增长方式，学者们开始研究区域和社会层面的企业家精神影响因素。这些影响因素主要集中于经济、政治、法律和教育等方面。主要的研究目的在于如何利用这些外部因素让企业家们发现更多的机会并顺利地将其商业化。本节总结了研究区域层面企业家精神影响因素的文献，并着重分析了区域经济发展水平、人力资本和制度等因素的影响。

（一）经济发展水平

根据以往学者的研究，在经济发展的初始阶段，随着经济增长，新企业数量占总体企业数量比率逐步降低，经历过某个阶段之后，才会逐步提高。在对欧洲 10 多个国家 25 年的数据进行分析之后，阿克斯等（Acs et al., 1994）[③] 认为经济发展水平最高和最低的地区，企业家精神最高，经济发展水平中等的地区，企业家精神最低。高建等[④]对比了各国创业率和人均 GDP 水平，也得出了同样的结论。

在经济发展的早期，随着经济发展水平的上升，制造业的比重会大幅度提升。大型企业逐渐形成标准化生产和规模经济优势，生产成本逐步降低。而中小企业却不具备这种优势，无法与大企业相比，逐渐丧失

---

① Dubini P., Aldrich H., "Personal and Extended Networks Are Central to the Entrepreneurial Process", *Journal of Business Venturing*, 1991, 6 (5).

② Amar V. Bhide, *The Origin and Evolution of New Business*, Oxford University Press, 2000.

③ Acs Z. J., Audretsch D. B. and Evans D. S., "Why Does the Self-Employment Rate Vary Across Countries and Over Time?", *CEPR Discussion Papers*, 1994.

④ 高建、程源、李习保、姜彦福：《全球创业观察中国报告（2007）——创业转型与就业效应》，清华大学出版社 2007 年版。

优势。另外，对于个体来说，随着经济的发展和工资的提高，创业也担负着越来越高的机会成本。[1]

随着经济的进一步发展，经济结构继续演变为服务业兴起并占据经济的主导地位。服务业的发展为个体提供了更多的创业机会。同时，收入和财富的提高也带来了多样化的个体需求。个体为了追求自我实现和工作自由度，会更多地选择创业。而且，科技的发展和全球化带来的不确定性，使得创业优势逐渐从大的已有企业转向小的新成立企业，进一步提升了创业率。

（二）区域人力资本水平

人力资本的区域差异能够导致区域创业率的差异。阿明顿和阿克斯（Armington and Acs，2002）[2] 的研究发现，区域内大学以上学历劳动力比例越大，企业进入率越高；反之，区域内低技能劳动力越多，企业进入率越低。冈村（Lobo，Costa and Infante，2003）和小林（Okamuro and Kobayashi，2006）[3] 的实证研究发现，在日本和葡萄牙，人力资本的分布不同是区域企业家精神差异的重要原因。在中国，区域人力资源和企业家精神的关联性同样存在。高建、程源和李习保等[4]利用 1996—2006 年的区域面板数据，实证检验了我国区域层面企业家精神与人力资本的关系，分析结果表明人力资本对地区创业水平存在显著促进作用，人力资本水平越高的地区，创业水平就越高。

然而，也有学者认为区域人力资本水平对企业家精神的影响是复杂和多样的。例如，哈特和加金（Hart and Gudgin，1994）[5] 认为受过高等教育的人容易找到好职位，职业升迁的几率更大，因此创业的机会成本

---

① 赵奉军、高波：《经济发展与企业家精神的 U 型关系及其检验》，《广东商学院学报》2009 年第 1 期。

② Armington C.，Acs Z. J.，"The Determinants of Regional Variation in New Firm Formation"，*Regional Studies*，2002，36（1）.

③ Okamuro H.，Kobayashi N.，"The Impact of Regional Factors on the Start Up Ratio in Japan"，*Journal of Small Business Management*，2006，44（2）.

④ 高建、程源、李习保、姜彦福：《全球创业观察中国报告（2007）——创业转型与就业效应》，清华大学出版社 2007 年版。

⑤ Hart M.，Gudgin G.，"Spatial Variations in New Firm Formation in the Republic of Ireland，1980-1990"，*Regional Studies*，1994，28（4）.

较大。赖德胜和李长安[①]的研究发现，我国创业者以中等教育程度者为主，大学及以上学历的比率很低，高中及以下学历者占到90%以上。

（三）制度因素

舒尔茨认为企业家需要积累专用性人力资本，而只有市场经济健全，经济分工达到一定专业化程度时，个体才有机会专门处理经济中的特殊事件，才能积累专用性的企业家人力资本。因此企业家精神与市场经济制度有着紧密的联系。

从制度约束或制度激励的角度来看，一国是否具备基本的市场制度对企业家精神的影响是重大的。在市场经济制度完备的情况下，个体、企业和社会才会有效率、有组织地开展技术研发活动，蕴藏在个体中间的人力资本才会取得应有的回报。如果市场不能为新知识和新技术合理地定价，企业家达不到应有预期收益或目标，市场上的企业家供给数量就会减少。科斯（Coase，2012）[②] 的研究认为制度的合理化是企业家行为能够受到激励的重要前提。布兰奇福劳（Blanchflower，2000）[③] 在研究区域企业家精神时特别强调区域文化和区域制度因素的影响。明尼蒂和莱维斯克（Minniti and Lévesque，2008）[④] 的研究结论指出对私人部门放宽限制对创业率的提高具有直接和明显的提升。卢桑斯等（Luthans et al.，2000）[⑤] 和李（Lee，1991）[⑥] 认为一国政治局势是否稳定、经济体制是否宽松、制度安排是否对私人部门有利对企业家精神具有显著的影响。鲍莫尔（Baumol，1996）[⑦] 强调制度安排影响创业的类型和数量。马克等（Mark et al.，2000）[⑧] 则发

① 赖德胜、李长安：《完善创业教育体系 迎接创业高潮》，《求是》2009 年第 7 期。

② Coase, Ronald Harry, *The Firm, the Market, and the Law*, University of Chicago Press, 2012.

③ Blanchflower D. G., "Self Employment in OECD Countries", *Labour Economics*, 2000 (7).

④ Minniti Maria and Moren Lévesque, "Recent Developments in the Economics of Entrepreneurship", *Journal of Business Venturing*, 2008, 23 (6).

⑤ Luthans F., Stajkovic A. D., Ibrayeva E., "Environmental and Psychological Challenges Facing Entrepreneurial Development in Transitional Economies", *Journal of World Business*, 2000, 35 (1).

⑥ Lee L. W., "Entrepreneurship and Regulation: Dynamics and Political Economy", *Journal of Evolutionary Economics*, 1991, 1 (3).

⑦ Baumol, William J., "Entrepreneurship: Productive, Unproductive, and Destructive", *Journal of Business Venturing*, 1996, 11 (1).

⑧ Mark A. Dutz, Janusz A. Ordover and Robert D. Willig, "Entrepreneurship Access Policy and Economic Development: Lessonsfrom Industrial Organization", *European Economic Review*, 2000 (44).

现，良好的经济政策能够降低垄断程度、消除信息闭塞、为居民创新提供更多的机遇。也能够减少企业寻租行为，使其将工作重心更多地放在开发新技术和维持生产上。

有效的金融制度体系对企业家精神的提升也是必要的。个体在创业的过程中存在流动性约束。[1] 受此影响，一些个体可能无法进行创业或者只能以较小的投资规模来创业。在存在流动性约束的情况下，往往只有那些拥有更多遗产或财富的人（但这些人不一定最有创新精神）才能成为企业家。[2] 金融水平的发展有利于打破流动性约束的障碍，促使个体成为企业家。金融发展水平较高的地区存在各式各样的金融服务，能够帮助企业家将纸面上的创新转化为实际的商业行为。具体的金融支持包括：（1）将企业家创新活动进行排序，找出其中利润最大、最可行的创新，确保资金能够产生利润，客观上也保证了生产性最大的企业家机会得到实现。（2）筹集资金并降低筹资成本。（3）通过提供多样化的金融产品和不断创新的金融工具，帮助企业家分担创业过程中可能存在的风险，使企业家承担风险的能力获得提升。（4）估计创新活动的潜在回报和预期收益的现值，为创新活动提供相对准确的信息。[3]

金融系统提供信贷资金给具有创新精神的企业家，协助企业家进行各种生产要素的重组，通过建立新的生产函数进行创新活动，从而实现革命性的变化，能够促进经济的快速增长。[4] 拉詹和津加莱斯（Rajan and Zingales，1998）[5] 通过对金融发展和新企业数量的关系进行实证检验分析得出，在金融发展程度较高的国家和地区，需要大量融资的行业发展

---

① Evans D. S. , Leighton L. S. , "Some Empirical Aspects of Entrepreneurship", *American Economic Review*, 1989, 79（3）.

② Holtz-Eakin D. , Joulfaian D, Rosen H. S. , "Sticking It Out: Entrepreneurial Survival and Liquidity Constraints", *Journal of Political Economy*, 1994, 102（1）；江春、滕芸：《企业家精神与金融发展关系研究评述》，《经济学动态》2010年第2期。

③ King R. G. , Levine R. , "Finance, Entrepreneurship and Growth", *Journal of Monetary Economics*, 1993, 32（3）.

④ 武志：《转轨经济国家的金融发展：经验与借鉴》，《金融发展评论》2010年第9期。

⑤ Rajan R. G. , Zingales L. , "Power in a Theory of the Firm", *The Quarterly Journal of Economics*, 1998, 113（2）.

比较快。德米尔右克 - 肯特和莱文（Demirguc-Kunt and Levine，2008）[1]用跨国数据研究发现，金融发展对新企业产生率的影响显著为正，这说明运行良好的金融体系能够帮助企业获取急需的资金，帮助企业家更快地进入市场，进行创业和创新活动。鲍哈斯科（Bohacek，2007）[2] 认为，如果不存在金融中介，企业家只能完全依靠自己的储蓄进行融资时，会降低资金的配置效率，使社会总产出减少7%以上，企业家和雇员的总体福利损失（以社会平均消费水平来衡量）将超过11%。比安奇（Bianchi，2012）[3] 通过建立理论模型证明了完善的金融体系能够缓解信贷约束，增加企业家数量，激发企业家才能，同时促进社会流动性，使企业家才能更有效地配置到生产性活动及技术创新上。江春和滕芸[4]综合研究了以往文献研究发现，在金融市场不发达时，区域内部的企业家精神会受到抑制，而高度成熟的金融体系能够引领劳动者发现创业和创新的机会来获取利润，能有效地促进人均收入水平的提高和创造更多的就业机会，并能有效改善收入分配状况。

有效的专利保护制度是一国企业家精神的发展，也是必需的政策支撑。表面上看，不健全的专利保护制度会让区域内部更多的劳动者模仿先进技术和知识。然而这对初始创新者来说却是极大的威胁，会大大削弱其研发的市场价值，打击了劳动者自主创新的积极性。总体来看，对企业创新、知识资本积淀和长远发展具有不利影响。

（四）其他区域因素

还有很多学者从不同方面研究区域因素对企业家精神的影响。例如，雷诺兹（Reynolds，1994）[5] 认为在区域层面上有多个因素能够影响个体的创业行为，具体包括产品服务需求量、城市化发展水平、产业集聚程

---

[1] Demirguc-Kunt A. , Levine R. , "Finance, Financial Sector Policies, and Long-Run Growth", *The World Bank*, 2008.

[2] Bohacek R. , "Financial Constraints and Entrepreneurial Investment", *Journal of Monetary Economics*, 2006, 53 (8).

[3] Bianchi M. , "FinancialDevelopment, Entrepreneurship, and Job Satisfaction", *Review of Economics and Statistics*, 2012, 94 (1).

[4] 江春、滕芸：《企业家精神与金融发展关系研究评述》，《经济学动态》2010 年第 2 期。

[5] Reynolds P. D. , David Storey, and Paul Westhead, "Regional Characteristics Affecting Entrepreneurship: A Cross National Comparison", *Frontiers of Entrepreneurship Research*, 550 (1994).

度和政策创业支持等。兰普金和迪茨（Lumpkin and Dess，1996）[①] 认为，影响企业家精神的重要因素还包含区域内部产业发展环境的演变。格茨和弗雷什沃特（Goetz and Freshwater，2001）[②] 以美国 50 多个行政区域为样本研究了创业的影响因素，发现创新氛围对区域创业活跃程度具有重要影响。弗里奇和米勒（Fritsch and Mueller，2006）[③] 对德国的研究表明，失业率和产业结构均为影响创业水平的重要因素。

第四节　经济全球化对企业家精神的影响

一　经济全球化对居民创业的影响：理论演进脉络

企业家本质上是一种职业，以往学者往往基于职业选择模型来研究个体的创业精神，当个体成为企业家的收益大于其他职业的收入时，理性个体就会做出创业的选择。在微观层面，个体选择是否成为企业家受到其年龄、性别、身体健康程度、人力资本、社会资本、风险规避程度和家庭财富的影响。[④] 除此以外，个体所在区域的经济发展水平、人力资本程度、金融发展程度和经济自由度也是影响个体创业的重要环境因素。[⑤] 其中，经济全球化这一宏观环境对个体创业精神的影响也是多方面的，既有抑制作用，也有促进作用。抑制作用的内在机理主要可归结为以下四个方面：第一，经济全球化在某种程度上会降低国内产品价格，

①　Lumpkin G. Tom and Gregory G. Dess，"Clarifying the Entrepreneurial Orientation Construct and LinkingIt to Performance"，*Academy of Management Review*，1996，21（1）.

②　Goetz Stephan J. and David Freshwater，"State Level Determinants of Entrepreneurship and a Preliminary Measure of Entrepreneurial Climate"，*Economic Development Quarterly*，2001，15（1）.

③　Fritsch Michael and Pamela Mueller，"The Evolution of Regional Entrepreneurship and Growth Regimes"，*Entrepreneurship in the Region*，2006.

④　Levesque M. and M. Minniti，"The Effect of Aging on Entrepreneurial Behavior"，*Journal of Business Venturing*，2006，21；刘鹏程、李磊、王小洁：《企业家精神的性别差异——基于创业动机视角的研究》，《管理世界》2013 年第 8 期；费涓洪：《社会资本与女性创业——上海 30 位私营企业女性业主的个案调查》，《中华女子学院学报》2005 年第 2 期；Bates T.，"Entrepreneur Human Capital Inputs and Small Business Longevity"，*The Review of Economics and Statistics*，1990；李雪莲、马双、邓翔：《公务员家庭、创业与寻租动机》，《经济研究》2015 年第 5 期。

⑤　高建、程源、李习保、姜彦福：《全球创业观察中国报告（2007）——创业转型与就业效应》，清华大学出版社 2007 年版；田毕飞、陈紫若：《中国创业活动的区域差异性——基于 PLS 的分析》，《软科学》2016 年第 10 期。

带来产品市场竞争效应，这会减少潜在创业者的预期收入，因此抑制了当地企业家阶层的形成。第二，出口企业和外资企业对劳动力需求增加，往往会雇佣能力比较强的员工，造成国内实际工资上升，增加了创业的机会成本。第三，外资企业往往具有所有权优势，能够承担较高的沉没成本，不论其直接进入国内市场，还是只与国内厂商进行贸易，都会造成行业壁垒效应，阻止其他国内厂商进入该行业。第四，国际贸易的发展显著提高倾销的状况，被倾销国的相关产业会受到沉重的打击，导致产业内失业率严重，在这种情况下，新创企业的利润下滑，创业者的创业热情也会受到抑制。

当然，经济全球化也会对国内创业精神产生积极因素，例如，贸易开放为国内创业者提供了更为广阔的海外市场，外资企业带来的竞争效应和先进技术也会激励国内企业创新，这在已有研究中已得到了广泛的讨论。另外，FDI 和国际贸易也会产生创业精神的溢出。一般来说，经济全球化溢出的方式包括人员流动效应、示范效应、产业关联效应和竞争效应等。人员流动效应指的是，为了确保国外投资项目能够持续盈利，外资企业需要培养符合自己需要的当地员工，采取的措施包括职前培训和在职教育等，而雇员在学习到这些技术知识和工作经验之后可能会选择离开该企业创建新的类似或相关企业。因此，外资企业员工在流动过程中的技术外溢通常是不可避免的。示范效应包含两点：一是外资企业的管理经验、营销理念等软技术通过外资企业的"示范"，很快会被国内企业所掌握；二是通过逆向工程实现技术溢出。国内企业可以模仿和研究外资企业的产品与服务，启发自我创新意识。

竞争效应也包含两点：一是跨国企业不断增加的竞争压力会促使最低效率的企业退出市场，也迫使国内先进企业改善经营管理，加大研发投入。同样外企为了保持市场领先优势，会在东道国引进更加先进的技术。由此便会形成良性循环，从而优化配置行业资源，推动东道国企业技术水平和生产效率的提高；二是相较于当地企业，外企的较长时间发展使其拥有更为丰富的经验、形成了更大的规模效应、同时具有更少的财务约束和更多的政府优惠政策，因此，外企能够承担更大的风险，更容易涉足有较强进入壁垒的行业，这些壁垒通常表现为高沉没成本和规模经济等，特别是一些高度政府垄断或者自然垄断的行业，这会有力冲击原有的市场均衡，在很大程度上减少垄断促进竞争，同时也会促进当地企业的技术进步。这就为国内创业者进行创业活动扫清了障碍，创造了更多新的机会。

产业关联效应是不同产业间的联合发展效应，它指的是一个产业的发展对其他产业的影响，分为前向和后向关联效应。前者指的是外资企业与本地原材料和半成品厂商之间的联系。外资企业进入后为了能够从当地得到符合要求的中间品，会从技术和人员上为当地供应商提供支持，丰富其产品的多样性，提高产品质量、劳动生产率和企业利润率。后者指的是外资企业和下游当地企业的关系。外资企业为当地的下游企业提供了更优质的中间产品，一定程度上提高了下游企业的产品竞争力。通过销售谈判活动，下游经销商也可以学习外资企业的销售策略、谈判技巧等，提高自己企业的经营业绩，这些优秀经验也会激励更多个体进行创业。

二 经济全球化对居民创业的影响：经验研究进展

本书将相关文献划分为四个层次：一是国际贸易与创业率之间的关系研究；二是 FDI 对创业率的影响；三是经济全球化与创业精神溢出；四是经济全球化与创业绩效之间的文献分析。

（一）国际贸易对居民创业率的影响

关于对外开放对创业率的影响，格罗斯曼（Grossman，1984）[1] 使用规范经济学方法率先开展了研究。该论文通过构建一个开放小型经济体的两部门模型进行理论分析，认为自由贸易和 FDI 带来的国际竞争导致发展中国家产品市场的低价格，降低了潜在创业者的预期收入，因此阻止了发展中国家企业家阶层的形成。但是在格罗斯曼[2]的研究之后，关于这个问题的研究寥寥可数，并且学术界也没有形成一致的结论。有些学

---

① Grossman G. M. , "International Trade, Foreign Investment, and the Formation of the Entrepreneurial Class", *American Economic Review*, 1984, 74 (4) .

② Ibid. .

者认同格罗斯曼①的观点，如迪茨和奥达吉利（Díez and Ozdagli，2012）②
采用2000—2010年美国制造业部门的自我雇佣数据进行实证分析，结果
表明贸易开放会降低自我雇佣的比例，也就是会抑制个体的创业行为。
阿泊尔（Akpor，2004）③指出，国际贸易对创业在两个方面起到抑制作
用，一是国际贸易使得一国产品市场的差异化程度增加，在很大程度上
满足了居民的多样化需求，抑制了居民创业的积极性；二是国际贸易带
来更激烈的市场竞争，参与竞争的不只有新创立企业，还有已经具备规
模和成本优势的跨国企业等，这使得新企业生存压力和经营风险增大，
同时也会降低潜在创业者的预期收益，在一定程度上抑制了居民创业，
因此政策制定者必须要意识到经济全球化的消极影响，并努力将其降至
最低。弗德里科和阿里（Federico and Ali，2012）④利用职业选择模型分
析贸易与创业精神的关系，认为经济体（或部门）中自我雇佣受到了开
放程度的负面影响。也就是说，越是参与国际竞争的经济体（或部门），
其自我雇佣水平就会越低。模型中代理人具有不同的经营公司能力，决
定了他们成为雇员或是自我雇佣，这样的选择过程类似于梅里兹
（Melitz，2003）⑤模型中的产业内异质性企业的决策过程。当经济开放
时，自我雇佣代理人（公司）可以根据固定成本和可变成本选择向国外
市场拓展经营（出口）或者收缩经营（甚至转而成为雇员）。此时，资源
通过两个渠道进行重新分配：第一，作为国外竞争和出口公司对劳动力
需求增加的结果，国内实际工资上升，增加了自我雇佣个体的机会成本，
他们往往发现成为雇员有利可图；第二，更高的实际工资减少了非出口
企业的利润，资源的重新分配也会朝向更高效的企业。

---

① Grossman G. M. , "International Trade, Foreign Investment, and the Formation of the Entre-preneurial Class", *American Economic Review*, 1984, 74 (4) .

② Díez, Federico, Ali Ozdagli, "Entrepreneurship and Occupational Choice in the Global Econo-my", *Society for Economic Dynamics Meeting Papers*, 2012, No. 1004.

③ Akpor Robaro, "Introductory Notes on the Theories of Entrepreneurship", *Lagos*：*Bendona and Associates*, 2004.

④ Díez, Federico, Ali Ozdagli, "Entrepreneurship and Occupational Choice in the Global Econo-my", *Society for Economic Dynamics Meeting Papers*, 2012.

⑤ Melitz M. J. , "The Impact of Trade on Intra - industry Reallocations and Aggregate Industry Productivity", *Econometrica*, 2003, 71 (6) .

也有很多学者认为贸易壁垒的消除使得创业者接触到广阔的国际市场，通过出口获得收益。[1] 阿泊尔和马木佐（Akpor and Mamuzo，2012）[2] 认为国际贸易不仅能够带来分销商品的广阔市场，还会引进廉价的原材料和先进的技术，由此提高了个体选择成为企业家的几率。另外，阿泊尔和马木佐[3]还从倾销的角度论述了国际贸易的提升作用，认为倾销会沉重打击国内相关产业，导致产业内失业率严重。在这种情况下，失业工人没有更好的选择，只能被迫从事生存型创业。国内学者袁红林和蒋含明[4]采用省级面板数据分析得出，随着外贸开放程度的加深，我国的创业精神也是在不断上升的。

也有学者认为需要考察贸易伙伴的异质性，并且要考虑创业的不同类型。朱彤等（2015）[5] 选用全球创业观察（GEM）的调查数据，探讨了贸易开放对发展中国家创业精神的影响。通过数据建模分析和探讨发现贸易开放与本国创业精神呈现显著的负向关系。考虑到经济发展的差异性，将贸易合作伙伴进一步细化后发现，在南北贸易中，发展中国家对发达国家的出口品往往是劳动密集型产品，产品通常是模仿品而并非创新品，附加值低，利润空间小，抑制了发展中国家的创新精神；而在南南贸易中，各贸易伙伴经济基础相差不大，贸易使得资源共享、技术进步，促进了本国的创业精神。从产生影响的机制来看，整体贸易开放和与发达国家开展贸易增加了产品的可获得性，减少了发展中国家企业家的创业机会和预期利润，抑制了创业精神，相反，面向发展中国家贸易开放促进了企业家的创业行为。刘鹏程等（2013）[6] 认为国际贸易对总

---

① Manasse，Paolo，Alessandro Turrini，"Trade，Wages，and 'Superstars'"，*Journal of International Economics*，2001，54（1）.

② Akpor Robaro，M. O. Mamuzo，"The Impact of Globalization on Entrepreneurship Development in Developing Economies：A Theoretical Analysis of the Nigerian Experience in the Manufacturing Industry"，*Management Science and Engineering*，2012，6（2）.

③ Ibid. .

④ 袁红林、蒋含明：《中国企业家创业精神的影响因素分析——基于省级面板数据的实证研究》，《当代财经》2013 年第 8 期。

⑤ 朱彤、刘鹏程、王小洁：《贸易开放对发展中国家企业家精神的影响》，《南开经济研究》2015 年第 5 期。

⑥ 刘鹏程、李磊、王小洁、刘斌：《FDI 对东道国企业家精神的动态影响》，《当代经济科学》2013 年第 4 期。

体和机会型创业精神具有显著抑制作用，而对生存型创业精神具有显著促进作用。王小洁等[1]使用 RUMIC2007 数据，通过实证分析，发现贸易开放对农民工创业产生显著的负向影响。但这种影响存在技能和产业差异，在技能上表现为显著抑制高技能者创业，但对低技能者影响不显著。在产业上看，贸易开放对第三产业和其分类下的生产生活性服务业有显著的抑制效果，而对第二产业的影响作用不显著。

（二）FDI 对居民创业的影响

关于 FDI 对创业的影响，部分学者从产品市场竞争效应、劳动市场工资效应和行业壁垒效应等角度出发，认为 FDI 降低了东道国的创业精神。例如，格罗斯曼（Grossman，1984）[2]认为 FDI 加剧了竞争，使得产品市场价格下降，从而减少了企业家收入，造成了东道国企业数量的减少；德利菲尔德（Driffield，1995）[3]认为跨国公司吸纳了部分东道国的优质劳动力，因为他们能够支付更有吸引力的报酬，从而将那些有可能成为创业者的员工从国内企业掳走；阿伊格瑞和克索亚（Ayyagari and Kosová，2010）[4]认为所有权优势比较大的外资企业会在东道国构建行业壁垒，阻挠东道国企业家从事创业活动。也有学者从人员流动、示范效应、竞争效应和产业关联效应等角度进行分析，认为 FDI 会对国内创业精神产生积极影响。例如，迈耶（Meyer，2004）[5]提出在外企工作的本地员工可能在掌握一定的知识和经验后选择创建类似或相同的企业；卡夫（Caves，1971）[6]认为国内潜在的创业者可以学习外企的经营与管理经验，同时外企的建立会打破东道国原有的行业壁垒，为他们提供创业

---

① 王小洁、刘鹏程、陈梅、李红阳：《贸易开放对农民工自雇创业的影响》，《中国经济问题》2016 年第 5 期。

② Grossman G. M. , "International Trade, Foreign Investment, and the Formation of the Entrepreneurial Class", *American Economic Review*, 1984, 74 (4) .

③ Driffield N. L. , "The Indirect Employment Effect of Foreign Direct Investment in the UK", *Bull Econ Res*, 1999.

④ Ayyagari M. and Kosová R. , "Does FDI Facilitate Domestic Entry? Evidence from the Czech Republic", *Review of International Economics*, 2010, 18 (1) .

⑤ Meyer K. E. , "Perspectives on Multinational Enterprises in Emerging Economies", *Journal of International Business Studies*, 2004, 35 (4) .

⑥ Caves R. E. , "International Corporations: The Industrial Economics of Foreign Investment", *Economics*, 1971, 38 (141) .

机会。

　　鉴于外商直接投资具有延续性的特点，在分析 FDI 对创业精神的影响时，很多学者将其分为短期影响和长期影响。麦肯娜和勒娜特（Meghana and Renata，2010）① 借鉴约万诺维奇（Jovanovic，1994）② 的理论构建了 FDI 影响创业精神的理论模型。在其理论框架中，国外企业是产业中的主要企业。短期内，国外企业的进入会产生新的市场竞争，使得其他企业面临生存问题，退出市场。但长期内，由于"需求创造"效应，FDI 会带动当地新企业的兴起和发展。科恩和利奥（Koen and Leo，2002）③ 利用 1990—1995 年比利时 100 多个行业的数据分析了 FDI 对制造业部门企业进入退出率的影响，认为短期内外资企业会通过产品市场竞争效应和劳动市场工资效应对国内企业产生挤出效应，因而抑制新企业的产生；长期内，随着国内外企业生产网络的形成，示范效应和技术溢出效应会使得原本的挤出效应减弱甚至逆转。李威等④ 构建了一个固定效应变截距模型，利用 1999—2007 年的 28 个制造业细分行业的面板数据，按照时间长短分析了 FDI 与创业精神的内在关联。其结论认为，由于外资企业具有垄断优势和"超国民待遇"，在短期内会抑制国内创业精神。但是从长期来看，外资企业培育了个体的市场观念和竞争精神，完善了国内市场经济环境，促进了国内创业精神。刘鹏程等⑤ 利用 GEM 数据进行实证分析，发现 FDI 在短期内会抑制东道国的创业精神，长期则相反。并且这种动态影响在不同国家上的表现也存在差异，对 OECD 国家的分析反映了这种差异，具体表现为发展中国家 FDI 比发达国家对东道国创业精神的短期抑制效应较小，长期促进作用则较大。

---

　　① Meghana A. and Renata K.，"Does FDI Facilitate Domestic Entry? Evidence from the Czech Republic"，*Review of International Economics*，2010，18（1）.

　　② Jovanovic Boyan，"Firm Formation with Heterogeneous Management and Labor Skills"，*Small Business Economics*，1994，6（3）.

　　③ Koen D. E. B. and Leo S.，"Does Foreign Direct Investment Crowd Out Domestic Entrepreneurship?"，*Vlerick Working Paper*，2002.

　　④ 李威、黄顺武、喻鑫：《FDI 对中国企业家精神的影响——基于制造业面板数据的分析》，《中央财经大学学报》2009 年第 5 期。

　　⑤ 刘鹏程、李磊、王小洁、刘斌：《FDI 对东道国企业家精神的动态影响》，《当代经济科学》2013 年第 4 期。

（三）经济全球化与创业精神溢出

上述文献尽管结论各异，但其共通之处是着眼于考察经济全球化对创业精神的直接影响，随着理论和经验研究的推进，关于经济全球化对创业精神间接影响的相关文献逐渐出现，其中的重要内容是对经济全球化所带来的创业精神溢出效应的研究。阿克斯等（Acs et al.，2007）[1] 提出了创业精神的知识溢出理论，认为知识价值具有不确定性和不对称性。企业员工往往会对企业新开发的知识赋予较高的价值，但这一想法未必会得到企业决策制定者的认同。受限于此，这些新知识的价值在现有企业系统往往难以得到有效开发，这给予了企业员工利用新知识创建新企业以谋取预期回报的激励。[2] 市场上现有企业在经营过程中会产生知识溢出，新企业家会学习利用这些知识，寻求创业机会，建立新企业，新企业的运营还会产生新的知识溢出，如此循环，这些知识溢出会体现在新企业建立率、创业率和就业率等方面，并且促进新知识的产生和传播。阿克斯等（Acs et al.，2009）[3] 认为 FDI 不仅会带来人员和资本的流动，同时也会给东道国带来技术和无形资产，例如相关创业知识的溢出。因此，与跨国公司相关联的本国部门中，企业家行为也会更加活跃。田毕飞和陈紫若（2016）[4] 选取了中国 31 个省份 2002—2012 年的平衡面板数据，建立空间滞后模型，阐述了省内和省际外商直接投资与国内创业之间的关系。研究结果表明无论基于短期还是长期的角度，FDI 对创业均具有显著的"倒 U 型"的空间外溢效应，并且存在地方化现象。

经济全球化所带来的创业精神的溢出并不局限于具体的知识和技术，

---

① Acs Z. J. , Braunerhjelm P. , Audretsch D. B. , "The Knowledge Spillover Theory of Entrepreneurship", *Small Business Economics*, 2009, 32（1）.

② Audretsch D. B. , "The Knowledge Spillover Theory of Entrepreneurship and Economic Growth", *Research on Technological Innovation*, *Management and Policy*, 2005（9）; Acs Z. J. , Braunerhjelm P. , Audretsch D. B. , "The Knowledge Spillover Theory of Entrepreneurship", *Small Business Economics*, 2009, 32（1）; Thurik R. , Audretsch D. B. , Grilo I. , "Globalization, Entrepreneurship and the Region", *EIM Business and Policy Research Working Paper*, 2012.

③ Acs Z. J. , Braunerhjelm P. , Audretsch D. B. , "The Knowledge Spillover Theory of Entrepreneurship", *Small Business Economics*, 2009, 32（1）.

④ 田毕飞、陈紫若：《FDI 对中国创业的空间外溢效应》，《中国工业经济》2016 年第 8 期。

特别是对发展中国家来说，在与外界长期封闭隔绝的情况下，维持传统稳定的社会意识结构往往会是第一要务，这会使得创新意识缺乏，致使发展中国家的技术创新在低水平上徘徊。想要终止这种恶性循环，仅仅依靠内部力量是很难实现的，往往需要体系以外的推动力量，才能促使发展中国家走上良性发展的道路。① 贸易开放和 FDI 即是这种重要的推动力之一。贸易开放在带来新产品的同时也带来了先进的技术和新的思维方式，这些在对我国的生产方式和消费习惯产生影响的同时也影响着我国的创新意识，最终改变企业的经营模式。更重要的是，贸易开放带来的优秀思想会在无形中影响个人和企业的行为，这些影响首先表现在模仿上；其次基于模仿进行二次创新，这种影响的扩散最终导致全民思维方式发生转变，创新意识也在这个过程中逐渐发展成熟，形成本国先进的创新机制。由于创业精神溢出难以衡量，因此以往文献大都采用文字描述的形式，仅有少数学者采用实证的方法对这一问题进行了验证。例如，李磊等②采用双边贸易数据和贸易伙伴国创业精神数据，计算了国际贸易渠道创业精神溢出程度，并结合微观个体数据进行计量分析。结果显示，国际贸易渠道创业精神溢出对创业精神具有促进作用，来自发达国家的创业精神溢出高于发展中国家。国际贸易渠道创业精神溢出越高，企业家所获得的预期回报也就越高。

（四）经济全球化与创业绩效之间的关系

创业绩效是考察和评估创业型经济发展的重要指标，测算创业绩效和探讨其影响因素也是理论研究者与创业实践者等社会各界人士共同关心的话题。从现有文献来看，大量学者从地区创业环境、企业内生的资源禀赋条件及宏观政策支持等方面探讨了创业绩效的影响因素③，然而从

---

① 李平：《论国际贸易与技术创新的关系》，《世界经济研究》2002 年第 5 期。

② 李磊、王小洁、刘鹏程：《国际贸易与企业家精神的跨国溢出》，《经济学报》2015 年第 4 期。

③ Barringer B. R., Jones F. F., Neubaum D. O., "A Quantitative Content Analysis of the Characteristics of Rapid Growth Firms and Their Founders", *Journal of Business Venturing*, 2005, 20（5）；陈艳莹、原毅军、游闽：《中国服务业进入退出的影响因素——地区和行业面板数据的实证研究》，《中国工业经济》2008 年第 10 期；杜传忠、郭树龙：《中国服务业进入退出影响因素的实证分析》，《中国工业经济》2010 年第 10 期；邓芳芳、李鲁：《中国制造业企业进入退出的影响因素分析——基于对称性壁垒假说的研究》，《商业研究》2015 年第 11 期。

经济全球化视角出发探究发展中国家在参与国际生产和分工过程中创业绩效得到了促进还是抑制，学界尚未开展深入研究。从现有研究来看，部分学者认同经济全球化能够激励创新绩效这一观点，例如，拉希里和泰尔（Lahiri and Tsai，2015）[①] 以企业进入市场作为创业指标的衡量，考察了多家国内外企业的寡头垄断模式背景下，外国公司数量增加对国内企业自由进入市场的数量、国内企业的最佳数量和国内福利水平的影响，结果发现外国公司数量对于本土创业具有显著的带动效应。岩佐和小田切丝（Iwasa and Odagiri，2004）[②] 的研究指出，对于跨国公司而言，从海外市场获取知识资源是其全球化决策的重要组成部分。当企业通过具有战略优势的海外市场获取、转移和整合创新相关的知识，而不是通过对现有资产的重新配置，企业可以取得更高的创新绩效。

对于创业绩效的研究，亦有学者研究出的结论正好相反。蔡宏标和张耀辉（2006）[③] 从产业的角度，分析企业进入退出市场行为，再通过结构—行为—绩效（SCP）分析范式，研究我国彩电产业的市场结构、市场行为和市场绩效，发现跨国公司所带来的竞争压力会提高彩电企业进入门槛，并且对在位企业的创业绩效产生负向影响。亦有学者从知识资源的异质性角度展开了研究，埃文斯和马万朵（Evans and Mavondo，2002）[④] 认为，对于本土知识的熟悉会使得企业从地理上接近母国的海外市场获取所需要的知识资源，而不会从地理较远和不熟悉的市场获取知识，因此本土知识资源对企业创新绩效的激励要远大于海外市场所带来的激励。

① Lahiri S．，Tsai Y．，"Foreign Penetration and Domestic Competition"，*Mimeo*，2015.

② Iwasa T．，Odagiri H．，"Overseas R&D，Knowledge Sourcing，and Patenting：An Empirical Study of Japanese R&D Investment in the US"，*Research Policy*，2004，33（5）.

③ 蔡宏标、张耀辉：《对我国彩电企业的进入退出与产业组织政策研究》，《生产力研究》2006 年第 2 期。

④ Evans J．，Mavondo F. T．，"Psychic Distance and Organizational Performance：An Empirical Examination of International Retailing Operations"，*Journal of International Business Studies*，2002，33（3）.

第三章

国际贸易对企业家精神的影响

第一节 引言

经济学者们普遍认为企业家精神对于经济发展和社会进步具有重要的作用，能够增加劳动力市场就业、开辟新的市场、带动科学技术发展、丰富市场上的产品和服务种类、提升区域生产效率以及行业发展水平等。无论对于个体还是国家，企业家精神都是十分重要的。对个体来说，创业选择提供了一种能够增加收入、培养独立性并有利于实现自我价值的就业机会选择；对于国家来说，一国企业家精神的繁荣可以提高劳动生产率，有效并充分利用当地资源，促进一国经济增长。新创企业还能够带来新技术、新产品和新市场，可以改善民生，提高国民整体的生活水平。

尽管企业家精神在现实中发挥了很重要的作用，但在经济学领域中仍是一个新兴领域。随着人们对企业家精神重视程度的提高，该领域也逐渐吸引学者们去深入研究，研究视野也在不断扩展当中，其中的重要研究对象是对企业家精神影响因素的探索。现有文献主要是从以下三个层面展开对该问题的研究。部分学者是从个体层面入手，研究个体的性别、年龄等人口统计特征以及个体的教育水平、风险偏好、成功需求、管理才能等后天特征对企业家精神的影响[1]；也有学

---

[1] Bhide A. , *The Origin and Evolution of New Businesses*, Oxford University Press, 2000. ; Gartner, William B. , "A Conceptual Framework for Describing the Phenomenon of New Venture Creation", *Academy of Management Review*, 1985, 10 (4); Covin J. G. , Slevin D. P. , "A Conceptual Model of Entrepreneurship as Firm Behavior", *Entrepreneurship Theory and Practice*, 1991, 16 (1) .

者选择从企业层面入手进行探讨，此类文献集中于研究企业的创业活动，往往聚焦于研究公司内部文化和组织架构等因素对企业家精神的影响。[①]鉴于创业活动对地区经济增长的重要性，越来越多的学者开始从国家和区域层面入手，考察宏观层面的经济、政策和文化环境对企业家精神的影响。[②]

以上文献都只是从个体、企业或国家等单一层面出发寻找企业家精神的影响因素，却忽略了开放经济环境下，经济全球化尤其是国际贸易对企业家精神的影响。自20世纪末以来，随着交通、通信和科学技术的迅速发展以及各国贸易壁垒的逐渐削减，全球贸易自由化程度得以大幅提高。国际贸易也对企业家精神产生了深刻影响，全球国际贸易往来的大背景为企业家精神的研究带来了新的视角。

从已有文献来看，对国际贸易影响个体是否选择成为企业家这一问题的研究较为缺乏，且尚未形成定论。部分学者认为国际贸易对一国企业家精神的形成和发展存在阻碍作用。例如，格罗斯曼（Grossman，1984）[③]基于个体职业选择模型，对国际贸易与企业家精神的关系进行了理论分析，其观点认为，国际贸易带来的竞争加剧了创业的风险，更多的个体选择成为员工而非企业家，因而贸易开放抑制了当地企业家阶层的形成。他同时指出贸易会带来潜在收益，而贸易保护主义政策会降低企业家阶层的福利；迪茨和奥达吉利（Díez and Ozdagli，2012）[④]也认为贸易开放降低了产品价格，提高了工人的相对工资，海外需求还吸引了更多的国内企业成为出口商，导致国内劳动力需求的增加，进一步地提

---

① Morris M. H., Kuratko D. F., Covin J. G., "Corporate Entrepreneurship and Innovation: Entrepreneurial Development within Organizations", *Cengage Learning*, 2010.

② Minniti Maria and Moren Levesque, "Recent Developments in the Economics of Entrepreneurship", *Journal of Business Venturing*, 2008, 23 (6); Luthans F., Stajkovic A. D., Ibrayeva E., "Environmental and Psychological Challenges Facing Entrepreneurial Development in Transitional Economies", *Journal of World Business*, 2000, 35 (1).

③ Grossman G. M., "International Trade, Foreign Investment, and the Formation of the Entrepreneurial Class", *American Economic Review*, 1984, 74 (4).

④ Díez, Federico, Ali Ozdagli, "Entrepreneurship and Occupational Choice in the Global Economy", *Society for Economic Dynamics Meeting Papers*, 2012, No. 1004.

高了实际工资，减少了个体成为企业家的比率。阿泊尔（Akpor，2004）[1] 认为，国际贸易从两个方面降低了企业家精神，一是国际贸易使得居民的多样化需求在很大程度上得到了满足，因而会降低了一国居民进行创新的动力；二是国际贸易迫使新生企业与具有规模优势和低成本优势的跨国企业在统一市场竞争，这使得小企业和萌芽企业处于非常不利的地位。也有学者提出了截然相反的观点。托马斯（Thomas，2001）[2] 认为，贸易的改善（降低关税以及运输成本）会增加生产性企业家的相对利润，促使企业家行为由非生产性（主要体现在在位者阻止竞争对手的控制手段）转向生产性。鉴于贸易壁垒的下降，有更多的企业家能够接触到更广阔的市场，并从出口中获得更多的收益[3]。尼克尔斯（Nickels et al.，2011）[4] 认为，贸易壁垒的不断消除使得以前受到保护的市场逐步放开，这会激发了国内企业家开发新产品并在市场上销售它们的动力，从而促进企业家精神的发展；阿泊尔（Akpor，2012）[5] 根据尼日利亚的经验证据也得到了类似的结论，国际贸易为该国企业家带来了更为广阔的商品分销市场以及原材料市场，由此提高了个体选择成为企业家的几率。袁红林和蒋含明[6]利用我国省级面板数据证明，贸易开放程度越高，企业家在创新创业上投入的精力越大。

关于国际贸易对企业家精神影响的文献不仅数量较少，而且大多研究都停留在理论层面，涉及实证分析的研究更是鲜见。在这些少之又少的实证分析中，对企业家精神的衡量往往也只是采用宏观层面一国整体

---

① Akpor Robaro，"Introductory Notes on the Theories of Entrepreneurship"，*Lagos*：*Bendona and Associates*，2004.

② Holmes Thomas J. A.，"Gain From Trade：From Unproductive to Productive Entrepreneurship"，*Journal of Monetary Economics*，2001，47（2）.

③ Manasse，Paolo，Alessandro Turrini，"Trade，Wages，and 'Superstars'"，*Journal of International Economics*，2001，54（1）.

④ Nickels，William G.，James M. McHugh，Susan M. McHugh，"Understanding Business"，*McGraw Hill/Irwin*，2011.

⑤ Akpor Robaro，M. O. Mamuzo，"The Impact of Globalization on Entrepreneurship Development in Developing Economies：A Theoretical Analysis of the Nigerian Experience in the Manufacturing Industry"，*Management Science and Engineering*，2012，6（2）.

⑥ 袁红林、蒋含明：《中国企业家创业精神的影响因素分析——基于省级面板数据的实证研究》，《当代财经》2013 年第 8 期.

的创新程度或企业家规模（数量）等指标。然而，企业家作为从事创新和创业活动的主体，其个体特征的异质性对个体是否成为企业家具有重要影响，这一点在以往研究中无法得到充分反映，这为我们的研究提供了激励。本章结合了2001—2009年GEM调查中的微观个体数据与个体所在国家的宏观数据，基于经济全球化视角探讨国际贸易对个体是否选择成为企业家的影响及其影响机制，以期对以往文献做出有益补充和进一步拓展。

第二节　数理模型

我们可以借鉴格罗斯曼的数理模型来考察贸易对企业家精神的影响。[①] 假设一个包括两个部门（包括农业部门和工业部门）的小型经济体，在封闭状态下，农业部门产出为 X，设定为计价物商品；工业部门的产出为 Z，价格 p 为外生变量。

农业部门的生产要素包括劳动力 L 和土地 T，生产方程为 $X = g (L, T)$。劳动力工资为 w，土地回报率取决于地主阶级。劳动力投入需要满足租金最大化，即，

$$g_L (L_X, T) = w \qquad (3.1)$$

工业部门的生产由企业家组织和管理，为简化模型，假设每个公司只有一个企业家。企业家会承担生产和管理过程的不确定性，必须承担风险且无法购买保险。第 i 个企业的产出为 $f (\alpha^i, l_Z^i)$，其中 α^i 是随机变量，而 l_Z^i 是企业家雇佣的工人数量。假定劳动力在公司和部门间可以无障碍流动，因此劳动力会获取竞争性的工资 w。

设定经济体中企业家数量为 N，每个个体的不确定性是相互独立的，但是服从相同的密度函数 $\varphi (\alpha)$，且 $E (\alpha) = 1$。每个企业家都寻求利润最大化，因此，第 i 个企业单位产出所需劳动力由下式决定：

$$pf_l (\alpha^i, l_Z^i) = w \qquad (3.2)$$

---

① Grossman G. M., "International Trade, Foreign Investment, and the Formation of the Entrepreneurial Class", *American Economic Review*, 1984, 74 (4).

参照甘布（Kanbur, 1981）[①] 的论述，接下来我们引入职业选择问题。除了地主阶级以外的劳动力数量为 L。这些人可能会选择成为劳动者，在这种情况下可得到 w 的确定工资收入，或者可能选择创业，并承担相关的利润风险。这个选择是事前决定的，且一旦做出决定，个体的职业选择不能逆转。这隐含假设了创业存在固定成本，这些成本的付出会防止企业家放弃创业行为，即使他发现自身缺乏管理能力或者时运不济。

假设所有的劳动力（除地主阶层）效用函数均相同，为 $V(p, y)$，y 为个体的收入水平。当潜在偏好是位似的，且个体对收入表现出常数相对风险厌恶时，这一间接函数的具体形式可如下表示：

$$V(p, y) = h(p) \, y^{1-\gamma} / (1-\gamma), \quad \gamma > 0, \quad \gamma \neq 1$$
$$V(p, y) = h(p) \, \ln y, \quad \gamma = 1$$

其中，y 为个体的收入水平，γ 为相对风险规避程度。均衡状态下，创业活动和劳动活动均不是严格偏好的，如果相同代理人面临对两者的选择，那么选择每个职业的人数均为正数。均衡时，企业家的期望效用等于劳动者的工资收入效用，即

$$E\left\{h(p) \left[pf(\alpha^i, l_z^i) - wl_z^i\right]^{1-\gamma} / (1-\gamma)\right\} = h(p) \, w^{1-\gamma} / (1-\gamma) \tag{3.3}$$

其中，l_z^i 是由式（3.2）决定的一国最优劳动力投入，由于 p 是外生给定的，可以将式（3.3）简化为：

$$E\left\{\left[pf(\alpha^i, l_z^i) - wl_z^i\right]^{1-\gamma}\right\} = w^{1-\gamma} \tag{3.4}$$

已知劳动力供给为 $L - N$，假定劳动力市场出清，可得：

$$L_X + NEl_z^i = L - N \tag{3.5}$$

式 3.1、式 3.2、式 3.4 和式 3.5 共同确定了内生变量 L_X, N, l_z^i, w（p, T）以及 α^i 的分布和函数。简单梳理可见，首先，工业部分的生产存在风险，且风险由企业家来承担，经济体内没有风险分担机构（如股票市场）；其次，一旦个体选择创业，那么这一职业选择是不可逆的；最后，雇佣决定是事前的，企业间和部门间资源分配均取决于利润最大化

---

① Kanbur S. M. , "Of Risk Taking and the Personal Distribution of Income", *Journal of Political Economy*, 1979, 87 (4) .

条件。

显而易见，相对于最优配置，在均衡状态下该经济体的农业部门过分专业化，而企业家数量是不足的。首先，我们注意到企业家风险是相互独立的，而整个经济体并不存在风险。因此，一阶最优分配就是在国际价格下，最大化一国的产出价值。即中央决策者面临以下问题：

$$\max_{N, L_X, l_Z^i} g\ (L_X,\ T)\ + pNEf\ (\alpha^i,\ l_Z^i) \tag{3.6}$$

$$s.\,t.\quad L_X + NEl_Z^i = L - N$$

对式 3.6 求解一阶最优条件，并以 "~" 标记最优解，我们得到：

$$E\left[pf\ (\alpha^i,\ \tilde{l}_Z^i)\right]\ - g_L\ (\tilde{L}_X,\ T)\ \tilde{E}l_Z^i = g_L\ (\tilde{L}_X,\ T)$$

将 $\tilde{w} = g_L\ (\tilde{L}_X,\ T)$ 代入上式（$\tilde{w}$ 为劳动最优解的影子价格），并化简得：

$$E\left[pf\ (\alpha^i,\ \tilde{l}_Z^i)\ - \tilde{w}\tilde{l}_Z^i\right]\ = \tilde{w} \tag{3.7}$$

根据 Jensen 不等式，我们由式 3.4 可以得到 $E\left[pf\ (\alpha^i,\ l_Z^i)\ - wl_Z^i\right] > w$，与式 3.7 对比可得，$\tilde{w} > w$。

现在，均衡状态下和一阶最优分配下农业部门劳动边际产出分别等于市场工资率和影子工资率。因此，$\tilde{w} > w$ 意味着 $\tilde{L}_X < L_X$，$\tilde{E}l_Z^i < El_Z^i$，进而我们可以推出 $\tilde{N} > N$。可见，缺乏风险分担机构直接导致了农业部门的过分专业化而工业部门企业家数量的短缺。那么，随之而来的问题是，在贸易开放状态下，风险分担机构的缺失及其引致的资源配置不当的状况是否会继续恶化？

现引入自由贸易，我们来考察一下该经济体的均衡状态如何。自由贸易改变了工业部门产品的相对价格 p。我们对式 3.4 两边同除 $p^{1-\gamma}$，由此可得工业部门产品实际工资的唯一值。企业家供给对该值是完全弹性的，且两部门分工非完全专业化（企业家和劳动力数量均为正数），以 "^" 标记比例微分，由式 3.4 可得，

$$\hat{w} = \hat{p} \tag{3.8}$$

根据式 3.2，我们可以得到

$$dl_Z^i = 0 \tag{3.9}$$

将式 3.1 微分, 并代入式 3.8 可得

$$\hat{L}_X = -\sigma_X \hat{p} / (1 - \theta_{LX}) \qquad (3.10)$$

其中 σ_X 是农业部门中土地和劳动力之间的替代弹性, θ_{LX} 是农业收入中的劳动占比。土地租金率 r 的比例变化可根据价格等于单位成本方程求导得到

$$\hat{r} = -\theta_{LX} \hat{p} / (1 - \theta_{LX}) \qquad (3.11)$$

由式 3.5、式 3.8 和式 3.10 可得

$$\hat{N} = \frac{\sigma_{LX} \lambda_{LX}}{(1 - \lambda_{LX})(1 - \theta_{LX})} \hat{p} \qquad (3.12)$$

其中 λ_{LX} 是非地主阶级就业于农业部门的比重。

这些结果意味着自由贸易带来了怎样的影响呢? 首先, 式 3.9、式 3.10 和式 3.12 表明, 工业部门商品相对价格的下降会导致工业产出的减少和农业产出的增加。由于偏好是相同和位似的, 因此总需求一定与价格负相关。经济体对工业商品的超额需求在每一处均是相对价格的非增函数, 如果经济体是该商品的进口国, 封闭状态的价格必然高于自由贸易的价格。

自由贸易均衡时, 该国进口工业品。根据式 3.12, 由于工业品相对价格下降, 贸易开放抑制了企业家阶层的形成。其原因在于, p 的下降导致企业家利润 $[pf(\alpha^i, l_z^i) - wl_z^i]$ 下降, 损害企业家阶层的利益。此外, 由于缺乏政府再分配政策, 自由贸易对一国各收入阶层福利有着显著的影响。相对价格下降导致自由贸易中实际土地租金率会上升, 工资水平下降, 因此相比封闭状态, 地主阶级在自由贸易中受益, 而劳动力阶层受损。最后, 贸易开放也会损害企业家阶层的利益。因为式 3.3 中的期望效用关系着劳动者的福利水平。

第三节　估计模型、变量描述与数据说明

一　计量模型的构建

根据格罗斯曼 (Grossman, 1984)[①] 的数理模型和罗巴尔和马木佐

①　Grossman G. M., "International Trade, Foreign Investment, and the Formation of the Entrepreneurial Class", *American Economic Review*, 1984, 74 (4).

（Robaro and Mamuzo，2012）[1] 的论述，本书构建计量模型如下：

$$ent_{it} = c + \alpha trade_{It} + \beta region_{It} + \lambda x_{it} + yeardum + u_{it} \qquad (3.13)$$

其中，ent_{it} 代表一组向量，包括个体 i 在时期 t 的企业家精神、企业家预期利润和企业家机会，根据研究的需要，企业家精神可进一步区分为机会型和生存型企业家精神以及新产品型和技术型企业家精神等不同类型[2]；$trade_{It}$ 代表个体 i 所在国家 I 在时期 t 的进出口贸易总额与本国 GDP 的比值；$region_{It}$ 为国家层面控制变量，包括个体 i 所在国家（地区）I 在时期 t 的人均 GDP 水平、制度约束程度和人力资本水平；x_{it} 代表个体特征控制变量，包括个体 i 在 t 时期的性别、年龄、年龄的平方、人力资本、社会资本、风险规避程度和家庭财富等变量；$yeardum$ 变量为年份虚拟变量，u_{it} 代表误差项。

加入国家层面控制变量的原因如下：具备了企业家精神的创业个体只有发现合适的创业环境，才能实施其创业活动。从一国外在环境来看，主要影响因素有如下几个：其一，根据第二章的论述，一国的经济发展水平对个体的企业家精神有着重要影响，在不同的经济发展阶段，劳动者面对的企业家机会数量会有很大的差异；其二，不同国家的管理条例、行政壁垒和政府介入程度存在差异，对于行政因素介入过多的国家，在一定程度上会对个体选择成为企业家产生阻碍作用[3]；其三，一国人力资本水平也对个体挖掘和开发企业家机会的能力产生影响，一国人力资本存量越高，个体获取的企业家精神促进作用也越大[4]。

加入个体特征控制变量的原因为：创业活动的核心动力来源于企业家个体，而个体选择是否成为企业家与其自身性别、年龄、人力资本、社会资本、风险规避程度和家庭财富等个体特征因素有着密切联系。每个人都具有特定的特征，即使外部环境相同，个体的企业家精神也有不

[1] Akpor Robaro, M. O. Mamuzo, "The Impact of Globalization on Entrepreneurship Development in Developing Economies: A Theoretical Analysis of the Nigerian Experience in the Manufacturing Industry", *Management Science and Engineering*, 2012, 6 (2).

[2] GEM 将创业者分为初生创业者、新企业所有者和已有企业所有者。初生创业者的企业运营时间在0—3个月以内；新企业所有者的企业运营时间在3—42个月以内；已有企业所有者的企业运营时间在42个月以上。其中，初生创业者和新企业所有者为早期创业者。

[3] 张晔：《政府干预、经济自由与企业家精神》，《南京大学学报》2005年第2期。

[4] Acs Z. J. and Szerb L., "Entrepreneurship, Economic Growth and Public Policy", *Small Business Economics*, 2007, 28 (2–3).

同表征。因此，本书采取加入控制变量的办法来消除这些因素对企业家精神的影响。

二　主要变量描述

（一）企业家精神

对企业家精神的衡量，本书依据 GEM 的调查问卷，选择从多个维度对企业家精神进行考察。对于企业家精神基准指标，本书选取了 GEM 调查项"是否进行早期创业？是 = 1，否 = 0"。如果个体选择是，则该个体被认为具有企业家精神。这样做的理由是，企业家精神被认为是企业家群体行为特征的抽象汇总，而创业行为被认为是企业家精神的重要外在行为[1]。本书还进一步对企业家精神类型加以细分，以展开更加深入的讨论。根据 GEM 调查问卷，对细分的机会型、生存型、新产品型和技术型企业家精神选取的调查项依次为："是否进行机会型早期创业？是 = 1，否 = 0""是否进行生存型早期创业？是 = 1，否 = 0""是否进行早期创业并且对客户来说是新产品？是 = 1，否 = 0"以及"是否进行早期创业并且使用新技术？是 = 1，否 = 0"。

（二）企业家预期利润和企业家机会

对于企业家预期利润的考察，本书选取了 GEM 对初生企业家的预期收益率的调查。该调查项具有 8 个选项，分别为："没有收入""收入是投入的一半""收入与投入相当""收入是投入的 1.5 倍""收入是投入的 2 倍""收入是投入的 5 倍""收入是投入的 10 倍"以及"收入是投入的 20 倍"。正如上文所讲，由于调查项为排序数列，因此本书使用排序 Probit 模型对企业家预期收益进行计量分析。

GEM 调查数据中针对所有个体有一项调查为"在未来 6 个月内是否有较好的创业机会？是 = 1，否 = 0"。本书选择此调查项作为企业家机会的替代变量，作为被解释变量进行计量分析。

（三）国际贸易额变量

该项为本书最主要的解释变量，数据源自 IMF 的 DOT 数据库，本书

---

[1]　薛红志、张玉利、杨俊：《机会拉动与贫穷推动型企业家精神比较研究》，《外国经济与管理》2003 年第 6 期。

选取了个体所在国家的进出口贸易总额与本国 GDP 的比值作为衡量指标。为检验与发展中国家和发达国家进行贸易对本国企业家精神影响的异质性，本书根据各国的双边贸易数据将贸易对象国进行分组，分别计算了一国与发达国家之间的国际贸易总额以及一国与发展中国家的国际贸易总额，我们期望对比两者的差异，得到更有价值的结论。

（四）人均 GDP、人力资本水平（区域层面）以及制度指标

本书使用的人均 GDP 和人力资本水平指标均来自 WDI 数据库，其中人力资本水平指标使用一国大专及以上学历升学率来衡量。制度指标使用经济自由指数（Index of Economic Freedom）中的综合指标来衡量。该指标是由经济自由度指数中 10 大类 50 个细分指标得分简单平均而得，其中各细分指标评分使用百分制（0—100）方法。综合指标分数越低，则制度发展水平越低下，经济自由度越差；反之，则制度发展水平越高，经济自由度越高。

（五）个体人力资本、社会资本水平、风险规避和家庭收入水平

对个体人力资本的衡量，本书选取了两个指标，一是"个体是否具有高中及高中以上学历？"二是 GEM 数据中的一项调查："你是否具备新建企业所需的知识、技能和经验？是 =1，否 =0。"之所以同时选用这两个指标来衡量个体人力资本，是因为：学历水平并不能完全衡量个体的工作能力，需要个体依据其经验进行的自身评估来补充；然而自身评估由于具备很强的主观性，又需要客观的学历水平来调整。例如：男性往往更为自信，存在高估其人力资本的可能性，使用自我报告项进行经验分析可能会产生偏差，因此本书同时选用上述两个变量对个体人力资本进行综合评价。

GEM 中的一项调查为："你认识在两年内新建立公司的人吗？（认识 =1；不认识 =0）。"如果个体选择 1，便可认为其社会资本较多。这主要是因为企业家的社会资本异于一般群体，其商业性社会资本，如原材料供应方、客户、同行业竞争者以及其他行业公司领导等往往发挥着重要作用。企业家期望拥有良好声誉并作为社会网络成员以获取更多的学习机会、产品交易信息和公司发展急需的组织管理、技术知识等，以降低企业的市场交易成本，提高企业市场运作效率。

GEM 针对个体风险规避程度的调查项为"对失败的恐惧会阻止你尝试新的业务？是 =1，否 =0"。

GEM 调查了个体的家庭收入情况，并将其分为三个等次，即低收入、中等收入和高收入。

三 数据说明和数据处理方法

本书的企业家精神数据来源于 GEM 数据库，鉴于企业家精神概念十分复杂，任何单一指标都难以完全反映企业家精神的全貌，因此，GEM 从多个维度，采用多项指标对企业家精神进行测度。GEM 包括国家层面和个体层面的企业家精神调查，本书所使用的个体层面数据主要是通过电话抽样调查和专家访谈方式来获取。综合考虑研究需要和数据的可得性，本书选取了 GEM 中 2002—2009 年的混合截面数据。为了研究需要，本书选取的样本具有以下特点：具备劳动能力；不是在校学生；主要特征不存在缺失。

本书使用的双边贸易数据来自 IMF 的 DOT 数据库，人均 GDP 和人力资本水平指标均来自 WDI 数据库，制度指标变量来自经济自由指数（Index of Economic Freedom）数据库。

四 变量描述性统计

GEM 调查中不同调查项的样本总数存在差异，当以总体企业家精神以及机会型、生存型、新产品型和新技术型企业家精神为被解释变量时，本书共得到了 290453 个样本；当以企业家机会为被解释变量时，本书得到了 199612 个样本；当以企业家预期收益为被解释变量时，本书得到了 13138 个样本。表 3—1 报告了本章中主要变量的描述性统计。

表 3—1 　　　　　　　　　　主要变量的描述性统计

变　量	样本	均值	标准差	最小值	最大值
企业家精神	290453	0.1066	0.3086	0	1
机会型企业家精神	290453	0.0794	0.2703	0	1
受教育程度	290453	0.7375	0.4400	0	1
生存型企业家精神	290453	0.0229	0.1476	0	1
新产品型企业家精神	290453	0.0493	0.2164	0	1
技术型企业家精神	290453	0.1116	0.3149	0	1

续表

变 量	样本	均值	标准差	最小值	最大值
企业家机会	199612	0.3497	0.4769	0	1
企业家预期收益	13138	5.4492	1.8523	1	8
国际贸易与 GDP 比值	290453	13.5503	0.9491	12.0882	15.5321
与发达国家贸易额	290453	13.1921	1.0130	11.3732	15.3059
与发展中国家贸易额	290453	11.8478	0.9268	10.3868	14.5532
年 龄	290453	40.5986	11.2333	16	65
年龄平方项	290453	1774.4330	921.9800	256	4225
是否为女性	290453	0.4960	0.5000	0	1
人力资本（自我报告项）	290453	0.5345	0.4988	0	1
社会资本	290453	0.4137	0.4925	0	1
风险规避程度	290453	0.3794	0.4852	0	1
家庭财富水平	290453	1.9859	0.8032	1	3
人均 GDP	290453	10.0389	0.9417	6.1756	11.4636
人均 GDP 平方项	290453	101.6665	17.4126	38.1380	131.4148
区域人力资本水平	290453	4.2422	0.1310	3.7977	4.4998
经济自由度	290453	4.0504	0.3958	1.4322	4.5546

注：国际贸易额、与发达国家的国际贸易额、与发展中国家的国际贸易额、人均 GDP、人均 GDP 平方项、区域人力资本水平和制度变量取了对数。统计结果保留四位有效小数。

第四节 计量结果

一 国际贸易对企业家精神的影响

表3—2报告了国际贸易影响企业家精神的计量结果。式（1）显示国际贸易总额变量系数显著为负，说明该变量对个体企业家精神具有显著负向作用，这与以往学者的研究基本一致，国际贸易降低了商品的相对价格，提高了工人的相对工资，导致更多的个体选择成为员工而非企业家。

式（1）中个体特征控制变量的计量结果表明，年龄变量系数显著为正，年龄的平方变量系数显著为负，说明随着年龄的增加，个体选择成为企业家的概率先增加后减少，这与本书第二章的论述相符合。

　　女性变量系数显著为负，说明女性的企业家精神低于男性；图3—1至图3—3分别描述了 GEM 全部调查国家、发达国家和发展中国家分年份的两性创业率。可以发现这种性别差异持续地存在，在各个年份中，女性生存型创业率与男性基本持平，但女性机会型创业率都要明显低于男性。

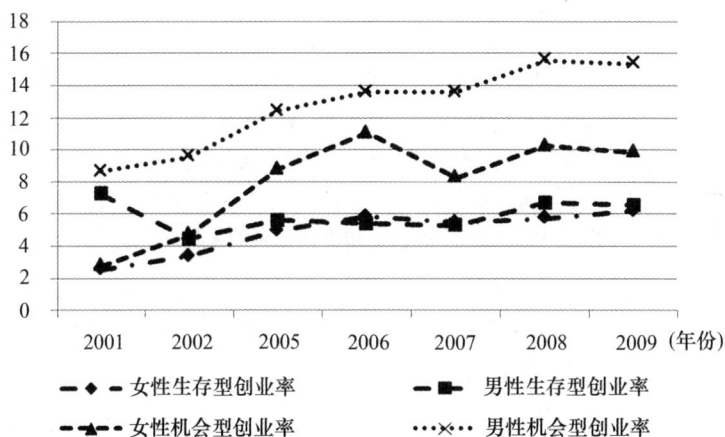

图3—1　全部国家两性机会型和生存型企业家比率（单位：%）

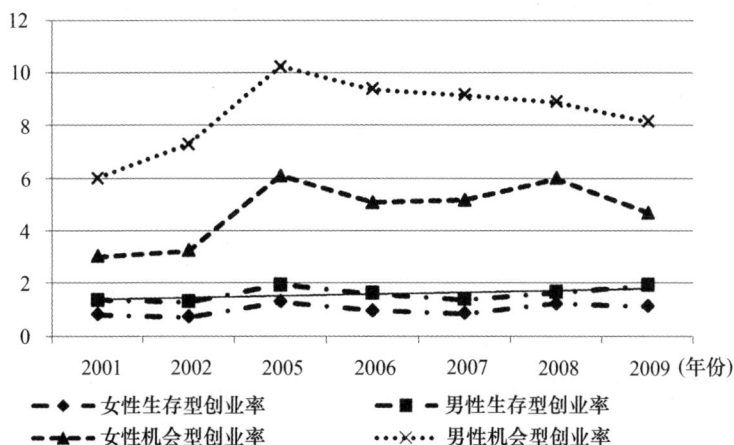

图3—2　发达国家两性机会型和生存型企业家比率（单位：%）

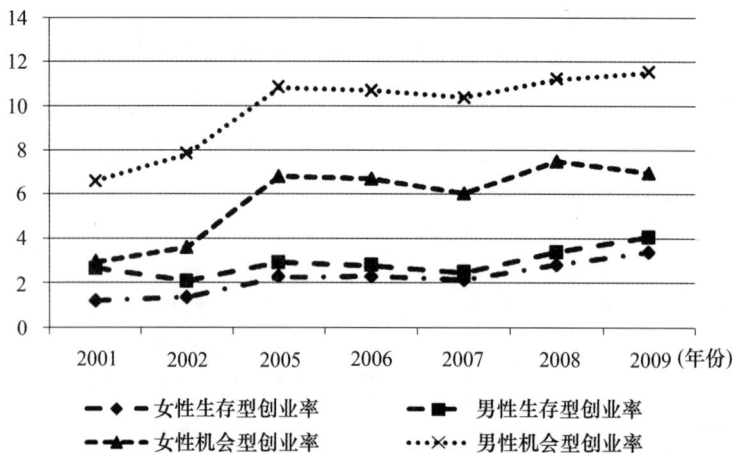

图3—3 发展中国家两性机会型和生存型企业家比率（单位:%）

式（1）中是否为高中及以上学历变量系数显著为负，而在控制了区域控制变量之后，式（2）显示该变量的系数显著为正。一方面，高学历的个体找到合适的工作岗位的可能性较大，创业的机会成本较高；另一方面，高学历也从侧面说明个体具有较高的人力资本水平，能够促进创业。因此，在增加控制变量时，该变量系数就会发生变化。

式（1）中社会资本变量系数显著为正，风险规避程度变量系数显著为负，说明社会资本越丰富，风险规避程度越低的个体企业家精神越高。这也与本书第二章的论述相符。

中等家庭收入变量系数显著为负，而高等家庭收入变量系数不显著，因此家庭收入最高和最低的个体企业家精神最高，而家庭收入中等的个体进行创业的概率最低。这也不难理解，家庭收入最高的个体能够负担创业成本，为了追求个体理想、实现创业机会而进行机会型创业几率很高；而家庭收入最低的个体为了维持生存，进行生存型创业的几率也很高。

式（2）加入了区域层面控制变量，结果显示人均 GDP 变量系数显著为负，人均 GDP 平方项变量系数显著为正，说明该变量与企业家精神呈正"U"型关系，即人均 GDP 中等的国家，企业家精神最低，而人均 GDP 较低或较高的国家，企业家精神越高，这与本书第二章的论述一致。

区域人力资本水平变量系数显著为正，说明地区内部教育水平对企业家精神具有明显的提升作用；人力资本水平较高意味着区域内个体具有较高的知识创新、吸收、识别和开发能力。因而，区域内企业家机会也更加丰富，企业家精神也会更高。

经济自由度与个体企业家精神呈现正向关系，且在1%显著性水平下显著。说明经济自由度越高，个体越具有企业家精神。这主要是因为良好的制度环境、社会环境和外部环境有利于企业家阶层的形成。个体在良好的企业家文化中，会更加自信地运用技能和知识来实践企业家行为。[1]

按照不同的创办公司原因划分，企业家精神可以继续细分机会型和生存型。区分意义在于：生存型企业家和机会型企业家的主要区别在于前者是找不到更加合适的工作而不得不成为企业家的人，其可能是为了维持体面的生活水平，也可能是为了支持家庭而创业；而后者是为了追求某种商业机会创办公司，其目标主要是获得更加自由的生活方式或者增加收入，而非仅仅维持现有收入水平。

式（3）—式（4）报告了国际贸易对机会型企业家精神的影响，结果显示国际贸易变量系数显著为负，说明国际贸易显著降低了东道国机会型企业家精神。其原因在于，机会型创业往往需要发掘外界的创业机会，而国际贸易往往挤占本国市场和创业机会，迫使小企业和萌芽阶段的企业与具有垄断优势和规模优势的大企业在统一市场竞争，这使得小企业和萌芽企业处于非常不利的地位，进而降低了机会型创业者的创业行为。式（5）—式（6）报告了国际贸易对生存型企业家精神的影响，结果显示国际贸易变量系数显著为正，说明国际贸易显著提高了东道国生存型企业家精神。根据罗巴尔和马木佐（Robaro and Mamuzo，2012）[2] 的论述，国际贸易的发展显著提高倾销的状况，被倾销国的相关产业会受到沉重的打击，导致产业内失业率严重。在这种情况下，失业工人没有更好的选择，只能被迫从事生存型创业。因此，国际贸易的发展可能会促进生存型创业率。

此外，对于个体受教育程度变量，式（3）和式（4）显示该变量系数显

① Acs Z. J., O'Gorman C., Szerb L., et al., "Could the Irish Miracle Be Repeated in Hungary?", *Small Business Economics*, 2007, 28（2）.

② Akpor Robaro, M. O. Mamuzo, "The Impact of Globalization on Entrepreneurship Development in Developing Economies: A Theoretical Analysis of the Nigerian Experience in the Manufacturing Industry", *Management Science and Engineering*, 2012, 6（2）.

著为正，而式（5）和式（6）显示该变量系数显著为负，说明个体的受教育程度越高，进行机会型创业的几率越大，进行生存型创业的几率越小；对于家庭收入变量，式（3）和式（4）显示该变量系数显著为正，而式（5）和式（6）显示该变量系数显著为负，说明家庭收入越高，个体进行机会型创业的概率越高，进行生存型创业的几率越低；对于区域人力资本水平变量，式（3）和式（4）显示该变量系数显著为正，而式（5）和式（6）显示该变量系数不显著，说明区域人力资本水平越高的地区，个体进行机会型创业的概率越高，而该变量对个体是否进行生存型创业的影响不大。综合以上变量的计量结果，我们发现，在分析企业家精神的影响因素时，将其按照创业动机划分为机会型和生存型是很有必要的，否则很难得到准确的结论。

表3—2　　　　　　　　国际贸易对企业家精神的影响

	总体企业家精神		机会型企业家精神		生存型企业家精神	
	（1）	（2）	（3）	（4）	（5）	（6）
国际贸易	− 0.0551 ***	− 0.0159 ***	− 0.0328 ***	− 0.0157 ***	− 0.0792 ***	0.0104 **
	（0.0025）	（0.0028）	（0.0027）	（0.0031）	（0.0038）	（0.0045）
年龄	0.0037 *	0.0088 ***	0.0056 **	0.0082 ***	− 0.0025	0.0048
	（0.0021）	（0.0021）	（0.0023）	（0.0023）	（0.0033）	（0.0034）
年龄平方	− 0.0002 ***	− 0.0002 ***	− 0.0002 ***	− 0.0002 ***	− 0.0000	− 0.0001
	（0.0000）	（0.0000）	（0.0000）	（0.0000）	（0.0000）	（0.0000）
是否为女性	− 0.1125 ***	− 0.1187 ***	− 0.1288 ***	− 0.1331 ***	− 0.0318 ***	− 0.0402 ***
	（0.0069）	（0.0070）	（0.0076）	（0.0076）	（0.0111）	（0.0114）
人力资本（自我报告项）	0.8274 ***	0.8121 ***	0.8337 ***	0.8209 ***	0.5017 ***	0.4938 ***
	（0.0083）	（0.0083）	（0.0095）	（0.0096）	（0.0130）	（0.0136）
受教育程度	− 0.0301 ***	0.0182 **	0.0501 ***	0.0645 ***	− 0.1969 ***	− 0.0885 ***
	（0.0080）	（0.0082）	（0.0090）	（0.0092）	（0.0119）	（0.0127）
社会资本	0.3586 ***	0.3530 ***	0.3550 ***	0.3545 ***	0.2005 ***	0.1774 ***
	（0.0070）	（0.0070）	（0.0077）	（0.0077）	（0.0113）	（0.0117）
风险规避程度	− 0.2553 ***	− 0.2439 ***	− 0.2739 ***	− 0.2666 ***	− 0.0836 ***	− 0.0563 ***
	（0.0075）	（0.0075）	（0.0083）	（0.0084）	（0.0117）	（0.0121）
中等家庭收入	− 0.0291 ***	− 0.0035	0.0484 ***	0.0670 ***	− 0.1743 ***	− 0.1494 ***
	（0.0085）	（0.0087）	（0.0095）	（0.0096）	（0.0130）	（0.0135）

续表

	总体企业家精神		机会型企业家精神		生存型企业家精神	
	(1)	(2)	(3)	(4)	(5)	(6)
高等家庭收入	0.0127	0.0434 ***	0.1296 ***	0.1510 ***	- 0.2992 ***	- 0.2712 ***
	(0.0088)	(0.0089)	(0.0097)	(0.0098)	(0.0143)	(0.0149)
人均 GDP		- 0.2100 ***		- 0.4911 ***		1.0054 ***
		(0.0650)		(0.0722)		(0.0951)
人均 GDP 平方项		- 0.0009		0.0179 ***		- 0.0721 ***
		(0.0034)		(0.0037)		(0.0050)
区域人力资本水平		0.0312 *		0.0829 ***		- 0.0324
		(0.0167)		(0.0187)		(0.0249)
经济自由度		0.8002 ***		0.7904 ***		0.4899 ***
		(0.0379)		(0.0420)		(0.0572)
年份固定效应	有	有	有	有	有	有
常数项	- 0.3998 ***	- 3.0140 ***	- 1.3207 ***	- 2.4796 ***	0.0454	- 7.5116 ***
	(0.0750)	(0.3226)	(0.0831)	(0.3551)	(0.1140)	(0.4908)
观测值	290453	290453	290453	290453	290453	290453

注：（ ）括号内为稳健的标准误；*，**，*** 分别代表10%，5%和1%的显著性水平；统计结果保留四位有效小数。

二 发达国家和发展中国家国际贸易的影响

表3—3 和表3—4 分别报告了发达国家贸易和发展中国家贸易对企业家精神的影响。通过对比可知，对于总体和机会型企业家精神来说，与发达国家之间的贸易以及与发展中国家间的贸易均具有显著负向影响，而且前者的负面影响要更大。对于生存型企业家精神来说，发达国家贸易影响不显著，而发展中国家贸易具有显著正向影响。其原因在于，根据资源禀赋理论和比较优势理论，相较于发达国家，发展中国家更多出口初级原材料产品或一般工业中间品。因此，发展中国家国际贸易在降低产品价格、增加竞争激烈程度的同时，也会为其他国家创业者提供廉价的原材料。因此发展中国家国际贸易对企业家精神的负向影响要小很多。但是发展中国家廉价的产品也会产生较强的产品市场效应，降低其他国家制造业部门的竞争力，迫使更多的工人失业转而进行生存型创业。

表3—3　　　　　　　　与发达国家国际贸易对企业家精神的影响

	总体企业家精神		机会型企业家精神		生存型企业家精神	
	（7）	（8）	（9）	（10）	（11）	（12）
国际贸易	−0.0652 ***	−0.0191 ***	−0.0385 ***	−0.0183 ***	−0.0944 ***	0.0067
	(0.0024)	(0.0028)	(0.0026)	(0.0031)	(0.0036)	(0.0045)
年龄	0.0046 **	0.0089 ***	0.0061 ***	0.0083 ***	−0.0010	0.0049
	(0.0021)	(0.0021)	(0.0023)	(0.0023)	(0.0033)	(0.0034)
年龄平方	−0.0002 ***	−0.0002 ***	−0.0002 ***	−0.0002 ***	−0.0000	−0.0001
	(0.0000)	(0.0000)	(0.0000)	(0.0000)	(0.0000)	(0.0000)
是否为女性	−0.1130 ***	−0.1188 ***	−0.1290 ***	−0.1331 ***	−0.0333 ***	−0.0405 ***
	(0.0069)	(0.0070)	(0.0076)	(0.0076)	(0.0111)	(0.0114)
人力资本（自我报告项）	0.8259 ***	0.8119 ***	0.8327 ***	0.8209 ***	0.4971 ***	0.4929 ***
	(0.0083)	(0.0083)	(0.0095)	(0.0096)	(0.0131)	(0.0136)
受教育程度	−0.0240 ***	0.0183 **	0.0534 ***	0.0645 ***	−0.1860 ***	−0.0880 ***
	(0.0080)	(0.0082)	(0.0090)	(0.0092)	(0.0120)	(0.0127)
社会资本	0.3549 ***	0.3525 ***	0.3528 ***	0.3540 ***	0.1946 ***	0.1772 ***
	(0.0070)	(0.0070)	(0.0077)	(0.0077)	(0.0113)	(0.0117)
风险规避程度	−0.2545 ***	−0.2438 ***	−0.2733 ***	−0.2665 ***	−0.0818 ***	−0.0564 ***
	(0.0075)	(0.0075)	(0.0083)	(0.0084)	(0.0118)	(0.0121)
中等家庭收入	−0.0281 ***	−0.0035	0.0488 ***	0.0670 ***	−0.1714 ***	−0.1493 ***
	(0.0086)	(0.0087)	(0.0095)	(0.0096)	(0.0130)	(0.0135)
高等家庭收入	0.0137	0.0435 ***	0.1300 ***	0.1511 ***	−0.2967 ***	−0.2711 ***
	(0.0088)	(0.0089)	(0.0097)	(0.0098)	(0.0144)	(0.0149)
人均 GDP		−0.1923 ***		−0.4745 ***		1.0081 ***
		(0.0651)		(0.0724)		(0.0954)
人均 GDP 平方项		−0.0015		0.0173 ***		−0.0721 ***
		(0.0034)		(0.0037)		(0.0050)
区域人力资本水平		0.0239		0.0765 ***		−0.0362
		(0.0169)		(0.0188)		(0.0250)
经济自由度		0.7914 ***		0.7822 ***		0.4848 ***
		(0.0379)		(0.0420)		(0.0574)
年份固定效应	有	有	有	有	有	有

续表

	总体企业家精神		机会型企业家精神		生存型企业家精神	
	（7）	（8）	（9）	（10）	（11）	（12）
常数项	- 0.1839 **	- 2.9914 ***	- 1.1982 ***	- 2.4695 ***	0.3674 ***	- 7.4048 ***
	（0.0718）	（0.3222）	（0.0796）	（0.3547）	（0.1085）	（0.4883）
观测值	290453	290453	290453	290453	290453	290453

注：（ ）括号内为稳健的标准误；*，**，*** 分别代表10%，5% 和1% 的显著性水平；统计结果保留四位有效小数。

表3—4   与发展中国家国际贸易对企业家精神的影响

	总体企业家精神		机会型企业家精神		生存型企业家精神	
	（13）	（14）	（15）	（16）	（17）	（18）
国际贸易	- 0.0202 ***	- 0.0053 **	- 0.0130 ***	- 0.0073 ***	- 0.0222 ***	0.0222 ***
	（0.0024）	（0.0025）	（0.0027）	（0.0027）	（0.0038）	（0.0043）
年龄	0.0020	0.0086 ***	0.0046 **	0.0081 ***	- 0.0055 *	0.0045
	（0.0021）	（0.0021）	（0.0023）	（0.0023）	（0.0033）	（0.0034）
年龄平方	- 0.0001 ***	- 0.0002 ***	- 0.0002 ***	- 0.0002 ***	0.0000	- 0.0001
	（0.0000）	（0.0000）	（0.0000）	（0.0000）	（0.0000）	（0.0000）
是否为女性	- 0.1108 ***	- 0.1184 ***	- 0.1281 ***	- 0.1328 ***	- 0.0276 **	- 0.0394 ***
	（0.0069）	（0.0070）	（0.0076）	（0.0076）	（0.0111）	（0.0114）
人力资本（自我报告项）	0.8319 ***	0.8132 ***	0.8362 ***	0.8215 ***	0.5136 ***	0.4962 ***
	（0.0082）	（0.0083）	（0.0095）	（0.0096）	（0.0130）	（0.0136）
受教育程度	- 0.0427 ***	0.0169 **	0.0431 ***	0.0635 ***	- 0.2195 ***	- 0.0902 ***
	（0.0080）	（0.0082）	（0.0090）	（0.0092）	（0.0118）	（0.0127）
社会资本	0.3682 ***	0.3547 ***	0.3608 ***	0.3559 ***	0.2154 ***	0.1783 ***
	（0.0070）	（0.0070）	（0.0077）	（0.0077）	（0.0112）	（0.0117）
风险规避程度	- 0.2563 ***	- 0.2441 ***	- 0.2748 ***	- 0.2669 ***	- 0.0858 ***	- 0.0559 ***
	（0.0075）	（0.0075）	（0.0083）	（0.0084）	（0.0117）	（0.0121）
中等家庭收入	- 0.0282 ***	- 0.0033	0.0492 ***	0.0672 ***	- 0.1757 ***	- 0.1495 ***
	（0.0085）	（0.0086）	（0.0095）	（0.0096）	（0.0130）	（0.0135）
高等家庭收入	0.0141	0.0438 ***	0.1309 ***	0.1513 ***	- 0.2996 ***	- 0.2711 ***
	（0.0088）	（0.0089）	（0.0097）	（0.0098）	（0.0143）	（0.0149）

续表

	总体企业家精神		机会型企业家精神		生存型企业家精神	
	(13)	(14)	(15)	(16)	(17)	(18)
人均GDP		-0.2408 ***		-0.5187 ***		0.9922 ***
		(0.0648)		(0.0720)		(0.0952)
人均GDP平方项		0.0000		0.0187 ***		-0.0715 ***
		(0.0034)		(0.0037)		(0.0050)
区域人力资本水平		0.0482 ***		0.0977 ***		-0.0272
		(0.0165)		(0.0183)		(0.0244)
经济自由度		0.8095 ***		0.7994 ***		0.4960 ***
		(0.0379)		(0.0422)		(0.0568)
年份固定效应	有	有	有	有	有	有
常数项	-1.3080 ***	-3.1950 ***	-1.8398 ***	-2.6183 ***	-1.4003 ***	-7.7499 ***
	(0.0712)	(0.3212)	(0.0785)	(0.3539)	(0.1113)	(0.4881)
观测值	290453	290453	290453	290453	290453	290453

注：（ ）括号内为稳健的标准误；＊，＊＊，＊＊＊分别代表10%，5%和1%的显著性水平；统计结果保留四位有效小数。

三 国际贸易影响企业家精神的可能性解释

国际贸易影响企业家精神的实证结果表明，总体而言国际贸易降低了本国企业家精神，这与本章的理论分析一致；区分贸易伙伴国的实证结果发现，对发达国家国际贸易降低了本国个体选择成为企业家的概率，而对发展中国家国际贸易与本国总体和机会型企业家精神呈正相关关系，与本国生存型企业家精神呈负相关关系。那么，国际贸易对企业家精神的影响机制如何呢？根据上文的论述，学者们在探讨国际贸易对企业家精神的影响时，主要是通过国际贸易影响企业家预期收益和企业家机会这两个途径进行解释。然而，受限于数据，以往学者并没有对影响机制进行实证验证。结合以往学者的论述，并综合上述计量结果，本章做出以下预测：（1）国际贸易对本国企业家机会和企业家预期利润至少其中一项存在负向效应时，会对本国企业家精神产生负向影响；（2）面向发达国家（发展中国家）国际贸易对本国企业家机会和企业家预期利润至少其中一项存在负向（正向）效应时，会对本国企业家精神产生负向

（正向）影响。

本章基于 GEM 数据，对上述推论进行严谨规范的实证验证。表 3—5 报告了国际贸易影响企业家机会的计量结果。在控制了个体特征变量和区域层面变量之后，表 3—5 中的式（19）中国际贸易变量系数显著为正，但在加入了区域控制变量之后，式（20）中国际贸易变量系数显著为负，说明国际贸易带来的激烈竞争显著降低了个体发现企业家机会的概率；将国际贸易伙伴国按照经济发展程度区分之后，式（21）—式（22）和式（23）—式（24）的计量结果与式（19）—式（20）均一致，说明无论贸易伙伴是发达国家还是发展中国家，国际贸易都会减少本地的企业家机会。

表 3—6 报告了国际贸易影响企业家预期的排序 Probit 模型计量结果。值得注意的是，该项是对企业家群体而非全样本的调查。在控制了个体特征变量和区域层面变量之后，式（25）—式（26）的计量结果显示，国际贸易对企业家预期利润的影响显著为正，即国际贸易提高了现有企业家个体的预期利润。国际贸易的发展以及贸易壁垒的减少，给各国企业家带来了更为廉价的中间品，使得企业家面对更为广阔的国际市场，创业者的产品也有望在全球市场中找到更好的销路。因此，面对全球化市场，创业者的预期利润普遍提高。式（28）显示国际贸易变量系数不显著，说明与发达国家进行国际贸易对企业家预期利润没有显著影响。这主要是因为发达国家为各国提供了广阔的销售市场的同时，其产品和服务也引起了激烈的市场竞争。而式（43）显示国际贸易变量系数显著为正，说明与发展中国家进行国际贸易对企业家预期利润具有显著的正向影响。发展中国家为各国企业家提供了广阔的产品、服务销售市场和廉价的中间品，因此对各国企业家精神具有显著正向影响。

综合上述计量结果，国际贸易减少了个体发现企业家机会的概率，增加了个体成为企业家之后的预期收益。但从总体来看，国际贸易降低了一国的企业家精神，这说明国际贸易对企业家机会的负向效应更为强烈。

表 3—5   **国际贸易对企业家机会的影响**

	贸易总额		与发达国家的贸易		与发展中国家的贸易	
	（19）	（20）	（21）	（22）	（23）	（24）
国际贸易	0.0180 ***	-0.0129 ***	0.0134 ***	-0.0084 **	0.0128 ***	-0.0305 ***
	(0.0032)	(0.0037)	(0.0030)	(0.0036)	(0.0032)	(0.0037)
年龄	-0.0109 ***	-0.0092 ***	-0.0110 ***	-0.0093 ***	-0.0107 ***	-0.0091 ***
	(0.0018)	(0.0018)	(0.0018)	(0.0018)	(0.0018)	(0.0018)
年龄平方	0.0001 ***	0.0001 ***	0.0001 ***	0.0001 ***	0.0001 ***	0.0001 ***
	(0.0000)	(0.0000)	(0.0000)	(0.0000)	(0.0000)	(0.0000)
是否为女性	-0.0854 ***	-0.0885 ***	-0.0852 ***	-0.0886 ***	-0.0851 ***	-0.0881 ***
	(0.0061)	(0.0061)	(0.0061)	(0.0061)	(0.0061)	(0.0061)
人力资本 （自我报告项）	0.3597 ***	0.3486 ***	0.3599 ***	0.3487 ***	0.3590 ***	0.3487 ***
	(0.0062)	(0.0062)	(0.0062)	(0.0062)	(0.0062)	(0.0062)
受教育程度	0.0493 ***	0.0503 ***	0.0503 ***	0.0492 ***	0.0515 ***	0.0546 ***
	(0.0071)	(0.0072)	(0.0071)	(0.0072)	(0.0070)	(0.0072)
社会资本	0.4459 ***	0.4400 ***	0.4451 ***	0.4405 ***	0.4449 ***	0.4373 ***
	(0.0063)	(0.0063)	(0.0063)	(0.0063)	(0.0063)	(0.0063)
风险规避程度	-0.0712 ***	-0.0628 ***	-0.0715 ***	-0.0626 ***	-0.0710 ***	-0.0637 ***
	(0.0062)	(0.0062)	(0.0062)	(0.0062)	(0.0062)	(0.0062)
中等家庭收入	0.0514 ***	0.0652 ***	0.0506 ***	0.0656 ***	0.0508 ***	0.0634 ***
	(0.0074)	(0.0074)	(0.0074)	(0.0074)	(0.0074)	(0.0074)
高等家庭收入	0.1335 ***	0.1497 ***	0.1324 ***	0.1502 ***	0.1331 ***	0.1472 ***
	(0.0079)	(0.0080)	(0.0079)	(0.0080)	(0.0079)	(0.0080)
人均 GDP		-1.6637 ***		-1.6736 ***		-1.6138 ***
		(0.0654)		(0.0655)		(0.0654)
人均 GDP 平方项		0.0826 ***		0.0832 ***		0.0793 ***
		(0.0034)		(0.0034)		(0.0034)
区域人力 资本水平		0.0756 ***		0.0794 ***		0.0682 ***
		(0.0153)		(0.0154)		(0.0150)
经济自由度		0.9488 ***		0.9284 ***		1.0480 ***
		(0.0379)		(0.0372)		(0.0397)
年份固定效应	有	有	有	有	有	有

续表

	贸易总额		与发达国家的贸易		与发展中国家的贸易	
	（19）	（20）	（21）	（22）	（23）	（24）
常数项	- 0. 8721 ***	3. 4580 ***	- 0. 8046 ***	3. 5084 ***	- 0. 7829 ***	3. 0766 ***
	（0. 0558）	（0. 3211）	（0. 0529）	（0. 3211）	（0. 0524）	（0. 3247）
观测值	199612	199612	199612	199612	199612	199612

注：（ ）括号内为稳健的标准误；＊，＊＊，＊＊＊分别代表10%，5%和1%的显著性水平；统计结果保留四位有效小数。

表 3—6　　　　　　　　国际贸易对企业家预期利润的影响

	贸易总额		与发达国家的贸易		与发展中国家的贸易	
	（25）	（26）	（27）	（28）	（29）	（30）
国际贸易	0. 0659 ***	0. 0360 ***	0. 0266 **	0. 0149	0. 1327 ***	0. 0644 ***
	（0. 0116）	（0. 0135）	（0. 0107）	（0. 0132）	（0. 0115）	（0. 0128）
年龄	- 0. 0029	- 0. 0025	- 0. 0026	- 0. 0025	- 0. 0022	- 0. 0024
	（0. 0055）	（0. 0055）	（0. 0055）	（0. 0055）	（0. 0055）	（0. 0055）
年龄平方	0. 0000	- 0. 0000	0. 0000	- 0. 0000	- 0. 0000	- 0. 0000
	（0. 0001）	（0. 0001）	（0. 0001）	（0. 0001）	（0. 0001）	（0. 0001）
是否为女性	- 0. 0837 ***	- 0. 1005 ***	- 0. 0841 ***	- 0. 1010 ***	- 0. 0875 ***	- 0. 1007 ***
	（0. 0189）	（0. 0189）	（0. 0189）	（0. 0189）	（0. 0189）	（0. 0189）
人力资本（自我报告项）	0. 0979 ***	0. 1109 ***	0. 0952 ***	0. 1098 ***	0. 1048 ***	0. 1123 ***
	（0. 0290）	（0. 0291）	（0. 0290）	（0. 0290）	（0. 0290）	（0. 0291）
受教育程度	0. 1275 ***	0. 1070 ***	0. 1357 ***	0. 1103 ***	0. 1177 ***	0. 1015 ***
	（0. 0213）	（0. 0216）	（0. 0212）	（0. 0216）	（0. 0212）	（0. 0217）
社会资本	0. 0971 ***	0. 0892 ***	0. 0963 ***	0. 0890 ***	0. 0957 ***	0. 0898 ***
	（0. 0198）	（0. 0199）	（0. 0198）	（0. 0199）	（0. 0198）	（0. 0199）
风险规避程度	- 0. 1570 ***	- 0. 1528 ***	- 0. 1597 ***	- 0. 1540 ***	- 0. 1496 ***	- 0. 1502 ***
	（0. 0209）	（0. 0209）	（0. 0209）	（0. 0209）	（0. 0209）	（0. 0210）
中等家庭收入	- 0. 0250	- 0. 0123	- 0. 0314	- 0. 0151	- 0. 0130	- 0. 0088
	（0. 0225）	（0. 0226）	（0. 0225）	（0. 0226）	（0. 0226）	（0. 0226）
高等家庭收入	0. 0848 ***	0. 1032 ***	0. 0793 ***	0. 1015 ***	0. 0963 ***	0. 1068 ***
	（0. 0234）	（0. 0234）	（0. 0234）	（0. 0234）	（0. 0234）	（0. 0235）

续表

	贸易总额		与发达国家的贸易		与发展中国家的贸易	
	(25)	(26)	(27)	(28)	(29)	(30)
人均 GDP		−0.9107 ***		−0.8841 ***		−0.9361 ***
		(0.1831)		(0.1840)		(0.1826)
人均 GDP 平方项		0.0362 ***		0.0351 ***		0.0390 ***
		(0.0094)		(0.0094)		(0.0094)
区域人力 资本水平		0.1028 **		0.0776		0.1053 **
		(0.0521)		(0.0528)		(0.0500)
经济自由度		1.6409 ***		1.6877 ***		1.5134 ***
		(0.1035)		(0.1021)		(0.1076)
年份固定效应	有	有	有	有	有	有
常数项	2.0627 ***	3.2872 ***	1.5510 ***	3.2582 ***	2.6876 ***	3.0421 ***
	(0.2457)	(0.8719)	(0.2368)	(0.8720)	(0.2339)	(0.8731)
观测值	13138	13138	13138	13138	13138	13138

注：( ) 括号内为稳健的标准误；*，**，*** 分别代表 10%，5% 和 1% 的显著性水平；统计结果保留四位有效小数。

四　国际贸易影响企业家精神的拓展研究

随着知识经济的兴起和经济社会的发展，创业者采用高新技术的现象不断增加。鉴于高新技术型创业对于促进一国经济增长的重要性，本书结合 GEM 调查问卷中关于新产品型和新技术型企业家精神的调查，对其进行分析。

(一) 国际贸易对新产品型企业家精神的影响

在经济高速发展的全球化时代，多元复杂的社会环境、多样和个性的客户需求，需要企业生产大量的新产品去迎合。同时，社会环境、经济环境和客户需求的变化使市场需求和供给也面临着更大的不确定性，这对新兴的新产品型和新技术型创业在带来发展机遇的同时也带来了诸多挑战。那么，国际贸易对一国新产品型企业家精神的影响如何呢？

表 3—7 报告了国际贸易与新产品型企业家精神关系的计量结果。式 (31) 中国际贸易变量系数显著为负，说明国际贸易对新产品型企业家精神具有显著负向影响，而加入了区域层面控制变量之后，式 (32) 显示国际贸易对新产品型企业家精神的影响不再显著。式 (33) —式 (34)

报告了与发达国家贸易的计量结果。式（33）中国际贸易变量系数显著为正，说明国际贸易对新产品型企业家精神具有显著正向影响，而加入了区域层面控制变量之后，式（34）显示国际贸易对新产品型企业家精神的影响不再显著。而对于与发展中国家贸易，在控制了个体特征变量之后，式（35）的计量结果显示，国际贸易变量系数显著为负，说明与发展中国家的贸易对新产品型企业家精神具有显著负向影响。而控制了个体特征变量和区域控制变量之后，式（36）的计量结果显示，国际贸易变量系数显著为正，说明与发展中国家的贸易对新产品型企业家精神具有显著正向影响。在加入了区域控制变量之后，式（31）和式（32）、式（33）和式（34）以及式（35）和式（36）中国际贸易变量系数均出现了较大的变化，这主要是因为制度变量和其他区域层面变量对国内企业的学习和创新能力具有很大影响，在控制了区域层面变量之后，国际贸易对国内企业家学习和创新的影响会发生很大的变化。[①] 而最终计量结果显示与发展中国家的贸易对一国新产品型企业家精神具有显著正向影响，而与发达国家贸易的影响却不显著，其原因在于，对于发达国家来说，其产品技术含量较高，产品销往其他国家之后，东道国的创业者很难完全掌握相应的技术，因此也就不能够开发出更新颖的产品；而发展中国家产品往往技术含量较低，其产品在其他国家销售时，容易将技术传播到当地的创业者，因此会对新产品型企业家精神具有显著的促进作用。

表3—7　　　　　　　　　国际贸易对新产品型企业家精神的影响

	总体企业家精神		与发达国家的贸易		与发展中国家的贸易	
	（31）	（32）	（33）	（34）	（35）	（36）
国际贸易	− 0. 0440 ***	0. 0007	0. 0266 **	0. 0149	− 0. 0076 **	0. 0086 ***
	(0. 0031)	(0. 0036)	(0. 0107)	(0. 0132)	(0. 0031)	(0. 0032)
年龄	− 0. 0000	0. 0062 **	− 0. 0026	− 0. 0025	− 0. 0016	0. 0061 **
	(0. 0026)	(0. 0027)	(0. 0055)	(0. 0055)	(0. 0026)	(0. 0027)
年龄平方	− 0. 0001 ***	− 0. 0002 ***	0. 0000	− 0. 0000	− 0. 0001 ***	− 0. 0002 ***
	(0. 0000)	(0. 0000)	(0. 0001)	(0. 0001)	(0. 0000)	(0. 0000)

---

① 　蒋殿春、张宇：《经济转型与外商直接投资技术溢出效应》，《经济研究》2008 年第 7 期。

续表

	总体企业家精神		与发达国家的贸易		与发展中国家的贸易	
	（31）	（32）	（33）	（34）	（35）	（36）
是否为女性	− 0.0713 ***	− 0.0802 ***	− 0.0841 ***	− 0.1010 ***	− 0.0698 ***	− 0.0799 ***
	（0.0087）	（0.0088）	（0.0189）	（0.0189）	（0.0087）	（0.0088）
人力资本 （自我报告项）	0.7388 ***	0.7229 ***	0.0952 ***	0.1098 ***	0.7434 ***	0.7236 ***
	（0.0111）	（0.0112）	（0.0290）	（0.0290）	（0.0110）	（0.0112）
受教育程度	0.0383 ***	0.0658 ***	0.1357 ***	0.1103 ***	0.0267 ***	0.0648 ***
	（0.0103）	（0.0106）	（0.0212）	（0.0216）	（0.0102）	（0.0106）
社会资本	0.3439 ***	0.3492 ***	0.0963 ***	0.0890 ***	0.3536 ***	0.3506 ***
	（0.0089）	（0.0090）	（0.0198）	（0.0199）	（0.0089）	（0.0090）
风险规避程度	− 0.2220 ***	− 0.2129 ***	− 0.1597 ***	− 0.1540 ***	− 0.2231 ***	− 0.2129 ***
	（0.0095）	（0.0096）	（0.0209）	（0.0209）	（0.0095）	（0.0096）
中等家庭收入	− 0.0092	0.0031	− 0.0314	− 0.0151	− 0.0079	0.0034
	（0.0108）	（0.0110）	（0.0225）	（0.0226）	（0.0108）	（0.0110）
高等家庭收入	0.0188 *	0.0387 ***	0.0793 ***	0.1015 ***	0.0213 *	0.0393 ***
	（0.0111）	（0.0113）	（0.0234）	（0.0234）	（0.0111）	（0.0113）
人均 GDP		0.9390 ***		− 0.8841 ***		0.9231 ***
		（0.0817）		（0.1840）		（0.0816）
人均 GDP 平方项		− 0.0651 ***		0.0351 ***		− 0.0644 ***
		（0.0042）		（0.0094）		（0.0042）
区域人力 资本水平		0.0813 ***		0.0776		0.0892 ***
		（0.0210）		（0.0528）		（0.0205）
经济自由度		0.9981 ***		1.6877 ***		0.9957 ***
		（0.0464）		（0.1021）		（0.0463）
年份固定效应	有	有	有	有	有	有
常数项	− 1.0813 ***	− 9.9315 ***	1.5510 ***	3.2582 ***	− 2.0078 ***	− 10.0482 ***
	（0.0939）	（0.4050）	（0.2368）	（0.8720）	（0.0899）	（0.4028）
观测值	290453	290453	290453	290453	290453	290453

注：（ ）括号内为稳健的标准误；＊，＊＊，＊＊＊分别代表10%，5%和1%的显著性水平；统计结果保留四位有效小数。

（二）国际贸易对新技术型企业家精神的影响

伴随着知识经济的兴起和经济社会的发展，创业者采用高新技术的现象不断增加。高新技术产业的迅速发展带来了一大批成长能力快、竞争能力强的企业，在增加就业岗位，加快地区产业转型和提升经济增长率等方面发挥了重要的作用。促进新技术型企业家精神的发展，是各国实现经济持续增长以及增强国际竞争力的重要途径。在全球化背景下，多元化的国际环境意味着更大的不确定性，各国新技术型创业的机遇和挑战并存。那么，国际贸易对一国新技术型企业家精神带来的影响如何呢？本书结合 GEM 调查问卷调查，特别针对国际贸易对新技术型企业家精神的影响进行分析。

表3—8 报告了国际贸易对新技术型企业家精神的影响。综合计量结果来看，无论是贸易总额还是与发达国家和发展中国家的贸易，均对一国新技术型企业家精神产生了显著的负向影响。其原因主要有以下几点：首先，在完成了某项技术创新以后，企业要保证能够优先使用该项技术创新来获取效益。在这段时间内，高新技术是各国企业获取利润的源泉。当该技术已经相对成熟，且在市场上被很多企业掌握以后，创新企业才会考虑以技术转让的手段来最大化地获取利润；其次，跨国企业往往具有技术、营销等垄断优势。通过在产品市场上推陈出新，提供大量的高新技术产品，会降低国内市场价格，增加市场竞争度，降低新技术型企业家的预期利润。

表3—8　　　　　　　　国际贸易对新技术型企业家精神的影响

	贸易总额		与发达国家的贸易		与发展中国家的贸易	
	(37)	(38)	(39)	(40)	(41)	(42)
国际贸易	−0.0777 ***	−0.0284 ***	−0.0856 ***	−0.0280 ***	−0.0404 ***	−0.0212 ***
	(0.0048)	(0.0054)	(0.0046)	(0.0055)	(0.0047)	(0.0050)
年龄	−0.0029	0.0026	−0.0018	0.0026	−0.0051	0.0024
	(0.0042)	(0.0043)	(0.0042)	(0.0043)	(0.0042)	(0.0043)
年龄平方	−0.0001	−0.0001 **	−0.0001 *	−0.0001 **	−0.0001	−0.0001 **
	(0.0001)	(0.0001)	(0.0001)	(0.0001)	(0.0001)	(0.0001)
是否为女性	−0.0712 ***	−0.0768 ***	−0.0719 ***	−0.0767 ***	−0.0688 ***	−0.0765 ***
	(0.0142)	(0.0143)	(0.0142)	(0.0143)	(0.0141)	(0.0143)

续表

	贸易总额		与发达国家的贸易		与发展中国家的贸易	
	(37)	(38)	(39)	(40)	(41)	(42)
人力资本 （自我报告项）	0.5008 ***	0.4829 ***	0.4981 ***	0.4831 ***	0.5083 ***	0.4846 ***
	(0.0177)	(0.0180)	(0.0178)	(0.0180)	(0.0177)	(0.0180)
受教育程度	0.0198	0.0836 ***	0.0274 *	0.0833 ***	0.0039	0.0827 ***
	(0.0165)	(0.0174)	(0.0166)	(0.0174)	(0.0164)	(0.0174)
社会资本	0.2626 ***	0.2558 ***	0.2592 ***	0.2559 ***	0.2731 ***	0.2565 ***
	(0.0146)	(0.0148)	(0.0146)	(0.0148)	(0.0145)	(0.0148)
风险规避程度	− 0.1739 ***	− 0.1634 ***	− 0.1729 ***	− 0.1634 ***	− 0.1754 ***	− 0.1637 ***
	(0.0156)	(0.0158)	(0.0157)	(0.0158)	(0.0156)	(0.0158)
中等家庭收入	− 0.0495 ***	− 0.0332 *	− 0.0480 ***	− 0.0329 *	− 0.0483 ***	− 0.0334 *
	(0.0176)	(0.0179)	(0.0177)	(0.0179)	(0.0176)	(0.0179)
高等家庭收入	0.0253	0.0478 ***	0.0267	0.0482 ***	0.0275	0.0473 ***
	(0.0177)	(0.0180)	(0.0177)	(0.0180)	(0.0176)	(0.0180)
人均 GDP		0.0960		0.1097		0.0778
		(0.1210)		(0.1214)		(0.1207)
人均 GDP 平方项		− 0.0178 ***		− 0.0182 ***		− 0.0178 ***
		(0.0063)		(0.0063)		(0.0063)
区域人力 资本水平		0.0595 *		0.0555 *		0.0783 **
		(0.0320)		(0.0322)		(0.0314)
经济自由度		0.4922 ***		0.4824 ***		0.5185 ***
		(0.0718)		(0.0719)		(0.0718)
年份固定效应	有	有	有	有	有	有
常数项	− 0.4909 ***	− 3.5563 ***	− 0.3404 **	− 3.6114 ***	− 1.4797 ***	− 3.7874 ***
	(0.1456)	(0.6058)	(0.1393)	(0.6045)	(0.1395)	(0.6013)
观测值	290453	290453	290453	290453	290453	290453

注：（ ）括号内为稳健的标准误；*，**，*** 分别代表 10%，5% 和 1% 的显著性水平；统计结果保留四位有效小数。

第五节　本章小结

通过构建国际贸易影响企业家精神的数理模型，并对其进行实证检验，本章全面细致地分析了国际贸易对企业家精神的影响。为提升本书结论的针对性，本书进一步对贸易伙伴国进行分组研究，分别探讨与发达国家和发展中国家进行国际贸易对本国企业家精神影响的差异。学者们普遍认为国际贸易影响了企业家机会和企业家预期收益，进而对东道国企业家精神产生影响。然而，少有文献对这一机制进行验证。本章利用 GEM 数据进行实证检验，填补了以往文献的空白。本章特别针对国际贸易与新产品型和新技术型企业家精神的相关关系进行实证验证和探讨，从而对国际贸易影响企业家精神这一问题展开更为全面和系统地研究，对一国在全球化背景下如何促进创业型经济的发展具有一定的启发意义。由于单个个体企业家精神的微小变动对于一国总体贸易的影响是微乎其微的，本章选取了国家宏观层面因素对个体企业家精神的影响，这也有助于控制双向因果关系造成的内生性，使得结论更富可信性。

本章的研究表明：国际贸易对总体和机会型企业家精神具有显著负向影响，而对生存型企业家精神具有显著正向影响。本书进一步将国际贸易的伙伴国分为发达国家和发展中国家，实证结果表明，发达国家国际贸易对总体和机会型企业家精神具有显著负向影响，而对生存型企业家精神的影响不显著；发展中国家国际贸易对总体和机会型企业家精神具有显著负向影响，而对生存型企业家精神具有显著正向影响。本书利用 GEM 数据对企业家精神的细化调查，分析了国际贸易对新产品型和新技术型企业家精神的影响。总体计量结果显示，国际贸易对新产品型企业家精神影响不显著，对技术型企业家精神具有显著负面影响；区分贸易伙伴国的计量结果显示，发达国家国际贸易对新产品型企业家精神影响不显著，对技术型企业家精神的影响显著为负；发展中国家国际贸易对新产品型企业家精神具有显著正向影响，对技术型企业家精神具有显著负向影响。为了验证国际贸易影响企业家精神的机制，本书分析了国际贸易与企业家机会和企业家预期收益的关系，结果显示国际贸易减少了市场上的企业家机会，提升了企业家预期收益。

第四章

贸易开放对发展中国家
企业家精神的影响

第一节 引言

企业家精神被视为提高企业经济活力和创造大量就业机会的重要手段，也是一个国家技术创新和发展的重要引擎。全球创业观察（GEM）的研究表明，GDP 增长差距的大约 30% 可以归因于创业活动水平的差异。[1] 尽管现实中企业家精神在经济领域是一个很普遍的现象，但在学术探讨方面仍是一个新兴领域。20 世纪 80 年代以来，随着交通、通信和科技的迅速提升，以及各国贸易壁垒的逐渐削减，全球贸易自由化程度大幅提高。随着经济全球化的深入发展，发展中国家的创业者面临着更加复杂多变的国际贸易环境以及由此带来的巨大挑战，这也为企业家精神的研究带来了新的视角。

关于贸易开放对企业家精神的影响，最早可追溯到格罗斯曼（Grossman，1984）[2] 的研究，其结论认为，国际贸易带来的竞争加剧降低了商品的相对价格，致使工业部门产出降低，更多的个体选择成为员工而非企业家，因而贸易开放抑制了当地企业家阶层的形成。然而自此后，对该问题的后续研究寥寥无几，且尚未达成共识。部分学者认同

---

① Acs Z. J., Arenius P., Hay M., et al., "Global Entrepreneurship Monitor Executive Report 2004", *London Business School Babson*, UK, 2005.

② Grossman G. M., "International Trade, Foreign Investment, and the Formation of the Entrepreneurial Class", *American Economic Review*, 1984, 74 (4).

格罗斯曼①的观点，如迪兹和奥兹达利（Diez and Ozdagli，2012）② 采用 2000—2010 年美国制造业部门自我雇佣数据得出的经验证据证实，贸易开放减少了个体成为企业家（自我雇佣）的比率。阿克波（Akpor，2004）③ 认为，贸易开放从两个方面降低了企业家精神，一是国际贸易使得居民的多样化需求在很大程度上得到了满足，因而会降低了一国居民进行创新的动力；二是贸易开放迫使新生企业与具有规模优势和低成本优势的跨国企业在统一产品市场竞争，这使得小企业和萌芽企业处于非常不利的地位。阿克波（Akpor，2012）④ 利用尼日利亚 2001—2008 年的统计数据对贸易开放与企业家精神的关系进行定性分析，结论认为全球化对发展中经济体的创业发展的负面影响远远大于正面影响，但该文欠缺有力的实证验证。也有学者提出了截然相反的观点。尼克斯尔等（Nickels et al.，2005）⑤ 认为，贸易壁垒的不断消除使得以前受到保护的市场逐步放开，这会激发了国内企业家开发并销售新产品的动力，从而促进企业家精神的发展。霍姆斯和汤姆斯（Holmes and Thomas，2001）⑥ 认为，贸易条件的改善（降低关税以及运输成本）会增加生产性企业家的相对利润，促使企业家行为由非生产性（主要体现在在位者阻止竞争对手的控制手段）转向生产性。鉴于贸易壁垒的下降，有更多的企业家能够接触到更广阔的市场，并将受益于出口获得更多收益（马纳斯和图

---

① Grossman G. M.，"International Trade，Foreign Investment，and the Formation of the Entrepreneurial Class"，*American Economic Review*，1984，74（4）.

② Díez，Federico，Ali Ozdagli，"Entrepreneurship and Occupational Choice in the Global Economy"，*Society for Economic Dynamics Meeting Papers*，2012，No. 1004.

③ Akpor Robaro，"Introductory Notes on the Theories of Entrepreneurship"，*Lagos：Bendona and Associates*，2004.

④ Akpor Robaro，M. O. Mamuzo，"The Impact of Globalization on Entrepreneurship Development in Developing Economies：A Theoretical Analysis of the Nigerian Experience in the Manufacturing Industry"，*Management Science and Engineering*，2012，6（2）.

⑤ Nickels W. G.，McHugh J. M.，McHugh S. M.，"Understanding Business 9th ed"，*McGraw-Hill Irwin：New York，NY*，2008.

⑥ Holmes，Thomas J.，"A Gain From Trade：From Unproductive to Productive Entrepreneurship"，*Journal of Monetary Economics*，2001，47（2）.

里尼，2001）①。袁红林和蒋含明（2013）② 利用省级面板数据证明，外贸开放程度的不断提高有效促进了我国的企业家精神。

通过文献梳理，我们发现以往文献主要存在以下三个不足：第一，针对贸易开放与企业家精神的研究十分少见，既有研究的对象主要是发达国家，而事实上，对于面临贫困和就业难题、努力获取国家竞争优势的发展中国家而言，推动创业型经济发展显得更为重要和紧迫，但专门针对发展中国家进行研究的文献却是凤毛麟角。第二，已有研究大多集中于理论探讨和定性分析，对贸易开放影响企业家精神的原因解释也仅限于观点论述，缺乏严谨的经验研究支持。第三，对企业家精神的衡量指标不统一，以往研究在宏观层面上通常采取一国整体的创新程度或企业家规模（数量）等指标，而忽略了企业家作为从事创新和创业活动的主体，其个体特征异质性的影响；在个体层面上往往选取的是诸如"自我雇佣"等单一指标进行衡量，鉴于企业家精神的复杂性，单一指标能否完全涵盖企业家精神的内在属性是值得商榷的，这可能造成结论较大的偏差性和局限性。以上几点为我们的研究提供了激励。

与以往研究相比，本章可能的贡献主要在以下几个方面：1. 本章采用 GEM 调查中的 20 个发展中国家的微观个体数据，选取机会型创业和新产品型创业作为企业家精神的测度指标，考察了宏观层面贸易开放对本国微观层面企业家精神的影响，这不仅能有效捕捉到微观个体特征，由于单个个体企业家精神的变动对于一国总体贸易开放的影响是微乎其微的，这一做法还有助于控制双向因果关系造成的内生性；2. 考虑到南北贸易和南南贸易中本国的贸易结构和贸易地位存在巨大差异，本章进一步对贸易伙伴国进行分组，发现在南北贸易中本国处于劣势地位，因而面向发达国家的贸易开放抑制了本国企业家精神。而在南南贸易中本国处于相对平等的贸易地位，因而面向发展中国家的贸易开放对本国企业家精神存在促进作用，这对于发展中国家在全球化背景下如何发展创业

---

① Manasse, Paolo, and Alessandro Turrini, "Trade, Wages, and 'Superstars'", *Journal of International Economics*, 2001, 54 (1).

② 袁红林、蒋含明：《中国企业家创业精神的影响因素分析——基于省级面板数据的实证研究》，《当代财经》2013 年第 8 期。

型经济具有一定启发意义；3. 学者们普遍认为国际贸易影响了企业家机会和企业家预期收益，进而对东道国企业家精神产生影响，然而对这一机制的探讨往往仅局限于理论分析层面。本章利用 GEM 数据进行了尝试性地实证检验，从而为以往理论研究提供了经验性支持。

本章结构安排如下：第二部分对企业家精神的定量测算给出界定；第三部分为计量模型与数据说明；第四部分为计量结果呈现与分析；在此基础上，第五部分提供了结论和政策建议。

第二节　企业家精神的定量测算

本章对企业家精神及其他个体层面数据的衡量来自全球创业观察（GEM）的调查项，在此，有必要对企业家精神测度的数据来源及测算指标进行介绍。

一　数据来源介绍

GEM 项目始于 1999 年，由英国伦敦商学院（London Business School）和美国百森商学院（Babson College）这两所创业研究领域的权威高校发起与组织，是一项旨在发掘国家创业活动的驱动力以及研究全球创业活动的变化态势的研究项目。最初 GEM 项目仅涵盖美国、德国等 12 个发达国家，在之后调查国家范围不断扩大，逐渐将中国、巴西等发展中国家纳入该项目框架内。截至 2009 年，参与 GEM 调查的国家和地区已达到 55 个。GEM 已经迅速成为创业领域国际领先的研究项目，被公认为认识企业家精神问题的重要信息来源，是衡量企业家精神较为全面、权威且具有全球可比性的数据。

企业家精神具有丰富的内涵，任何单一指标都难以完全反映企业家精神的全貌，迄今为止学界尚未形成统一的定义。为解决这一问题，GEM 对于企业家精神的测度采取多个维度、多项指标进行详致考察，以期逼近企业家精神这一概念。GEM 对企业家精神的测度包括国家层面和个体层面的衡量，本章所使用的个体层面数据主要是通过电话抽样调查和专家访谈方式来获取。

二 企业家精神的测度指标

对企业家精神的衡量，本章依据 GEM 的调查问卷，选取了调查项"是否进行机会型早期创业？是 = 1，否 = 0"为基准指标。该做法的依据在于，企业家精神是企业家行为的高度抽象概括，而创业行为则是企业家精神最突出的外在表现。[1] 按照创业动机的不同，企业家精神可以划分为生存型和机会型企业家精神。生存型创业者是那些由于没有其他更好的工作选择而不得不从事创业的人，"生存"的字样反映出个体需要某种工作形式，但是决定开创一个企业却并非自愿；机会型创业者是那些已经感知到商业机会的人，尽管这类创业者还有其他工作选择，但出于偏好主动选择了创业。相较于"没有其他工作选择"，以"为了利用商业机会"为动机的机会型创业是衡量企业家精神较为贴切的指标[2]，且更加契合职业选择模型中的假设。

为保证结果的稳健性，本章采用"是否进行开发新产品的早期创业？是 = 1，否 = 0"作为企业家精神的另一衡量指标。选择该项衡量企业家精神的依据在于：在经济全球化时代，高新技术产品的开发已经成为各个国家尤其是发展中经济增长的新支点和焦点。开发新产品的创业企业勇于采用新商业模型，具有较快的成长能力和强劲的竞争力，能够迅速进入市场并以较快速度成长，在促进地区经济增长、解决就业方面功效卓著。于发展中国家而言，促进新产品型企业家精神的发展，是摆脱贫穷落后面貌、实现经济持续增长以及增强国际竞争力的重要途径。在全球化背景下，多元化的国际环境意味着更大的不确定性，发展中国家新技术型创业的机遇和挑战并存。鉴于新产品型企业家精神对发展中国家的重要性，本章选择该项作为企业家精神的替代指标进行稳健性检验。

---

[1] 薛红志、张玉利、杨俊：《机会拉动与贫穷推动型企业家精神比较研究》，《外国经济与管理》2003 年第 6 期。

[2] 刘鹏程、李磊、王小洁：《企业家精神的性别差异——基于创业动机视角的研究》，《管理世界》2013 年第 8 期。

第三节 模型建立与数据说明

一 计量模型的构建

参考阿克彼巴罗（Akpor-Robaro，2012）[1] 的论述，本章构建计量模型如下：

$$ent_{it} = \alpha_0 + \alpha_1 \text{trade}_{jt} + \alpha_2 \text{region}_{jt} + \alpha_3 x_{it} + yeardum + u_{it} \qquad (4.1)$$

其中，ent_{it} 代表个体 i 在时期 t 的企业家精神，我们以个体的机会型企业家精神作为衡量指标，并选取了新产品型企业家精神作稳健性检验。由于企业家精神为"0－1"变量，因此，本章采用 Probit 模型进行计量分析。trade_{jt} 代表个体 i 所在国家 j 在时期 t 的贸易开放度，即进出口贸易总额与本国 GDP 的比值，按照贸易伙伴国的不同，该项可区分为国家 j 对发达国家、发展中国家的贸易开放度；region_{jt} 为国家层面控制变量，包括个体 i 所在国家在时期 t 的人均 GDP 水平、制度约束程度；x_{it} 代表个体特征控制变量，包括个体 i 在 t 时期的年龄、年龄的平方、性别、人力资本、社会资本、风险规避程度和家庭财富等变量；$yeardum$ 变量为年份虚拟变量，u_{it} 代表误差项。

加入国家层面控制变量的原因如下：具备企业家精神的个体只有发现合适的创业环境，才能实施其创业活动。从一国外部环境来看，主要体现在以下几个方面。第一，根据高建等（2007）[2] 的研究，按照人均收入衡量的经济发展水平与按照自我雇佣率衡量的创业精神呈现非线性关系。于发展中国家而言，在经济发展的初始阶段，新企业的创办率所代表的企业家精神会呈现不断提升趋势，而后经济发展到一定阶段，标准化生产和规模经济使得大型企业具有难以比拟的优势，因而新企业的创办率所代表的企业家精神呈现下降趋势。因此，我们同时加入了人均 GDP 水平及其平方项。第二，不同国家的管理条例、行政壁垒、政府介

---

[1] Akpor-Robaro, M. O. Mamuzo, "The Impact of Globalization on Entrepreneurship Development in Developing Economies: A Theoretical Analysis of the Nigerian Experience in the Manufacturing Industry", *Management Science and Engineering*, 2012, 6 (2).

[2] 高建、程源、李习保、姜彦福：《全球创业观察中国报告（2007）——创业转型与就业效应》，清华大学出版社 2007 年版。

入程度和自由化程度存在差异，良好的制度环境、社会环境和外部环境有利于企业家阶层的形成。在完善的竞争机制和健全的市场制度环境下，人力资本才能得到合理回报，企业乃至社会的技术活动才会具有效率，因而东道国企业家才会有激励进行技术学习和创新活动，也会更加自信地运用技能和知识来实践企业家行为。[1] 反之，在落后甚至扭曲的制度环境中，整个经济的创造性会受到钳制，巨大的不确定性和创新风险主要由创业者承担，难以产生技术革新冲动，因而企业家才能可能会被埋没，导致创新源泉枯竭。[2]

加入个体特征控制变量的原因为：创业活动的核心动力来源于企业家个体，而个体选择是否成为企业家与其自身性别、年龄、人力资本、社会资本、风险规避程度和家庭财富等个体特征因素有着密切联系。[3] 由于个人特征存在差异，相同的外部要素对企业家个体的作用可能产生不同的结果。因此本章采取加入控制变量的办法来消除这些因素对企业家精神的影响。

个体之所以选择企业家，主要取决于以下两项因素：第一，经济社会中是否存在足够的企业家机会待个体挖掘；第二，成为企业家能否带来更高的利润收入。因此，对于贸易开放对企业家精神影响机制的探讨，我们也是从这两方面入手，设定了贸易开放影响企业家机会和企业家预期利润的计量模型，以进行影响机制的实证检验：

$$opportunity_{it} = \beta_0 + \beta_1 trade_{jt} + \beta_2 region_{jt} + \beta_3 x_{it} + yeardum + u_{it} \quad (4.2)$$

$$profit_{it} = \varphi_0 + \varphi_1 trade_{jt} + \varphi_2 region_{jt} + \varphi_3 x_{it} + yeardum + u_{it} \quad (4.3)$$

其中，$opportunity_{it}$ 代表个体 i 在时期 t 的企业家机会，以 GEM 调查项"在未来 6 个月内是否有较好的创业机会？是 = 1，否 = 0"作为其替代变量；$profit_{it}$ 代表企业家 i 在时期 t 的企业家利润，对该项的考察选取了 GEM 对初生企业家预期收益率的调查。该调查项具有 8 个选项，分别为：

---

① 张晔：《政府干预、经济自由与企业家精神》，《南京大学学报》2005 年第 2 期。

② 蒋殿春、张宇：《经济转型与外商直接投资技术溢出效应》，《经济研究》2008 年第 7 期。

③ Congregado E., Millán J. M., Román C., "From Own Account Worker to Job Creator", *International Review of Entrepreneurship*, 2010, 8 (4)；朱乾、杨勇、陶天龙等：《企业家精神影响因素的国外研究综述》，《东南大学学报》（哲学社会科学版）2012 年第 4 期。

"没有收入"、"收入是投入的一半"、"收入与投入相当"、"收入是投入的 1.5 倍"、"收入是投入的 2 倍"、"收入是投入的 5 倍"、"收入是投入的 10 倍"以及"收入是投入的 20 倍"。由于调查项为排序数列，因此本章使用排序 Probit 模型对企业家预期收益进行计量分析。其他变量的设定与模型（1）中一致。

二 主要变量描述

1. 贸易开放度。该项为本章最主要的解释变量，参考迪兹和奥兹达利（Diez and Ozdagli，2012）[①] 的做法，本章根据 IMF 的 DOT 双边贸易数据计算出个体所在国家的进出口贸易总额与该国 GDP 的比值作为该项的衡量指标。为考察与发展中国家和发达国家进行贸易对本国企业家精神影响的差异，本章进一步将贸易伙伴国进行分组，分别计算了一国与发达国家贸易总额以及一国与发展中国家国际贸易总额与该国 GDP 的比值，我们期望对比两者的差异，得到更有价值的结论。

2. 制度约束程度。制度约束程度使用经济自由指数（index of economic freedom）中的综合指标来衡量。该指标是由 10 大类 50 个指标综合而成，采用百分制（0 - 100）的评分办法，将有关经济自由度测评的 10 个大类指标[②]逐一评定，在计算出各个大类指标得分后，进行简单平均，即得出某一经济体的分数。得分越高说明该经济体经济自由指数越高，反之亦然。

3. 个体人力资本。对个体人力资本的衡量，本章选取了两个指标，一是"个体是否具有大专及以上学历？"；二是 GEM 数据中的一项调查："你是否具备新建企业所需的知识、技能和经验？是 = 1，否 = 0"。前者能够客观反映受教育程度对个体是否进行创业的影响，但无法控制个体的技能经验这一因素；而后者对其进行了有力的补充，但由于其为主观

[①] Díez, Federico, and Ali Ozdagli, "Entrepreneurship and Occupational Choice in the Global Economy", *Society for Economic Dynamics Meeting Papers*, 2012, No. 1004.

[②] 10 大类指标分别为营商自由（business freedom）、贸易自由（trade freedom）、财政自由（fiscal freedom）、政府开支（government spending）、货币自由（monetary freedom）、投资自由（investment freedom）、金融自由（financial freedom）、产权保障（property rights）、廉洁程度（freedom from corruption）和劳工自由（labor freedom）。

的自我评估项，单独引入该项进行经验分析亦可能产生偏差（刘鹏程，2013b），因此本章同时选用上述两个变量来表示个体人力资本。

4. 社会资本水平。GEM 中的一项调查为："你认识在 2 年内新建立公司的人吗？（认识 = 1；不认识 = 0）。"如果个体选择 1，便可认为其社会资本较多。这主要是因为企业家的社会资本异于一般群体，是否认识其他创业者对于本人创业往往发挥着重要作用。丰富的社会资本能使得个体获取更多的学习机会、市场信息和企业发展所需的管理、技术方面的知识，从而增加其选择创业的几率。

5. 风险规避程度。针对个体风险规避程度，本章选取的 GEM 的调查项为"对失败的恐惧会阻止你尝试新的业务？"，并设定"是 = 0；否 = 1"。

6. 家庭收入水平。对于个体家庭收入情况的考察，本章选取了 GEM 对个体的家庭收入情况的调查，该调查将个体家庭收入分为三个等次（低收入 = 1、中等收入 = 2 和高收入 = 3），该项在回归中以虚拟变量形式引入。

三　变量处理及描述性统计

本章首先对样本做了基本处理：删除了丧失劳动能力及在校学生样本，且保证主要解释变量不存在缺失，并将样本年龄限制在 16—65 岁。综合考虑研究需要和数据的可得性，本章选取了 GEM 中 2002 年、2005—2009 年[①] 20 个发展中国家[②] 51147 个个体的混合截面数据。GEM 调查中不同调查项的样本总数存在差异，当以企业家精神为被解释变量时，本章共得到了 51147 个样本；当以企业家机会为被解释变量时，本章得到了 31415 个样本；由于企业家预期利润的调查者仅限于企业家个体，因此关于该项本章得到了 3882 个样本。表 4—1 报告了主要变量的描述性统计。

---

①　由于 GEM 在 2003 年和 2004 年度未设置家庭收入和企业家利润等调查项，因此缺失这两个年份的数据。

②　样本发展中国家和地区包括阿根廷、波黑、巴西、中国、哥伦比亚、厄瓜多尔、埃及、克罗地亚、印度尼西亚、印度、伊朗、约旦、哈萨克斯坦、拉脱维亚、秘鲁、菲律宾、罗马尼亚、俄罗斯、乌干达，以及中国香港。

表4—1   主要变量的描述性统计

变　量	样本	均值	标准差	最小值	最大值
机会型企业家精神	51147	0.1121	0.3155	0	1
新产品型企业家精神	51147	0.0808	0.2725	0	1
贸易开放	51147	13.1136	0.4588	12.3286	15.0520
面向发达国家贸易开放	51147	12.5007	0.5028	11.3732	13.9384
面向发展中国家贸易开放	51147	11.8779	0.5611	11.2135	14.5532
年龄	51147	37.5849	11.4010	16	65
年龄平方项	51147	1542.6040	898.6955	256	4225
女性	51147	0.4869	0.4998	0	1
人力资本（自我报告项）	51147	0.5778	0.4939	0	1
受教育程度	51147	0.6519	0.4764	0	1
社会资本	51147	0.5069	0.5000	0	1
风险规避程度	51147	0.3467	0.4764	0	1
家庭财富水平	51147	1.9677	0.8163	1	3
人均GDP	51147	8.4422	0.9522	6.1756	10.3319
人均GDP平方项	51147	72.1769	15.9673	38.1380	106.7488
经济自由指数	51147	4.0524	0.1297	3.7977	4.4998
企业家机会	31415	0.3883	0.4874	0	1
企业家预期利润	3882	5.6156	1.7799	1	8

注：贸易开放、面向发达国家的贸易开放、面向发展中国家的贸易开放、人均GDP、人均GDP平方项、区域人力资本水平和制度变量取了对数。统计结果保留四位有效小数。

第四节　计量结果

一　贸易开放对本国企业家精神的影响

表4—2的式（1）—（3）报告了贸易开放影响本国机会型企业家精神的计量结果。式（1）显示贸易开放度变量系数显著为负，说明该变量对发展中国家个体企业家精神具有显著负向作用，这与格罗斯曼（Grossman, 1984）[1]的结论是相符的。式（2）中加入个体特征控制变量，计

---

[1] Grossman G. M., "International Trade, Foreign Investment, and the Formation of the Entrepreneurial Class", *American Economic Review*, 1984, 74（4）.

量结果表明，年龄的平方变量系数显著为负，说明随着年龄的增加，个体选择成为企业家的概率先增加后减少，这也与布兰费罗（Blanchflower, 2000)[1] 的研究结论一致；女性变量系数显著为负，说明女性的企业家精神低于男性；受教育程度与创业行为显著正相关，这说明高学历意味着较高的人力资本水平，这能够促进个体创业；风险规避程度的系数为正，意味着不惧失败的个体进行创业的概率更大；社会资本和高等家庭收入系数均显著为正，说明这两个变量均对企业家精神具有显著正向影响，这说明家庭收入高的个体能够负担创业成本，为了追求个体理想而进行机会型创业几率很高。式（3）加入了区域层面控制变量，结果显示人均GDP 变量系数显著为正，人均 GDP 平方项变量系数显著为负，说明该变量与企业家精神呈倒"U"型关系，即人均 GDP 中等的国家企业家精神最高，而人均 GDP 较低或较高的国家企业家精神越低；经济自由指数变量系数显著为正，说明一国经济自由程度对企业家精神具有显著的促进作用，这也与现实情况一致。我们进一步选择了新产品型企业家精神进行稳健性检验。结果如表 4—2 的式（4）—（6）所示。可见贸易开放的系数亦显著为负，结果十分稳健，说明贸易开放对发展中国家的企业家精神起到了显著的抑制作用。

表4—2　　　　　　　　贸易开放对本国企业家精神的影响

变量	机会型企业家精神			新产品型企业家精神		
	（1）	（2）	（3）	（4）	（5）	（6）
贸易开放	− 0. 2292 ***	− 0. 2116 ***	− 0. 1685 ***	− 0. 1989 ***	− 0. 1543 ***	− 0. 1348 ***
	(0. 0179)	(0. 0199)	(0. 0222)	(0. 0193)	(0. 0209)	(0. 0238)
年龄		− 0. 0029	− 0. 0029		− 0. 0031	− 0. 0016
		(0. 0047)	(0. 0047)		(0. 0051)	(0. 0052)
年龄平方		− 0. 0001 *	− 0. 0001		− 0. 0001	− 0. 0001
		(0. 0001)	(0. 0001)		(0. 0001)	(0. 0001)
是否为女性		− 0. 1367 ***	− 0. 1384 ***		− 0. 0607 ***	− 0. 0703 ***
		(0. 0161)	(0. 0162)		(0. 0174)	(0. 0176)

---

[1]　Blanchflower D. G., "Self Employment in OECD Countries", *Labour Economics*, 2000 (7).

续表

变量	机会型企业家精神			新产品型企业家精神		
	(1)	(2)	(3)	(4)	(5)	(6)
人力资本 （自我报告项）		0.6764 ***	0.6624 ***		0.5955 ***	0.5902 ***
		(0.0196)	(0.0197)		(0.0211)	(0.0213)
受教育程度		0.0615 ***	0.0685 ***		0.0304	0.0244
		(0.0171)	(0.0172)		(0.0186)	(0.0189)
社会资本		0.3436 ***	0.3475 ***		0.2485 ***	0.2823 ***
		(0.0169)	(0.0171)		(0.0182)	(0.0186)
风险规避程度		0.2203 ***	0.2172 ***		0.1538 ***	0.1488 ***
		(0.0177)	(0.0178)		(0.0190)	(0.0192)
中等家庭收入		0.1315 ***	0.1514 ***		0.0046	− 0.0101
		(0.0205)	(0.0208)		(0.0220)	(0.0224)
高等家庭收入		0.2860 ***	0.3112 ***		0.1484 ***	0.1492 ***
		(0.0210)	(0.0213)		(0.0226)	(0.0231)
人均 GDP			0.8293 ***			2.7116 ***
			(0.1231)			(0.1431)
人均 GDP 平方项			− 0.0565 ***			− 0.1662 ***
			(0.0076)			(0.0088)
经济自由指数			0.9068 ***			1.1806 ***
			(0.0790)			(0.0864)
年份虚拟变量	有	有	有	有	有	有
常数项	1.4258 ***	0.5642 **	− 6.6518 ***	0.7904 ***	− 0.2110	− 16.2123 ***
	(0.2344)	(0.2706)	(0.7484)	(0.2527)	(0.2858)	(0.8495)
观测值	51147	51147	51147	51147	51147	51147

注：（）括号内为稳健的标准误；*，**，*** 分别代表 10%，5% 和 1% 的显著性水平；统计结果保留四位有效小数。下表同。

二 区分贸易伙伴国的计量结果

各国经济发展水平的差异对贸易结构有着重要影响，把南北贸易和南南贸易的差异性纳入考虑当中，能够得到更具针对性的研究。在全球贸易特别是南北贸易中，发展中国家往往体现出劳动密集型产品的比较优势特征；而在南南贸易中，本国的劳动密集型优势不再明显，反而部分具备资本和技术密集特征的产品能够赢得竞争优势。因此，我们将本国面向发达国家和发展中国家的贸易开放剥离开来，探讨二者对本国企业家精神的影响是否存在差异。表4—3 报告了这一计量结果。

表4—3　　　　　面向发达国家和发展中国家贸易开放对
本国企业家精神的影响

变量	机会型企业家精神			新产品型企业家精神		
	(7)	(8)	(9)	(10)	(11)	(12)
面向发达国家贸易开放	−0.3436 ***	−0.2611 ***	−0.2409 ***	−0.2865 ***	−0.1835 ***	−0.2812 ***
	(0.0175)	(0.0191)	(0.0251)	(0.0196)	(0.0209)	(0.0268)
面向发展中国家贸易开放	0.1816 ***	0.1141 ***	0.0945 ***	0.1793 ***	0.1250 ***	0.1691 ***
	(0.0158)	(0.0176)	(0.0182)	(0.0170)	(0.0185)	(0.0193)
年龄		−0.0042	−0.0032		−0.0044	−0.0019
		(0.0047)	(0.0047)		(0.0051)	(0.0052)
年龄平方		−0.0001	−0.0001		−0.0001	−0.0001
		(0.0001)	(0.0001)		(0.0001)	(0.0001)
是否为女性		−0.1294 ***	−0.1338 ***		−0.0557 ***	−0.0652 ***
		(0.0162)	(0.0162)		(0.0175)	(0.0177)
人力资本（自我报告项）		0.6629 ***	0.6536 ***		0.5870 ***	0.5737 ***
		(0.0197)	(0.0198)		(0.0212)	(0.0214)
受教育程度		0.0722 ***	0.0712 ***		0.0428 **	0.0317 *
		(0.0171)	(0.0173)		(0.0187)	(0.0189)
社会资本		0.3397 ***	0.3514 ***		0.2453 ***	0.2896 ***
		(0.0170)	(0.0172)		(0.0183)	(0.0186)
风险规避程度		0.2215 ***	0.2202 ***		0.1555 ***	0.1527 ***
		(0.0177)	(0.0178)		(0.0190)	(0.0192)
中等家庭收入		0.1336 ***	0.1442 ***		−0.0034	−0.0195
		(0.0206)	(0.0208)		(0.0221)	(0.0225)
高等家庭收入		0.2882 ***	0.3050 ***		0.1358 ***	0.1412 ***
		(0.0211)	(0.0213)		(0.0226)	(0.0231)
人均GDP			0.9824 ***			2.9293 ***
			(0.1224)			(0.1426)

续表

变量	机会型企业家精神			新产品型企业家精神		
	(7)	(8)	(9)	(10)	(11)	(12)
人均 GDP 平方项			− 0.0634 ***			− 0.1760 ***
			(0.0075)			(0.0087)
经济自由指数			0.8786 ***			1.1391 ***
			(0.0782)			(0.0853)
年份虚拟变量	有	有	有	有	有	有
常数项	0.6410 ***	− 0.2256	− 7.5934 ***	− 0.2941	− 1.3479 ***	− 17.3629 ***
	(0.2107)	(0.2481)	(0.7240)	(0.2273)	(0.2620)	(0.8257)
观测值	51147	51147	51147	51147	51147	51147

表4—3 显示，面向发达国家贸易开放的系数显著为负，这说明对发达国家贸易依赖程度越高，本国个体选择成为机会型企业家的几率越低，这与总体贸易开放度的影响结果是一致的。在以新产品型企业家精神为被解释变量的稳健性检验中，结果依然显著为负。这可能是由以下几方面原因造成：第一，根据资源禀赋理论和比较优势理论，在南北贸易中，发展中国家往往更多出口低技术、低附加值的初级原材料产品和劳动密集型产品，而更多进口资本和技术密集型产品。尽管近年来发展中国家在贸易结构和贸易地位均有所改观，但整体上仍处于弱势地位。初级产品、资源产品的相关行业以及劳动密集型的加工装配产业往往并不具备足够的创业机会，而工业制成品行业往往是创业比较集中的行业，这种贸易模式在一定程度上会对发展中国家企业家精神产生抑制效应；第二，依据产品质量阶梯（quality ladders）理论，发达国家依托其资本和技术优势在国际贸易中往往处于质量领导者地位，进行新产品开发与激进式创新。[①] 发达国家企业也往往具备较高的挖掘市场机会的能力，在与发展中国家贸易往来时善于把握商机开发新产品，因此挤占了发展中国家新产品型创业者的生存空间。而发展中国家在国际贸易中通常扮演的是质量模仿者角色，进行产品模仿与非激进式创新。南北方的竞争经济呈

_____

① 殷德生、唐海燕：《内生技术进步、南北贸易与干预政策》，《财经研究》2006 年第 4 期。

现"创新—模仿—再创新—再模仿"的形式，发展中国家对外来资本和技术形成严重的依附性，导致国内自主研发和创新能力的提高进展缓慢。[①]

当我们考察面向发展中国家贸易开放时，结果截然不同。无论是以机会型企业家精神还是新产品型企业家精神作为被解释变量，面向发展中国家贸易开放的系数均显著为正。其可能的原因在于，第一，发展中国家之间存在共享式外贸增长的基础，这不仅体现在发展中国家会因为资源禀赋差异形成互补性贸易格局，也体现在南南贸易框架下各国之间广泛的贸易利益源。[②] 不同于南北贸易中发展中国家贸易条件的恶化和贸易地位的边缘化，在南南贸易中双方拥有相对有利的贸易条件并处于相对平等的贸易地位，在初级产品的交换中，由于各国间资源禀赋的不同能够为本国创业者提供廉价的原材料，这有助于南方国家实现产品多样化与差异化，并获得更为广阔的开发新产品的创业空间；第二，南南贸易具有更大的学习效应和技术扩散效应。[③] 在工业制成品的贸易中，相比于南北贸易中发达国家技术密集型产品的绝对优势地位，南南贸易中发展中国家贸易品有着更高的技术密集度，内含南方贸易伙伴国的新技术的生产工艺和成品，往往更适合本国的要素禀赋和消费模式，也更有利于促进本国的技术进步和结构转换。另外，发展中国家贸易品的技术门槛较低，彼此间技术更易于模仿和吸收，在此基础上也容易开发出更为新颖的产品，因而会促进本国企业家精神的提升。

综上可见，总体而言贸易开放降低了本国企业家精神；而在区分了贸易伙伴国后，我们发现这一负向影响主要源于对发达国家的贸易开放，而面向发展中国家贸易开放对本国企业家精神起到了显著的提升作用。可见，发展中国家在经济全球化的浪潮中发展本国企业家精神的机遇与挑战并存，减弱对发达国家的依赖，完善与发展中国家的贸易合作机制、构建以互补为主导的贸易格局是促进本国企业家精神的重要途径。

---

① 王春法：《FDI 与内生技术能力培育》，《国际经济评论》2004 年第 2 期。

② 欧阳峣、张亚斌、易先忠：《中国与金砖国家外贸的"共享式"增长》，《中国社会科学》2012 年第 10 期。

③ Amsden A. H. , "The Direction of Trade—Past and Present—and the 'Learning Effects' of Exports to Different Directions", *Journal of Development Economics*, 1986, 23 (2) .

三　贸易开放影响企业家精神的可能性解释

根据上文的论述，只有在市场中存在有待个体发掘的企业家机会，且企业家群体的收益对于择业中的个体具有足够吸引力时，个体才会选择创业。因此，本章进一步检验了贸易开放对发展中国家企业家机会和企业家预期利润的影响，以期对贸易开放影响企业家精神的机制做出验证。

表4—4　　　　　　　贸易开放对企业家精神的影响机制验证

变　量	企业家机会	企业家预期利润	企业家机会	企业家预期利润
	（13）	（14）	（15）	（16）
贸易开放	-0.1418 ***	-0.0856 *		
	（0.0208）	（0.0488）		
面向发达国家贸易开放			-0.4607 ***	-0.2505 ***
			（0.0237）	（0.0568）
面向发展中国家贸易开放			0.2745 ***	0.1030 **
			（0.0160）	（0.0456）
年龄	-0.0102 **	-0.0108	-0.0093 **	-0.0121
	（0.0044）	（0.0102）	（0.0044）	（0.0102）
年龄平方	0.0001	0.0000	0.0001	0.0001
	（0.0001）	（0.0001）	（0.0001）	（0.0001）
是否为女性	-0.0409 ***	-0.0915 ***	-0.0385 **	-0.0917 ***
	（0.0154）	（0.0354）	（0.0155）	（0.0355）
人力资本（自我报告项）	0.5777 ***	0.1185 **	0.5417 ***	0.1121 **
	（0.0162）	（0.0503）	（0.0163）	（0.0502）
受教育程度	-0.1009 ***	0.1008 ***	-0.0792 ***	0.0998 ***
	（0.0170）	（0.0351）	（0.0172）	（0.0352）
社会资本	0.4042 ***	0.0119	0.4206 ***	0.0239
	（0.0159）	（0.0391）	（0.0160）	（0.0392）

续表

变　量	企业家机会	企业家预期利润	企业家机会	企业家预期利润
	（13）	（14）	（15）	（16）
风险规避程度	0.0091	0.1059 ***	0.0178	0.1078 ***
	(0.0160)	(0.0389)	(0.0161)	(0.0390)
中等家庭收入	-0.0023	0.0527	-0.0031	0.0581
	(0.0190)	(0.0416)	(0.0191)	(0.0416)
高等家庭收入	0.0524 **	0.1554 ***	0.0541 ***	0.1676 ***
	(0.0204)	(0.0444)	(0.0205)	(0.0442)
人均 GDP	-0.6980 ***	2.3970 ***	-0.4965 ***	2.6677 ***
	(0.1256)	(0.3662)	(0.1244)	(0.3673)
人均 GDP 平方项	0.0333 ***	-0.1576 ***	0.0283 ***	-0.1705 ***
	(0.0076)	(0.0221)	(0.0075)	(0.0219)
经济自由指数	1.2666 ***	2.0969 ***	1.0375 ***	2.0655 ***
	(0.0733)	(0.1828)	(0.0731)	(0.1835)
年份虚拟变量	有	有	有	有
常数项/阈值	-0.8538	有	-0.5150	有
	(0.7331)		(0.7202)	
观测值	31415	3882	31415	3882

注：篇幅所限，未报告企业家预期利润计量结果中的阈值。

　　表 4—4 报告了贸易开放对企业家精神影响机制的计量结果。首先来看总体贸易开放对企业家机会和企业家利润的影响。在控制了个体特征变量和区域层面变量之后，式（13）显示，贸易开放的系数显著为负，这说明贸易开放带来的竞争加剧显著降低了个体发现企业家机会的概率，这说明相比于国内研发，贸易开放所带来的知识溢出能力有限，可供本国进行开发的潜力较低艾斯和塞尔布（Acs and Szerb，2007）[1]，贸易伙伴国在开拓本地市场时，也往往会参与开发本国的企业家机会，因此降低了本国个体发现企业家机会的概率；式（14）结果显示，贸易开放对企

_____

[1]　Acs Z. J. and Szerb L. ，"Entrepreneurship, Economic Growth and Public Policy"，*Small Business Economics*，2007，28（2–3）．

业家预期利润的影响为负，即降低了在位企业家个体的预期利润，这意味着，在贸易开放背景下，企业家个体对企业未来的盈利能力持悲观态度，那么非企业家个体选择成为企业家的几率也会随之减少。

在区分了贸易伙伴国之后，我们发现面对发达国家的贸易开放对于企业家机会和企业家预期利润均存在负向效应。在南北贸易中，贸易开放迫使发展中国家新生企业与发达国家具有规模优势、技术优势和低成本优势的跨国企业在统一产品市场竞争，发达国家不仅在挖掘和抢占创业机会方面更具优势，同时凭借技术优势也具有更高的盈利能力，在其冲击下会导致本国在位企业家预期利润的缩减。正是由于面向发达国家贸易开放对本国企业家机会和企业家预期利润存在抑制效应，才会导致其对本国企业家精神的负向影响。与之不同是，面向发展中国家贸易开放对于企业家机会和企业家预期利润均具有显著的正向效应。在南南贸易中，贸易伙伴国处于相对平等的贸易地位，且技术水平差距不大，在这样的贸易关系中进行"干中学"，能够为具有创新意识的群体带来更多的企业家机会。强调规模经济和产品差异的新贸易理论认为，通过相似国家之间的产业内贸易能够获得贸易收益①，因此，面向发展中国家贸易开放也会提高本国在位企业家的预期利润水平。通过提升本国企业家机会和企业家预期利润，南南贸易进一步对本国企业家精神产生正向影响。可见，这一结果对贸易开放影响企业家精神机制给出了很好的实证验证。

第五节　本章小结

企业家精神是转化新知识、增进国家创新能力的重要推动力，在加快国民经济发展、增加就业机会等方面肩负着重要历史责任。在开放竞争环境中如何开展有效的竞合，促进本国企业家精神的提升，是发展中国家亟须解决的问题。本章采用 GEM 中 20 个发展中国家的微观个体调查数据，对贸易开放与企业家精神之间的关系进行了实证验证，主要得到

---

① 欧阳峣、张亚斌、易先忠：《中国与金砖国家外贸的"共享式"增长》，《中国社会科学》2012 年第 10 期。

以下结论：1. 一国总体的贸易开放水平对企业家精神存在显著的负向影响；区分贸易伙伴国的实证结果发现，在南北贸易中，发展中国家的出口商品具有低附加值的特点，并处于产品质量阶梯中的模仿者地位，因而面向发达国家贸易开放对本国企业家精神存在抑制效应；而在南南贸易中，发展中国家之间存在共享式外贸增长的基础和门槛较低的技术扩散效应，因而面向发展中国家贸易开放能够促进本国企业家精神的提升。2. 对贸易开放影响企业家精神的机制的实证结果表明，贸易开放以及面向发达国家贸易开放均对个体发现企业家机会的概率和在位企业家预期利润产生了显著的负向效应，因而会对本国企业家精神产生负向影响；而面向发展中国家贸易开放对企业家机会和企业家预期利润产生了显著的正向效应，因而促进了本国企业家精神的提升。3. 控制变量结果显示，女性企业家精神显著低于男性，个体的人力资本、社会资本以及家庭收入均促进了个体企业家精神的提升，风险规避程度与企业家精神呈负相关关系。另外，一国确立正确合理的制度安排对于支持企业家精神的发展不可或缺。

　　本章的政策意涵是显而易见的，特别对我国在贸易开放背景下如何推动企业家精神的提升具有借鉴意义：1. 发展中国家应确定适宜的贸易开放度。尽管对外开放尤其是面向发达国家贸易开放对本国的企业家精神产生了抑制作用，但这并不意味着要抵制对外贸易。全球化是不可逆转的历史潮流，如何减少对发达国家的过分依赖，确定一个合适的贸易开放水平，在充分享受贸易开放所带来福利的同时，尽量减小其对本国企业家精神的抑制与冲击，是广大发展中国家特别是我国制订贸易政策的重点所在。2. 着力加强对南南贸易空间和范围的开拓，是促进本国企业家精神蓬勃发展的重要途径。具体措施包括有针对性地加大对发展中国家贸易的优惠范围和力度，减少关税与非关税壁垒，相互创造更好的市场准入条件，通过增进南南经济贸易合作与协调以有效避免恶性竞争，发掘经济发展潜力，激发本国企业家精神的提升。3. 加快国内促进创业制度体制的完善是应对贸易开放竞争环境的内在动力。一方面，应着力为创业者提供完善的基础设施、可靠的公共服务和健全的融资体系，将政府干预的重点转向对经济发展具有重要作用的技术创新项目的支持和激励，确保为国内投资者提供良好的创业环境；另一方面，要提高本国人力资本水平，加大本国自身的研发投入和研发力度，以增强本国新创企业的生存能力和自主创新能力，这也是抵御贸易开放带来的竞争冲击的重中之重。

第五章

FDI 对企业家精神的影响

第一节　引言

　　企业家精神与一国经济发展速度有着千丝万缕的关联。经济增长不仅取决于新知识的创造而且也取决于企业家使用新知识来开发新产品和新工艺的能力和意愿。熊彼特更是认为企业家是革新的主要催化剂，所有真正的经济增长都要归功于企业家。经济学领域的学者一般是使用职业选择模型对创业行为进行研究，认为个体之所以选择成为企业家是因为期望收入不低于其作为雇佣工人的收入。根据职业选择模型，个体管理能力、人力资本和财富的积累对个体创业有着正面作用，个体的风险规避对企业家精神有着负面作用。

　　自格罗斯曼（Grossman，1984）[①] 将企业的创建纳入开放经济体中，分析了国际贸易和投资对国内企业创建的影响，FDI 与东道国企业家精神的关系才引起了学者们的关注。部分学者从产品市场竞争效应、劳动市场工资效应和行业壁垒效应等角度出发，认为 FDI 降低了东道国的企业家精神。例如，格罗斯曼认为 FDI 导致了产品市场的低价格，降低了企业家收入，造成了东道国企业数量的减少；德利菲尔德（Driffield，1999）[②] 认为与东道国企业相比，跨国公司具有所有权优势，对优秀员工的支付工资要比国内企业高，从而将有可能成为企业家的员工从国内企

　　① Grossman G. M. , "International Trade, Foreign Investment, and the Formation of the Entrepreneurial Class", *American Economic Review*, 1984, 74 (4) .

　　② Driffield N. L. , "The Indirect Employment Effect of Foreign Direct Investment in the UK", *Bull Econ Res*, 1999.

业掳走；麦肯娜和勒娜特（Meghana and Renata，2010）① 认为所有权优势②比较大的外资企业会在东道国构建行业壁垒，阻挠东道国企业家的创业。当然也有学者认为 FDI 对被投资国的企业家精神具有积极提升作用。例如，迈耶（Meyer，2004）③ 认为本地雇员在外企获取了所需的经验和技术之后，可以在相同或相关的产业里自建企业；卡夫（Caves，1971）④ 认为外企不仅给国内潜在的创业者提供了可供观察和学习的对象，还会凭借自身的规模经济优势打破东道国原有的行业壁垒，为他们提供创业机会；科恩和里奥（Koen and Leo，2002）⑤ 认为外资企业和当地供应商之间技术溢出在长期内对当地企业家精神有显著的促进效应。

麦肯娜和勒娜特（Meghana and Renata，2010）⑥ 借鉴约万诺维奇（Jovanovic，1994）⑦ 的理论构建了 FDI 短期内抑制企业家精神的理论模型，实证分析了 1994—2001 年 FDI 对捷克企业的存活率及增长率的影响。在其理论框架中，国外企业是产业中的主要企业。短期内，由于存在竞争效应，国外企业会挤出同行业的企业。但长期内，由于"需求创造"效应，FDI 会带动当地新企业的成立。科恩和里奥（Koen and Leo，2002）⑧ 利用比利时 6 年内 120 多个行业的数据分析了制造业企业的进入退出率，认为短期内外资企业会通过产品市场竞争效应和劳动市场工资效应对国内企业产生挤出效应；长期内，随着国内外企业生产网络的形

---

① Meghana A. and Renata K.，"Does FDI Facilitate Domestic Entry? Evidence from the Czech Republic"，*Review of International Economics*，2010，18（1）.

② 所有权优势，又称垄断优势或厂商优势，是指一国企业拥有或能够得到的而他国企业没有或无法得到的无形资产、规模经济等方面的优势。

③ Meyer K. E.，"Perspectives on Multinational Enterprises in Emerging Economies"，*Journal of International Business Studies*，2004，35（4）.

④ Caves R. E.，"International Corporations：The Industrial Economics of Foreign Investment"，*Economics*，1971，38（141）.

⑤ Koen D. E. B. and Leo S.，"Does Foreign Direct Investment Crowd Out Domestic Entrepreneurship?"，*Vlerick Working Paper*，2002.

⑥ Meghana A. and Renata K. "Does FDI Facilitate Domestic Entry? Evidence from the Czech Republic"，*Review of International Economics*，2010，18（1）.

⑦ Jovanovic Boyan，"Firm Formation with Heterogeneous Management and Labor Skills"，*Small Business Economics*，1994，6（3）.

⑧ De Backer Keen，Sleuwaegen Leo.，"Does Foreign Direct Investment Crowd Out Domestic Entrepreneurship?"，*Review of Industrial Organization*，2003（22）.

成，示范效应和技术溢出效应会减弱甚至发生逆转，成为挤出效应。

以往学者的重要贡献是分析了 FDI 影响东道国企业家精神的机制，并区分了 FDI 对东道国企业家精神的长期影响和短期影响，但也存在以下几方面的局限性：其一，以往文献大多使用一国部分行业的数据，结论不具有一般性；其二，以往文献对企业家精神指标的选择并不统一，导致以往文献的计量结果大相径庭。例如，埃文斯和雷顿（Evans and Leighton，1989）[1] 以是否自我雇佣为被解释变量，发现失业率和小企业的成立正相关。艾斯等（ACS et al. 1994）[2] 分别以新成立企业数量和新生企业率为被解释变量，研究发现失业率和企业家精神负相关。因此，选择正确的企业家精神指标是十分必要的；其三，以往文献都没有对 FDI 影响企业家精神的机制给出严谨规范地实证验证，也没有对机会型企业家精神、生存型企业家精神、新产品型企业家精神以及新技术型企业家精神等细分指标进行分析；其四，以往文献都没有分析异质性 FDI 对企业家精神影响的差异性。

为了解决以上几个问题，本章使用了全球企业家观察（GEM）调查数据分析 FDI 对企业家精神的影响。使用 GEM 数据能够克服研究样本的空间局限，得到较为准确的一般性结论。GEM 数据是个体调查数据，这使得我们可以较为全面地捕捉到个体特征因素对企业家精神的影响。根据传统的职业选择模型，个人特征对个体是否成为企业家的影响是不可忽视的。明尼蒂和阿伦纽斯[3]甚至认为个体特征（如年龄）能够决定个体生命期间内的时间折扣率和风险规避程度，进而决定个体是否选择成为企业家。其次，GEM 项目于 1999 年就开始执行，截至目前已经发展成为比较成熟的创业调查项目。该项目在全球多个国家实施，每年都进行抽样调查，撰写了数量丰富的调研报告。GEM 构造的企业家精神衡量指标使用广泛，具有很高的权威性，因此本章使用 GEM 调查数据来

[1] Evans D. S., Leighton L. S., "Some Empirical Aspects of Entrepreneurship", *American Economic Review*, 1989 (79).

[2] Acs Z. J., Audretsch D. B. and Evans D. S., "Why Does the Self-Employment Rate Vary Across Countries and Over Time?", *CEPR Discussion Papers*, 1994.

[3] Levesque M. and M. Minniti, "The Effect of Aging on Entrepreneurial Behavior", *Journal of Business Venturing*, 2006, 21.

衡量企业家精神，这显然也是较为合理和准确的。最后，由于异质性 FDI 的技术挤出/溢出效应具有差异性，来源于发展中国家和发达国家的 FDI 对东道国企业家精神的影响也有不同的表现。为了验证这种差异性的存在，本章以 OECD 国家为东道国，分别分析了发展中国家和发达国家 FDI 对 OECD 国家企业家精神的影响。值得一提的是，FDI 挤出/溢出效应能否发挥作用还取决于被投资国的市场经济制度发展情况，如果东道国市场制度发达，经济资源多由市场分配，那么 FDI 挤出/溢出效应会更强大，反之则会很弱小。2008 年之前加入 OECD 的国家大多为发达国家①，其市场制度比较完善。因此，针对 OECD 国家的计量分析结果会更加准确。

根据以上论述，本章试图回答以下三个问题：第一，FDI 对东道国企业家精神的影响如何？第二，FDI 是通过何种途径影响东道国企业家精神的？第三，发展中国家 FDI 和发达国家 FDI 对东道国企业家精神影响有何区别？对这三个问题的探讨能够对 FDI 影响企业家精神这一问题展开更为全面和系统的研究，对全球化背景下促进创业型经济的发展具有一定启发意义。

第二节 数理模型

FDI 对东道国企业家精神的影响机制可以通过扩展约万诺维奇②的模型加以说明。假设经济体为完全竞争市场，企业使用资本（k）和劳动（l）生产产品或服务。根据职业选择模型，劳动者选择成为企业家的条件是：

$$\max_{k,l} \{F(k, l) - rk - wl\} \geq w \qquad (5.1)$$

其中，$F(k, l)$ 为企业产值，r 为单位资本价格，w 为单位劳动工

---

① 2010 年之前加入 OECD 的国家有奥地利、比利时、加拿大、丹麦、西班牙、美国、法国、希腊、爱尔兰、冰岛、意大利、卢森堡、挪威、荷兰、葡萄牙、德国、英国、瑞典、瑞士、土耳其、日本、芬兰、澳大利亚、新西兰、墨西哥、捷克、匈牙利、波兰、韩国和斯洛伐克等 30 个国家。智利、爱沙尼亚、以色列和斯洛文尼亚 4 国于 2010 年加入 OECD。

② Jovanovic Boyan, "Firm Formation with Heterogeneous Management and Labor Skills", *Small Business Economics*, 1994, 6 (3).

资；式（5.1）左边表示总收入扣除劳动和资本的报酬后所剩余的部分，即为个人选择创立企业而获得的作为企业家的收入；右边表示该个人选择成为雇员而获得的工资收入。

若使得要素利用最优化，则要素边际生产率要等于其价格，即，

$$F_k = r; \quad F_l = w$$

假设 L 为具有相同劳动能力的个体数量，K 为国家范围内的资本存量，m 为企业家的数量。则每个企业家的资本存量和雇佣劳动者数量为 K/m 和 $(L-m)/m$。这样，式（1）可以表达为：

$$F\left(\frac{K}{m}, \frac{L}{m}-1\right) - \frac{K}{m}F_k\left(\frac{K}{m}, \frac{L}{m}-1\right) - \frac{L}{m}F_l\left(\frac{K}{m}, \frac{L}{m}-1\right) = 0$$

$$(5.2)$$

可以认为 FDI 是对经济体中资本的增加。假设资本和劳动力的替代弹性小于 1，那么：

$$\frac{dm}{dFDI} = \frac{dm}{dK} = \frac{m\left(KF_{kk} + LF_{kl}\right)}{K^2 F_{kk} + 2KLF_{kl} + L^2 F_{ll}} < 0 \tag{5.3}$$

这意味着 FDI 的增加会减少东道国企业家的数量，降低东道国企业家精神。

第三节 估计模型、变量描述与数据说明

一 计量模型的构建

根据约万诺维奇（Jovanovic，1994）[1] 的模型以及明尼蒂和阿伦纽斯[2]的描述，本章构建计量模型如下：

$$ent_{it} = c + \alpha\text{FDI}_{lt} + \beta\text{region}_{lt} + \lambda x_{it} + yeardum + u_i \tag{5.4}$$

其中，ent_{it} 代表个体 i 在时期 t 的早期企业家精神、机会型和生存型企业家精神以及新产品型和技术型企业家精神；FDI_{lt} 代表个体 i 所在国家（地区）I 在时期 t 的 FDI 流入量；region_{lt} 为区域层面控制变量，包括个体

---

① Jovanovic Boyan, "Firm Formation with Heterogeneous Management and Labor Skills", *Small Business Economics*, 1994, 6 (3).

② Levesque M. and M. Minniti, "The Effect of Aging on Entrepreneurial Behavior", *Journal of Business Venturing*, 2006, 21.

i 所在国家（地区）I 在时期 t 的人均 GDP 水平、制度约束程度和人力资本水平；x_{it} 代表个体特征控制变量，包括个体 i 在 t 时期的性别、年龄、年龄的平方、人力资本、社会资本、风险规避程度和家庭财富等变量；*yeardum* 变量为年份虚拟变量。加入地区和个体特征控制变量的原因为：首先，如果管理条例、行政壁垒和政府市场介入较多，即使知识能带来潜在收益，经济个体依然不会选择成为企业家；其次，一国人力资本水平也对个体挖掘和开发企业家机会的能力产生影响[①]；最后，性别、年龄、人力资本、社会资本、风险规避程度和家庭财富等个体特征对企业家精神有很大影响。

由于企业家精神变量和企业家机会变量为二元选择变量，因此本章选择 Probit 模型对这两个被解释变量进行估计。而企业家预期收益为排序离散变量，本章将选择排序 Probit 模型进行估计。

二 主要变量描述

对于 FDI 变量，本章针对不同的样本国家，使用了不同的 FDI 数据库。当对所有样本国家进行计量分析时，本章使用的 FDI 数据来自联合国贸易与发展会议数据库（UNCTADstat）；当对 OECD 国家进行计量分析时，本章使用的 FDI 数据是 OECD 国家数据库。由于 OECD 数据库提供了 FDI 来源国资料，并将 FDI 来源国分为 OECD 国家和非 OECD 国家，因此本章可以使用该数据库衡量来自不同发展水平国家的 FDI 对东道国企业家精神的影响，即将前者作为来自发达国家的 FDI，将后者作为来自发展中国家的 FDI。为了进一步减小估计方程的异方差，本章的 FDI 存量取对数表示。

其余被解释变量（总体、机会型、生存型、新产品型和新技术型企业家精神以及企业家预期收益和企业家机会）、个体和区域层面控制变量与第三章的定义相同。

---

① Acs Z. J. and Szerb L., "Entrepreneurship, Economic Growth and Public Policy", *Small Business Economics*, 2007, 28 (2-3).

三 数据说明和数据处理方法

本章使用的 FDI 数据是从联合国贸易与发展会议数据库（UNCTAD-stat）以及 OECD 数据库获取的。其余数据（企业家精神、企业家预期收益、企业家机会、企业家文化、人力资本水平、个体年龄和性别等）均来自全球创业观察（GEM）数据。人均 GDP 和人力资本水平指标均来自 WDI 数据库，制度指标变量来自经济自由指数（Index of Economic Free-dom）数据库。数据处理方式与第三章基本一致。

四 变量描述性统计

表5—1 报告了以 GEM 所有调查国为样本的主要变量描述性统计。在删除了各变量缺失值之后，当以总体、机会型、生存型、新产品型和新技术型企业家精神为解释变量时，本章得到了 333316 个数据；当以企业家预期收益率为被解释变量时，本章得到了 13185 个数据；当以企业家机会为被解释变量时，本章得到了 234811 个数据。

表5—2 报告了以 OECD 调查国为样本的主要变量描述性统计。在删除了各变量缺失值之后，当以总体、机会型、生存型、新产品型和新技术型企业家精神为解释变量时，本章得到了 217798 个数据；当以企业家预期收益率为被解释变量时，本章得到了 8094 个数据；当以企业家机会为被解释变量时，本章得到了 153872 个数据。

表5—1   变量的描述性统计（以 GEM 所有调查国为样本）

变 量	样本	均值	标准差	最小值	最大值
企业家精神	333316	0.0956	0.2941	0	1
机会型企业家精神	333316	0.0707	0.2563	0	1
生存型企业家精神	333316	0.0203	0.1409	0	1
新产品型企业家精神	333316	0.0433	0.2035	0	1
技术型企业家精神	333316	0.1151	0.3191	0	1
企业家预期收益	13185	5.4479	1.8466	1	8
企业家机会	234811	0.3441	0.4751	0	1
FDI 流量	333316	9.9472	1.6238	4.4526	12.6325

续表

变　量	样本	均值	标准差	最小值	最大值
年龄	333316	40. 5324	12. 2236	16	65
年龄平方项	333316	1792. 2900	1000. 8760	256	4225
是否为女性	333316	0. 5233	0. 4995	0	1
受教育程度	333316	0. 7351	0. 4413	0	1
人力资本（自我报告项）	333316	0. 5076	0. 4999	0	1
社会资本	333316	0. 3997	0. 4898	0	1
风险规避程度	333316	0. 3761	0. 4844	0	1
家庭财富水平	333316	1. 9573	0. 8045	1	3
人均 GDP	333316	9. 9887	0. 9709	6. 1415	11. 4636
人均 GDP 平方项	333316	100. 7174	17. 8181	37. 7174	131. 4148
经济自由度	333316	4. 2353	0. 1327	3. 7977	4. 4998
区域人力资本水平	333316	4. 0425	0. 4067	1. 4323	4. 5442

注：FDI 流量、人均 GDP、人均 GDP 平方项、区域人力资本水平和制度变量取了对数。统计结果保留四位有效小数。

表 5—2　　　　变量的描述性统计（以 OECD 调查国为样本）

变　量	样本	均值	标准差	最小值	最大值
企业家精神	217798	0. 0823	0. 2748	0	1
机会型企业家精神	217798	0. 0646	0. 2458	0	1
生存型企业家精神	217798	0. 0127	0. 1122	0	1
新产品型企业家精神	217798	0. 0376	0. 1903	0	1
技术型企业家精神	17366	0. 0937	0. 2915	0	1
企业家预期收益	8094	5. 3735	1. 8500	1	8
企业家机会	153872	0. 3258	0. 4687	0	1
来自发达国家的 FDI 流量	217798	10. 2675	1. 5384	4. 0364	12. 5329
来自发展中国家的 FDI 流量	217798	8. 1003	1. 5989	2. 2896	10. 2767
年龄	217798	41. 2865	12. 0336	16	65
年龄平方项	217798	1849. 3840	994. 3775	256	4225
是否为女性	217798	0. 5256	0. 4993	0	1
人力资本（自我报告项）	217798	0. 5080	0. 4999	0	1
受教育程度	217798	0. 7368	0. 4404	0	1

续表

变 量	样本	均值	标准差	最小值	最大值
社会资本	217798	0.3798	0.4853	0	1
风险规避程度	217798	0.3988	0.4897	0	1
家庭财富水平	217798	1.9393	0.8068	1	3
人均 GDP	217798	10.3359	0.4645	8.5129	11.4636
人均 GDP 平方项	217798	107.0466	9.2184	72.4694	131.4148
区域人力资本水平	217798	4.1510	0.2149	3.0803	4.5442
经济自由度	217798	4.2709	0.0904	4.0431	4.4140

注：来自发达国家的 FDI 流量、来自发展中国家的 FDI 流量、人均 GDP、人均 GDP 平方项、区域人力资本水平和制度变量取了对数。统计结果保留四位有效小数。

第四节 计量结果

一 FDI 对企业家精神的影响

在建立计量模型的基础之上，本章运用 Probit 模型对总体、机会型和生存型企业家精神进行相关估计。表 5—3 报告了 FDI 影响企业家精神的计量结果。式（1）估计结果显示：FDI 流量与企业家精神呈现负向关系，且在 1% 的显著性水平下显著。式（2）在加入了个体控制和区域控制变量之后，估计结果显示 FDI 流量仍然对企业家精神具有显著负向影响。这与以往学者的结论一致，说明 FDI 在东道国市场上产生了产品市场竞争效应、劳动市场工资效应和行业壁垒效应。这主要是因为 FDI 导致了产品市场的低价格，降低了企业家收入，造成了东道国企业数量的减少；与东道国企业相比，跨国公司具有所有权优势，能够给高技能员工提供更好的待遇，将其从本土企业吸引至公司工作；所有权优势比较大的外资企业会在东道国构建行业壁垒，阻挠东道国企业家的创业。

式（1）还报告了个体控制变量的计量结果。结果显示，年龄与个体企业家精神呈现正向关系，且在 1% 的显著性水平下显著；年龄的平方与个体企业家精神呈现负向关系，且在 1% 的显著性水平下显著。这说明个体年龄与个体企业家精神呈倒"U"型关系，即随着个体年龄的增加，个体企业家精神先增加后减少。以上计量结果也与本书第二章的论述相符。

"是否为高中及以上学历"变量系数显著为负，而在控制了区域控制变量之后，式（2）显示该变量的系数显著为正。一方面，高学历的个体在心仪的工作岗位工作的可能性较大，创业的机会成本较高；另一方面，高学历意味着个体具有较高的人力资本水平，创办企业的可能性较大。因此，在增加控制变量时，该变量系数就会发生变化。社会资本变量系数显著为正，风险规避程度变量系数显著为负，说明社会资本越丰富，越偏好风险的个体企业家精神越高。这也与本书第二章的论述相符。中等家庭收入变量系数显著为负，而高等家庭收入变量系数显著为正，因此家庭收入最高的个体企业家精神最高，其次是家庭收入最低的个体，而家庭收入中等的个体进行创业的概率最低。这也不难理解，家庭收入最高的个体能够负担创业成本，为了追求个体理想、实现创业机会而进行机会型创业几率很高；而家庭收入最低的个体为了维持生存，进行生存型创业的几率也很高。

式（2）中加入了区域控制变量。人均 GDP 变量系数显著为负，说明人均 GDP 系数越高的地区，企业家精神越低。这可能是因为人均 GDP 较高的地区，个体生活富足，能够享受较高的福利，因此进行生存型创业的几率较低，造成了该变量系数显著为负。式（2）在加入了区域人力资本水平变量后，估计结果显示，人力资本水平与个体企业家精神呈现正向关系，且在 5% 的显著性水平下显著。说明人力资本水平越高，个体越具有企业家精神。这也与阿明顿和阿克斯（Armington and Acs，2002）[1]、冈村和小林（Okamuro and Kobayashi，2006）[2] 以及高建等（2007）[3] 的研究一致。

式（3）—式（4）报告了 FDI 影响机会型企业家精神的计量结果。结果显示，FDI 变量系数显著为负，说明 FDI 显著降低了东道国机会型企业家精神。式（5）—式（6）给出了 FDI 影响生存型企业家精神的计量

①　Armington C., Acs Z. J., "The Determinants of Regional Variation in New Firm Formation", *Regional Studies*, 2002, 36 (1).

②　Okamuro H., Kobayashi N., "The Impact of Regional Factors on the Start Up Ratio in Japan", *Journal of Small Business Management*, 2006, 44 (2).

③　高建、程源、李习保、姜彦福：《全球创业观察中国报告（2007）——创业转型与就业效应》，清华大学出版社 2007 年版。

结果，在控制了个体特征变量和区域控制变量之后，结果显示 FDI 变量系数显著为正，说明 FDI 显著提高了东道国生存型企业家精神。FDI 进入以后，可能会冲击到相关产业，导致产业内失业率严重。在这种情况下，失业工人没有更好的选择，只能被迫从事生存型创业。因此，FDI 可能会促进生存型创业率。

此外，对于个体受教育程度变量，式（3）和式（4）显示该变量系数显著为正，而式（5）和式（6）显示该变量系数显著为负，说明个体的受教育程度越高，进行机会型创业的几率越大，进行生存型创业的几率越小；对于家庭收入变量，式（3）和式（4）显示该变量系数显著为正，而式（5）和式（6）显示该变量系数显著为负，说明家庭收入越高，个体进行机会型创业的概率越高，进行生存型创业的几率越低；对于区域人力资本水平变量，式（3）和式（4）显示该变量系数显著为正，而式（5）和式（6）显示该变量系数不显著，说明区域人力资本水平越高的地区，个体进行机会型创业的概率越高，而该变量对个体是否进行生存型创业的影响不大。综合以上变量的计量结果，我们发现，在分析企业家精神的影响因素时，将其按照创业动机划分为机会型和生存型是很有必要的，否则很难得到准确的结论。

表 5—3　　　　　　　　　　　　FDI 对企业家精神的影响

	企业家精神		机会型企业家精神		生存型企业家精神	
	（1）	（2）	（3）	（4）	（5）	（6）
FDI 流量	-0.0243^{***}	-0.0044^{*}	-0.0094^{***}	-0.0072^{***}	-0.0519^{***}	0.0201^{***}
	（0.0021）	（0.0026）	（0.0024）	（0.0028）	（0.0033）	（0.0044）
年龄	0.0349^{***}	0.0405^{***}	0.0334^{***}	0.0362^{***}	0.0260^{***}	0.0343^{***}
	（0.0019）	（0.0019）	（0.0021）	（0.0021）	（0.0030）	（0.0031）
年龄平方	-0.0005^{***}	-0.0006^{***}	-0.0005^{***}	-0.0006^{***}	-0.0004^{***}	-0.0004^{***}
	（0.0000）	（0.0000）	（0.0000）	（0.0000）	（0.0000）	（0.0000）
是否为女性	-0.1130^{***}	-0.1197^{***}	-0.1299^{***}	-0.1344^{***}	-0.0360^{***}	-0.0461^{***}
	（0.0066）	（0.0067）	（0.0073）	（0.0074）	（0.0107）	（0.0111）
人力资本（自我报告项）	0.8382^{***}	0.8156^{***}	0.8384^{***}	0.8217^{***}	0.5358^{***}	0.5131^{***}
	（0.0079）	（0.0080）	（0.0092）	（0.0092）	（0.0128）	（0.0132）

续表

	企业家精神		机会型企业家精神		生存型企业家精神	
	（1）	（2）	（3）	（4）	（5）	（6）
受教育程度	-0.0440 ***	0.0149 *	0.0423 ***	0.0650 ***	-0.2168 ***	-0.0946 ***
	（0.0078）	（0.0080）	（0.0088）	（0.0091）	（0.0115）	（0.0124）
社会资本	0.3679 ***	0.3605 ***	0.3677 ***	0.3643 ***	0.1968 ***	0.1710 ***
	（0.0068）	（0.0069）	（0.0075）	（0.0075）	（0.0112）	（0.0116）
风险规避程度	-0.2480 ***	-0.2352 ***	-0.2691 ***	-0.2607 ***	-0.0826 ***	-0.0517 ***
	（0.0072）	（0.0073）	（0.0081）	（0.0082）	（0.0113）	（0.0117）
中等家庭收入	-0.0217 ***	0.0062	0.0552 ***	0.0749 ***	-0.1715 ***	-0.1398 ***
	（0.0083）	（0.0084）	（0.0093）	（0.0094）	（0.0126）	（0.0130）
高等家庭收入	0.0225 ***	0.0573 ***	0.1379 ***	0.1612 ***	-0.2924 ***	-0.2548 ***
	（0.0085）	（0.0087）	（0.0094）	（0.0095）	（0.0142）	（0.0148）
人均 GDP		-0.2680 ***		-0.4858 ***		0.7848 ***
		（0.0572）		（0.0630）		（0.0846）
人均 GDP 平方项		0.0017		0.0175 ***		-0.0617 ***
		（0.0030）		（0.0033）		（0.0045）
区域人力资本水平		0.0347 **		0.0634 ***		0.0235
		（0.0161）		（0.0178）		（0.0235）
经济自由度		0.8379 ***		0.8200 ***		0.4603 ***
		（0.0377）		（0.0419）		（0.0559）
年份固定效应	有	有	有	有	有	有
常数项	-2.2764 ***	-3.9301 ***	-2.7588 ***	-3.5574 ***	-2.0468 ***	-6.9347 ***
	（0.0432）	（0.2828）	（0.0485）	（0.3117）	（0.0671）	（0.4225）
观测值	333316	333316	333316	333316	333316	333316

注：（ ）括号内为稳健的标准误；*，**，*** 分别代表10%，5% 和1% 的显著性水平；统计结果保留四位有效小数。

二　发达国家和发展中国家 FDI 的影响

发展中国家外资企业大都不具有绝对的所有权优势，其技术水平也没有绝对优于当地企业。但是事实上，发展中国家企业的对外直接投资额和对外直接投资数量在最近几年飞速增加。根据《2011 年世界投资报告》，2010 年，前20 名的对外投资地区中有接近 1/3 是发展中和转型期经济体；2010 年发达国家以外的经济体对外直接投资接近 4000 亿美元，在世界 FDI 总额中占比接近 30%；2010 年世界 FDI 总额比上一年增长超过了 10%，其中发达国家以外的经济体 FDI 增长率超过 20%，发达国家 FDI 增长率刚达到 10%；2010 年发达国家以外经济体总共进行了 7 个达到 30 亿美元的大型 FDI 项目，占所有投资项目的比例超过 10%，而在上一年参与项目数量仅为 2 个，占总数比率不足 5%。可见发达国家以外的经济体对外直接投资呈现迅速上升的发展态势。还有一些发展中国家跨国公司选择对制度、质量和经济发展水平较高的国家和具有比较劣势的产业进行投资，这与传统的国际投资不同，也给传统的、以发达国家为研究对象的国际直接投资理论带来了诸多挑战。

吉尔马等（Girma et al.，2008）[1] 认为 FDI 的异质性会影响到其挤出效应。因此，本章利用 OCED 统计数据库对发展中国家 FDI 与发达国家 FDI 对东道国企业家精神的影响进行对比研究。OCED 统计数据库提供了 OECD 各国[2]分国别流入 FDI 的数据。基于该数据，本章将 FDI 来源国分为 OECD 国家和非 OECD 国家。由于 2008 年以前的 OECD 国家多为发达国家，非 OECD 国家大多为发展中国家，因此，本章认为来源于 OECD 国家的 FDI 为发达国家对 OECD 国家的投资，来源于非 OECD 国家的 FDI 为发展中国家对 OECD 国家的投资。

表 5—4 和表 5—5 分别报告了发达国家 FDI 和发展中国家 FDI 影响东道国企业家精神的计量结果。通过对比可以发现，表 5—4 的计量结果和表 5—3 的计量结果基本一致，即发达国家 FDI 对东道国总体和机会型企业家精神具有显著的负向作用，而对生存型企业家精神的影响是显著为正的。而表 5—5 的计量结果略有不同，主要体现在式（18）中 FDI 变量系数不显著。这说明在控制了个体特征变量和区域变量之后，发展中国家 FDI 对生存型企业家精神影响不显著。

---

① Girma S., Holger G. and Mauro P., "Exporting, Linkages and Productivity Spillovers from Foreign Direct Investment", *Canadian Journal of Economies*, 2008, 41（1）.

② 在删除了各变量缺失值，并删除 2008 年之后加入 OECD 的国家样本之后，本章得到了比利时、加拿大、捷克、德国、丹麦、西班牙、芬兰、法国、希腊、匈牙利、爱尔兰、冰岛、意大利、日本、荷兰、挪威、新西兰、波兰、葡萄牙、瑞典、土耳其、美国、奥地利、澳大利亚、韩国和英国等 26 个国家的数据。

根据发展中国家 FDI 的小规模技术论，发展中国家跨国公司虽不一定具备先进技术，但能够提供低价的产品和服务。因此，发展中国家 FDI 会产生产品市场竞争效应，进而降低当地的企业家精神。然而，发展中国家跨国公司的竞争优势与发达国家有很大区别。前者主要集中于生产制造环节相关领域，是一种比较薄弱相对优势，后者主要集中于积累的无形资产，包括先进生产技术、具有商誉的品牌和丰富的人力资源储备等，是一种全面的所有权优势。由于没有全面的所有权优势，发展中国家跨国公司对发达国家的投资不会产生劳动市场工资效应和行业壁垒效应。因此，相比起发达国家 FDI，发展中国家 FDI 对 OECD 国家企业家精神的抑制效应会更小。因此式（18）中的 FDI 变量系数不显著。

表 5—4　　　　　　　　发达国家 FDI 对企业家精神的影响

	企业家精神		机会型企业家精神		生存型企业家精神	
	（7）	（8）	（9）	（10）	（11）	（12）
FDI 流量	- 0.0077 **	- 0.0258 ***	- 0.0056 *	- 0.0305 ***	- 0.0142 ***	0.0228 ***
	（0.0031）	（0.0037）	（0.0034）	（0.0039）	（0.0054）	（0.0079）
年龄	0.0425 ***	0.0448 ***	0.0420 ***	0.0427 ***	0.0309 ***	0.0369 ***
	（0.0025）	（0.0025）	（0.0028）	（0.0028）	（0.0045）	（0.0046）
年龄平方	- 0.0006 ***	- 0.0006 ***	- 0.0006 ***	- 0.0006 ***	- 0.0004 ***	- 0.0005 ***
	（0.0000）	（0.0000）	（0.0000）	（0.0000）	（0.0001）	（0.0001）
是否为女性	- 0.1133 ***	- 0.1231 ***	- 0.1234 ***	- 0.1317 ***	- 0.0557 ***	- 0.0688 ***
	（0.0086）	（0.0087）	（0.0093）	（0.0094）	（0.0156）	（0.0157）
人力资本（自我报告项）	0.8711 ***	0.8629 ***	0.8718 ***	0.8668 ***	0.5655 ***	0.5473 ***
	（0.0106）	（0.0107）	（0.0120）	（0.0121）	（0.0194）	（0.0196）
受教育程度	0.0457 ***	0.0160	0.0581 ***	0.0236 **	- 0.0220	- 0.0084
	（0.0105）	（0.0106）	（0.0114）	（0.0116）	（0.0182）	（0.0189）
社会资本	0.3567 ***	0.3566 ***	0.3479 ***	0.3476 ***	0.2018 ***	0.2025 ***
	（0.0088）	（0.0088）	（0.0095）	（0.0095）	（0.0162）	（0.0164）
风险规避程度	- 0.2670 ***	- 0.2499 ***	- 0.2808 ***	- 0.2657 ***	- 0.0913 ***	- 0.0787 ***
	（0.0094）	（0.0094）	（0.0103）	（0.0103）	（0.0164）	（0.0167）
中等家庭收入	0.0075	0.0243 **	0.0470 ***	0.0684 ***	- 0.1093 ***	- 0.1120 ***
	（0.0108）	（0.0110）	（0.0118）	（0.0120）	（0.0186）	（0.0188）

续表

	企业家精神		机会型企业家精神		生存型企业家精神	
	(7)	(8)	(9)	(10)	(11)	(12)
高等家庭收入	0.0240 **	0.0475 ***	0.1031 ***	0.1275 ***	− 0.2740 ***	− 0.2672 ***
	(0.0112)	(0.0114)	(0.0121)	(0.0123)	(0.0214)	(0.0215)
人均 GDP		− 1.8086 ***		− 1.0140 ***		− 1.0676 *
		(0.2990)		(0.3331)		(0.5551)
人均 GDP 平方项		0.0821 ***		0.0458 ***		0.0331
		(0.0150)		(0.0167)		(0.0281)
区域人力资本水平		0.1467 ***		0.1484 ***		0.2787 ***
		(0.0277)		(0.0305)		(0.0479)
经济自由度		1.5381 ***		1.5723 ***		0.6204 ***
		(0.0621)		(0.0667)		(0.1113)
年份固定效应	有	有	有	有	有	有
常数项	− 2.7573 ***	0.1445	− 2.9651 ***	− 4.4260 ***	− 2.9856 ***	0.0642
	(0.0619)	(1.5224)	(0.0675)	(1.6948)	(0.1105)	(2.8159)
观测值	217798	217798	217798	217798	217798	217798

注：（ ）括号内为稳健的标准误；＊，＊＊，＊＊＊分别代表10%，5%和1%的显著性水平；统计结果保留四位有效小数。

表5—5　　　　　　　发展中国家 FDI 对企业家精神的影响

	企业家精神		机会型企业家精神		生存型企业家精神	
	(13)	(14)	(15)	(16)	(17)	(18)
FDI 流量	− 0.0078 **	− 0.0495 ***	− 0.0039	− 0.0520 ***	− 0.0201 ***	0.0021
	(0.0032)	(0.0039)	(0.0034)	(0.0041)	(0.0053)	(0.0078)
年龄	0.0426 ***	0.0450 ***	0.0419 ***	0.0429 ***	0.0311 ***	0.0369 ***
	(0.0025)	(0.0025)	(0.0028)	(0.0028)	(0.0046)	(0.0046)
年龄平方	− 0.0006 ***	− 0.0006 ***	− 0.0006 ***	− 0.0006 ***	− 0.0004 ***	− 0.0005 ***
	(0.0000)	(0.0000)	(0.0000)	(0.0000)	(0.0001)	(0.0001)
是否为女性	− 0.1134 ***	− 0.1243 ***	− 0.1236 ***	− 0.1331 ***	− 0.0556 ***	− 0.0686 ***
	(0.0086)	(0.0087)	(0.0093)	(0.0094)	(0.0156)	(0.0157)
人力资本（自我报告项）	0.8712 ***	0.8654 ***	0.8717 ***	0.8692 ***	0.5662 ***	0.5477 ***
	(0.0106)	(0.0107)	(0.0120)	(0.0121)	(0.0194)	(0.0196)

续表

	企业家精神		机会型企业家精神		生存型企业家精神	
	(13)	(14)	(15)	(16)	(17)	(18)
受教育程度	0.0463 ***	0.0195 *	0.0578 ***	0.0268 **	- 0.0185	- 0.0064
	(0.0105)	(0.0106)	(0.0115)	(0.0116)	(0.0183)	(0.0188)
社会资本	0.3571 ***	0.3543 ***	0.3486 ***	0.3456 ***	0.2009 ***	0.1988 ***
	(0.0088)	(0.0088)	(0.0095)	(0.0095)	(0.0162)	(0.0164)
风险规避程度	- 0.2673 ***	- 0.2501 ***	- 0.2809 ***	- 0.2658 ***	- 0.0922 ***	- 0.0786 ***
	(0.0094)	(0.0094)	(0.0103)	(0.0103)	(0.0164)	(0.0166)
中等家庭收入	0.0077	0.0230 **	0.0478 ***	0.0671 ***	- 0.1106 ***	- 0.1155 ***
	(0.0108)	(0.0109)	(0.0118)	(0.0120)	(0.0186)	(0.0188)
高等家庭收入	0.0236 **	0.0428 ***	0.1037 ***	0.1229 ***	- 0.2775 ***	- 0.2701 ***
	(0.0112)	(0.0114)	(0.0121)	(0.0123)	(0.0213)	(0.0215)
人均 GDP		- 1.7380 ***		- 1.0756 ***		- 0.9144 *
		(0.2922)		(0.3214)		(0.5496)
人均 GDP 平方项		0.0795 ***		0.0497 ***		0.0268
		(0.0147)		(0.0161)		(0.0277)
区域人力资本水平		0.0881 ***		0.0994 ***		0.2251 ***
		(0.0275)		(0.0301)		(0.0477)
经济自由度		1.7716 ***		1.8013 ***		0.7092 ***
		(0.0672)		(0.0721)		(0.1201)
年份固定效应	有	有	有	有	有	有
常数项	- 2.7812 ***	- 0.9780	- 2.9927 ***	- 4.9201 ***	- 3.0013 ***	- 0.7788
	(0.0581)	(1.5038)	(0.0635)	(1.6527)	(0.1058)	(2.8074)
观测值	217798	217798	217798	217798	217798	217798

注：( ) 括号内为稳健的标准误；*，**，*** 分别代表 10%，5% 和 1% 的显著性水平；统计结果保留四位有效小数。

三　FDI 影响企业家精神的可能性解释

以往学者在讨论 FDI 对企业家精神的影响机制时，大多是从企业家预期收益和企业家机会两个角度来进行分析。然而，受限于数据，学者们并没有对影响机制进行实证分析。本章利用 GEM 数据进行计量分析，解决了这个问题，丰富了 FDI 对东道国企业家精神影响的研究。

（一）FDI 对企业家预期收益的影响

如本章第三部分所讲，GEM 提供了初生企业家预期收益的调查数据。本章使用排序 Probit 模型，以初生企业家预期收益作为被解释变量，以个体所在国家的 FDI 流量作为主要解释变量，以个体特征变量和区域特征变量作为控制变量进行计量分析。

表5—6 报告了 FDI 影响新建企业预期收益率的计量结果。式（19）—式（20）是总体样本下的计量结果，结果显示，在控制了个体变量和区域变量之后，FDI 流量对企业家预期收入的影响不显著。式（21）—式（24）报告了以 OECD 国家为东道国的计量结果。其中，式（21）—式（22）报告了 OECD 国家 FDI 对东道国企业家精神的影响，式（23）—式（24）报告了非 OECD 国家 FDI 对东道国企业家精神的影响。结果显示在控制了个体变量和区域变量之后，来自发达国家的 FDI 对企业家预期收入具有显著负向影响，来自发展中国家的 FDI 对企业家预期收入影响不显著。一般来说，发达国家跨国企业具有较高的所有权优势，往往会直接冲击到当地企业的发展，降低企业家的预期收入。而发展中国家跨国公司对发达国家的投资类型通常为市场寻求型 FDI 和可创造资产型 FDI，且大多采取跨国并购的形式。发展中国家跨国公司利用生产制造环节相关领域的优势，寻求国外市场机会，开发发达国家的技术、管理和营销技能等战略资源。而对于发达国家本地公司来说，在面对激烈竞争情况下，往往会专注于具有比较优势的业务，以获取超额利润。它们会寻找外力的支持，将不再具备比较优势的产业剥离转让给发展中国家跨国公司（最明显的例子就是 IBM 和联想的合作）。因此，与发达国家 FDI 相比，发展中国家 FDI 能够在发达国家东道国市场产生更加明显的技术互补效应。

目前发达国家以外的跨国企业投资于发达国家比例仍然很小。然而，随着投资领域和项目数量的迅速增加，发达国家本土的一些知名品牌陆续被并购，产生的政治、经济和社会反应十分强烈。2010 年，日本著名的企业调查公司 TDB 调研了日本一万多家企业关于行业重组的认知，报告显示，在受访企业中，同意"发展中国家公司并购日本本土企业会损害日本经济"的比例接近 80%。担忧企业的技术外流以及制造业等领域的竞争力下降成为主要选项。由于不甘于被反超甚至被压制，发达国家企业会加快技术创新，增强竞争力。

　　此外，发展中国家跨国公司的相对优势还包括拥有种族专有知识、能够根据东道国的市场和生产条件，改进发达国家的生产管理技术以及擅长在不确定的经济环境、不透明的管制条件和弱的市场制度环境条件下成功经营等。因此，发展中国家 FDI 也会给发达国家带来新的管理理念和产品理念，产生一定的示范效应。由于相互间的互补、竞争以及示范效应，发展中国家 FDI 对发达国家新生企业预期收入的负向效应影响并不显著。

表5—6　　　　　　　　　　　　　FDI 对企业家预期收益的影响

	全部样本		发达国家		发展中国家	
	（19）	（20）	（21）	（22）	（23）	（24）
FDI 流量	0.0312 ***	0.0129	0.0197 **	− 0.0473 ***	0.1062 ***	− 0.0182
	（0.0063）	（0.0082）	（0.0093）	（0.0138）	（0.0102）	（0.0141）
年龄	− 0.0043	− 0.0037	− 0.0020	− 0.0035	− 0.0025	− 0.0025
	（0.0053）	（0.0053）	（0.0069）	（0.0070）	（0.0069）	（0.0070）
年龄平方	0.0000	0.0000	0.0000	0.0000	0.0000	0.0000
	（0.0001）	（0.0001）	（0.0001）	（0.0001）	（0.0001）	（0.0001）
是否为女性	− 0.0905 ***	− 0.1056 ***	− 0.0825 ***	− 0.1035 ***	− 0.0860 ***	− 0.1037 ***
	（0.0188）	（0.0188）	（0.0238）	（0.0239）	（0.0238）	（0.0239）
人力资本（自我报告项）	0.0979 ***	0.1129 ***	0.0829 **	0.1070 ***	0.0758 **	0.1054 ***
	（0.0288）	（0.0291）	（0.0375）	（0.0378）	（0.0377）	（0.0379）
受教育程度	0.1236 ***	0.1036 ***	0.1848 ***	0.1099 ***	0.1489 ***	0.1097 ***
	（0.0206）	（0.0210）	（0.0265）	（0.0270）	（0.0267）	（0.0270）
社会资本	0.0971 ***	0.0863 ***	0.1214 ***	0.1089 ***	0.1249 ***	0.1111 ***
	（0.0195）	（0.0196）	（0.0240）	（0.0240）	（0.0239）	（0.0240）
风险规避程度	− 0.1608 ***	− 0.1535 ***	− 0.1825 ***	− 0.1426 ***	− 0.1712 ***	− 0.1434 ***
	（0.0207）	（0.0208）	（0.0262）	（0.0266）	（0.0263）	（0.0266）
中等家庭收入	− 0.0305	− 0.0131	− 0.0260	0.0329	0.0065	0.0341
	（0.0222）	（0.0222）	（0.0291）	（0.0294）	（0.0291）	（0.0293）
高等家庭收入	0.0711 ***	0.0920 ***	0.0850 ***	0.1443 ***	0.1389 ***	0.1462 ***
	（0.0236）	（0.0237）	（0.0311）	（0.0312）	（0.0311）	（0.0313）

续表

	全部样本		发达国家		发展中国家	
	(19)	(20)	(21)	(22)	(23)	(24)
人均 GDP		−0.6868***		0.2525		−2.0179*
		(0.1943)		(1.3557)		(1.1365)
人均 GDP 平方项		0.0257**		−0.0133		0.0961*
		(0.0102)		(0.0666)		(0.0564)
区域人力资本水平		0.0261		−0.2336**		−0.0764
		(0.0533)		(0.1056)		(0.0915)
经济自由度		1.5857***		3.0321***		2.9469***
		(0.1091)		(0.1737)		(0.1923)
年份固定效应	有	有	有	有	有	有
常数项	有	有	有	有	有	有
观测值	13185	13185	8094	8094	8094	8094

注:( ) 括号内为稳健的标准误; *, **, *** 分别代表10%, 5%和1%的显著性水平;统计结果保留四位有效小数。

(二) FDI 对企业家机会的影响

企业家精神也反映了个体对把握企业家机会的敏感性,市场上是否富含创业机会对个体企业家精神具有重大的影响。根据以往文献,与静态和相对稳定的环境相比,动态和不稳定市场中的创业机会要更多。因此,外资企业的进入也会对企业家机会产生重要影响。如本章第三部分所讲,本章使用 Probit 模型对企业家机会进行计量分析。解释变量仍为个体所在国家的 FDI 流量、个体特征变量和区域控制变量。

表5—7 报告了创业机会与 FDI 的关系估计结果。式 (25) —式 (26) 的计量结果显示:FDI 变量的系数为负值,且均在 1% 显著性水平下显著。表明 FDI 流量会减少企业家机会。外企会在东道国会产生产品市场竞争效应、劳动市场工资效应和行业壁垒效应,减少东道国的企业家机会。式 (27) —式 (28) 和式 (29) —式 (30) 分别报告了发达国家和发展中国家 FDI 对 OECD 国家企业家机会的影响,结果显示 FDI 变量系数均显著为负,说明无论发达国家和发展中国家 FDI 均会减少当地的企业家机会。

通过验证 FDI 对东道国企业家预期收益和企业家机会的影响，我们可以发现，对于企业家预期收益，除了发展中国家 FDI 没有显著影响以外，总体 FDI 和发达国家 FDI 均有显著的负向影响；对于企业家机会，总体 FDI、发达国家 FDI 和发展中国家 FDI 均有显著的负向影响。因此，FDI 才会显著降低东道国的企业家精神。

表5—7　　　　　　　　　　　　**FDI 对企业家机会的影响**

	全部样本		发达国家		发展中国家	
	(25)	(26)	(27)	(28)	(29)	(30)
FDI 流量	− 0.0545 ***	− 0.0940 ***	− 0.0403 ***	− 0.0789 ***	− 0.0143 ***	− 0.0699 ***
	(0.0018)	(0.0021)	(0.0025)	(0.0029)	(0.0025)	(0.0033)
年龄	− 0.0075 ***	− 0.0084 ***	− 0.0068 ***	− 0.0071 ***	− 0.0071 ***	− 0.0071 ***
	(0.0015)	(0.0015)	(0.0019)	(0.0019)	(0.0019)	(0.0019)
年龄平方	0.0001 ***	0.0001 ***	0.0001 ***	0.0001 **	0.0001 ***	0.0001 **
	(0.0000)	(0.0000)	(0.0000)	(0.0000)	(0.0000)	(0.0000)
是否为女性	− 0.0862 ***	− 0.0932 ***	− 0.0965 ***	− 0.1084 ***	− 0.0974 ***	− 0.1091 ***
	(0.0056)	(0.0056)	(0.0070)	(0.0070)	(0.0070)	(0.0070)
人力资本（自我报告项）	0.3564 ***	0.3513 ***	0.3123 ***	0.3055 ***	0.3115 ***	0.3076 ***
	(0.0057)	(0.0058)	(0.0071)	(0.0072)	(0.0071)	(0.0072)
受教育程度	0.0728 ***	0.0537 ***	0.0990 ***	0.0604 ***	0.0892 ***	0.0565 ***
	(0.0065)	(0.0066)	(0.0082)	(0.0083)	(0.0082)	(0.0083)
社会资本	0.4285 ***	0.4316 ***	0.4215 ***	0.4251 ***	0.4298 ***	0.4301 ***
	(0.0058)	(0.0059)	(0.0073)	(0.0073)	(0.0073)	(0.0073)
风险规避程度	− 0.0619 ***	− 0.0533 ***	− 0.0875 ***	− 0.0717 ***	− 0.0864 ***	− 0.0725 ***
	(0.0058)	(0.0058)	(0.0071)	(0.0071)	(0.0071)	(0.0071)
中等家庭收入	0.0276 ***	0.0436 ***	0.0312 ***	0.0557 ***	0.0406 ***	0.0621 ***
	(0.0068)	(0.0068)	(0.0085)	(0.0086)	(0.0085)	(0.0085)
高等家庭收入	0.1044 ***	0.1267 ***	0.1142 ***	0.1434 ***	0.1230 ***	0.1444 ***
	(0.0073)	(0.0074)	(0.0091)	(0.0092)	(0.0091)	(0.0092)
人均 GDP		− 1.0354 ***		− 1.1022 ***		− 1.7256 ***
		(0.0501)		(0.2173)		(0.2172)
人均 GDP 平方项		0.0553 ***		0.0555 ***		0.0875 ***
		(0.0026)		(0.0110)		(0.0109)

续表

	全部样本		发达国家		发展中国家	
	(25)	(26)	(27)	(28)	(29)	(30)
区域人力 资本水平		-0.1321 ***		0.0194		0.0367 *
		(0.0139)		(0.0214)		(0.0220)
经济自由度		1.1370 ***		1.6314 ***		1.6711 ***
		(0.0338)		(0.0504)		(0.0531)
年份固定效应	有	有	有	有	有	有
常数项	-0.1258 ***	0.7630 ***	-0.1768 ***	-1.2806	-0.4577 ***	1.2048
	(0.0341)	(0.2478)	(0.0460)	(1.1158)	(0.0424)	(1.1243)
观测值	234811	234811	153872	153872	153872	153872

注：（ ）括号内为稳健的标准误；*，**，*** 分别代表10%，5%和1%的显著性水平；统计结果保留四位有效小数。

四 FDI 影响企业家精神的拓展研究

（一）FDI 对新产品型企业家精神的影响

表5—8 报告了 FDI 对新产品型企业家精神的影响结果。式（31）的计量结果显示，FDI 对新产品型企业家精神具有显著负向影响，而加入了区域层面控制变量之后，式（32）显示 FDI 对新产品型企业家精神具有显著正向影响。而式（34）和式（36）的计量结果却显示 FDI 变量的系数不显著。这说明总体来看，FDI 能给东道国带来先进的产品生产设计理念，起到丰富产品种类的作用。但是，将 FDI 来源国细化分类之后，这种效果并不明显。

表5—8　　　　　　　　　FDI 对新产品型企业家精神的影响

	全部样本		发达国家		发展中国家	
	(31)	(32)	(33)	(34)	(35)	(36)
FDI 流量	-0.0094 ***	0.0230 ***	0.0115 ***	-0.0020	0.0036	-0.0055
	(0.0025)	(0.0033)	(0.0033)	(0.0046)	(0.0034)	(0.0045)
年龄	0.0219 ***	0.0287 ***	0.0310 ***	0.0358 ***	0.0310 ***	0.0358 ***
	(0.0024)	(0.0024)	(0.0032)	(0.0033)	(0.0032)	(0.0033)

续表

	全部样本		发达国家		发展中国家	
	（31）	（32）	（33）	（34）	（35）	（36）
年龄平方	- 0.0004 ***	- 0.0004 ***	- 0.0005 ***	- 0.0005 ***	- 0.0005 ***	- 0.0005 ***
	（0.0000）	（0.0000）	（0.0000）	（0.0000）	（0.0000）	（0.0000）
是否为女性	- 0.0649 ***	- 0.0730 ***	- 0.0701 ***	- 0.0794 ***	- 0.0694 ***	- 0.0795 ***
	（0.0084）	（0.0085）	（0.0110）	（0.0111）	（0.0110）	（0.0111）
人力资本 （自我报告项）	0.7605 ***	0.7427 ***	0.8066 ***	0.7975 ***	0.8071 ***	0.7982 ***
	（0.0107）	（0.0108）	（0.0146）	（0.0147）	（0.0146）	（0.0147）
受教育程度	0.0202 **	0.0564 ***	0.0383 ***	0.0284 **	0.0426 ***	0.0288 **
	（0.0101）	（0.0104）	（0.0136）	（0.0137）	（0.0135）	（0.0137）
社会资本	0.3579 ***	0.3607 ***	0.3619 ***	0.3621 ***	0.3606 ***	0.3614 ***
	（0.0087）	（0.0088）	（0.0112）	（0.0113）	（0.0113）	（0.0114）
风险规避程度	- 0.2101 ***	- 0.1989 ***	- 0.2293 ***	- 0.2146 ***	- 0.2315 ***	- 0.2140 ***
	（0.0093）	（0.0094）	（0.0121）	（0.0122）	（0.0121）	（0.0122）
中等家庭收入	- 0.0223 **	- 0.0100	0.0368 ***	0.0357 ***	0.0312 **	0.0358 ***
	（0.0104）	（0.0105）	（0.0136）	（0.0137）	（0.0135）	（0.0136）
高等家庭收入	0.0197 *	0.0346 ***	0.0441 ***	0.0370 ***	0.0366 ***	0.0368 ***
	（0.0105）	（0.0107）	（0.0140）	（0.0141）	（0.0137）	（0.0139）
人均 GDP		0.9272 ***		- 1.4942 ***		- 1.4305 ***
		（0.0694）		（0.3400）		（0.3450）
人均 GDP 平方项		- 0.0631 ***		0.0610 ***		0.0580 ***
		（0.0037）		（0.0173）		（0.0175）
区域人力 资本水平		0.0481 **		0.1502 ***		0.1418 ***
		（0.0192）		（0.0316）		（0.0316）
经济自由度		0.8108 ***		1.2470 ***		1.2756 ***
		（0.0444）		（0.0795）		（0.0807）
年份虚拟变量	有	有	有	有	有	有
常数项	- 2.4705 ***	- 9.5428 ***	- 2.7602 ***	- 0.5803	- 2.0361 ***	- 9.7540 ***
	（0.0506）	（0.3521）	（0.0717）	（1.6953）	（0.0886）	（0.3994）
观测值	333316	333316	217798	217798	217798	217798

注：（）括号内为稳健的标准误；＊，＊＊，＊＊＊分别代表 10%，5% 和 1% 的显著性水平；
统计结果保留四位有效小数。

（二）FDI 对新技术型企业家精神的影响

表5—9 报告了 FDI 对新技术型企业家精神的影响。综合计量结果来看，无论是 FDI 总额还是来自不同发展程度国家的 FDI，均对一国新技术型企业家精神产生了显著的负向影响。首先，在劳动力市场上，外资企业往往会给优秀人才提供比国内企业更高的工资，这减少了本土企业所需的优秀人才，也提高了国内的工资成本，使潜在的技术型企业家变为雇员；其次，在完成了某项技术创新以后，企业要保证能够优先使用该项技术创新来获取效益。在这段时间内，高新技术是各国企业获取利润的源泉。当该技术已经相对成熟，在市场上已经被很多企业掌握以后，创新企业才会考虑以技术转让的手段来最大化的获取利润；最后，国际性企业往往具有技术、营销等垄断优势。通过在产品市场上推陈出新，提供大量的高新技术产品，会降低国内市场价格，增加市场竞争度，降低新技术型企业家的预期利润。

表5—9　　　　　　　　　　FDI 对技术型企业家精神的影响

	全部样本		发达国家		发展中国家	
	(37)	(38)	(39)	(40)	(41)	(42)
FDI 流量	− 0. 0564 ***	− 0. 0180 ***	− 0. 0537 ***	− 0. 0575 ***	− 0. 0247 ***	− 0. 0368 ***
	(0. 0033)	(0. 0049)	(0. 0054)	(0. 0061)	(0. 0050)	(0. 0071)
年龄	0. 0145 ***	0. 0160 ***	0. 0128 ***	0. 0142 ***	0. 0136 ***	0. 0150 ***
	(0. 0030)	(0. 0036)	(0. 0047)	(0. 0052)	(0. 0048)	(0. 0053)
年龄平方	− 0. 0003 ***	− 0. 0003 ***	− 0. 0002 ***	− 0. 0003 ***	− 0. 0003 ***	− 0. 0003 ***
	(0. 0000)	(0. 0000)	(0. 0001)	(0. 0001)	(0. 0001)	(0. 0001)
是否为女性	− 0. 0640 ***	− 0. 0722 ***	− 0. 0850 ***	− 0. 0791 ***	− 0. 0772 ***	− 0. 0697 ***
	(0. 0115)	(0. 0136)	(0. 0169)	(0. 0181)	(0. 0173)	(0. 0185)
人力资本（自我报告项）	− 0. 0125	0. 0645 ***	0. 1192 ***	0. 1182 ***	0. 1382 ***	0. 1275 ***
	(0. 0130)	(0. 0165)	(0. 0215)	(0. 0242)	(0. 0225)	(0. 0249)
受教育程度	0. 5180 ***	0. 5169 ***	0. 5538 ***	0. 5681 ***	0. 5358 ***	0. 5498 ***
	(0. 0143)	(0. 0172)	(0. 0216)	(0. 0237)	(0. 0221)	(0. 0244)
社会资本	0. 2608 ***	0. 2783 ***	0. 2877 ***	0. 2913 ***	0. 2860 ***	0. 2830 ***
	(0. 0120)	(0. 0143)	(0. 0174)	(0. 0188)	(0. 0179)	(0. 0193)

续表

	全部样本		发达国家		发展中国家	
	(37)	(38)	(39)	(40)	(41)	(42)
风险规避程度	−0.1450 ***	−0.1508 ***	−0.2000 ***	−0.1907 ***	−0.1960 ***	−0.1855 ***
	(0.0127)	(0.0152)	(0.0189)	(0.0205)	(0.0195)	(0.0211)
中等家庭收入	−0.0433 ***	−0.0404 **	−0.0871 ***	−0.0739 ***	−0.0863 ***	−0.0710 ***
	(0.0143)	(0.0170)	(0.0208)	(0.0224)	(0.0213)	(0.0229)
高等家庭收入	0.0112	0.0419 **	−0.0250	−0.0174	−0.0218	−0.0155
	(0.0143)	(0.0168)	(0.0205)	(0.0221)	(0.0209)	(0.0226)
人均 GDP		0.3933 ***		−1.1034 **		−1.5187 ***
		(0.0983)		(0.4733)		(0.5220)
人均 GDP 平方项		−0.0319 ***		0.0505 **		0.0687 ***
		(0.0052)		(0.0238)		(0.0265)
区域人力资本水平		0.4907 ***		0.8192 ***		1.0404 ***
		(0.0677)		(0.1198)		(0.1388)
经济自由度		−0.0274		0.0574		0.1894 ***
		(0.0266)		(0.0514)		(0.0553)
年份固定效应	有	有	有	有	有	有
常数项	−2.1455 ***	−5.4058 ***	−2.3884 ***	−0.1577	−2.7414 ***	0.4091
	(0.0640)	(0.5129)	(0.1060)	(2.3887)	(0.1016)	(2.7048)
观测值	333316	333316	217798	217798	217798	217798

注：（ ）括号内为稳健的标准误；*，**，*** 分别代表 10%，5% 和 1% 的显著性水平；统计结果保留四位有效小数。

第五节　本章小结

本章构建了 FDI 影响企业家精神的数理模型并利用 GEM 数据对其进行实证检验。研究发现：FDI 流量对总体和机会型企业家精神具有显著负向影响，但对生存型企业家精神具有显著正向影响；发达国家 FDI 对东道国总体和机会型企业家精神具有显著的负向作用，而对生存型企业家精神具有显著的正向作用；发展中国家 FDI 对总体和机会型企业家精神具有显著负向影响，但对生存型企业家精神影响不显著。

影响机制的验证结果表明，在控制了个体变量和区域变量之后，FDI

流量对企业家预期收入的影响不显著；来自发达国家的 FDI 对企业家预期收入具有显著负向影响，来自发展中国家的 FDI 对企业家预期收入影响不显著；来自所有国家、发达国家和发展中国家的 FDI 流量均会减少企业家机会。

扩展研究的计量结果表明，FDI 对新产品型企业家精神的具有显著正向影响，但将 FDI 来源国细化分类之后，这种效果并不明显；来自所有国家、发达国家和发展中国家的 FDI 流量均对一国新技术性企业家精神产生了显著的负向影响。

鉴于此，本章提出以下政策建议。第一，针对 FDI 会抑制企业家精神的特点，我国在吸引 FDI 的同时要注意保护国内企业，平等对待国内企业和外资企业，尽量减小 FDI 进入后对国内企业的短期冲击。第二，针对 FDI 会在短期内构建企业进入壁垒，减少企业家机会的特点，应当鼓励以合资和合作经营方式引进 FDI，要在政策上支持那些能够转让先进生产技术的合资企业。要积极引导 FDI 和国内非国有经济更多地流向一些薄弱的行业部门，特别是那些经营效率差，相对生产率低的行业，提高其发展程度，提升其营业效率。

第六章

国际贸易渠道企业家精神溢出

第一节　引言

对于经济学的研究来说，一个非常有必要关注的问题就是企业家精神，因为企业家精神可以给社会带来财富。根据联合国经合发展组织的数据，在主要的工业化国家中，新企业进入和旧企业退出产生的投入再分配效应带来了20%—40%的劳动生产率的增长。[①] 而且无论是从历史还是现实来看，国际贸易无疑是一国企业家阶层形成的重要推动力量。国际贸易对企业家精神的影响不仅仅局限于能够给贸易国带来技术溢出、为国内市场提供创业机会。更重要的是，国际贸易作为外部力量往往能够改变当前落后的社会意识，提升创新意识，促使人们建立有利于创新的外部制度环境。

国际贸易能够解决国内知识创造能力有限的问题，使参与贸易的国家能够获取国际知识溢出。嵌入了先进技术的国际贸易商品成为模仿前沿技术的对象，促进了物化型技术知识的传播。落后国家和地区通过模仿，掌握先进国家的创新知识，提高自身的技术水平和竞争力，提升了当地的企业家精神。罗森伯格（Rosenberg, 1982）[②] 认为，从历史上看，欧洲通过国际贸易所吸收的新技术，与其自身的发明一样重要，对欧洲

---

① 当然企业家精神给社会带来的并不仅是财富，例如，企业家精神可以带来外部效应。如果劳动力市场是不完全的，新工作场所的产生能够给雇员提供正的外部效应。而如果企业家不能全部占用新产品的价值，就会给消费者带来正的外部效应。企业家精神也是劳动力市场具有弹性的重要原因之一。因为企业家可以根据喜好调整其工作时间，并根据市场环境调整他们的供给。

② Rosenberg, Nathan, *Inside the Black Box：Technology and Economics*, Cambridge：Cambridge University Press, 1982.

的工业化起到了重要的推动作用。鲍莫尔（*Baumol*，1993）[①] 发现国家间的技术转移对各国本身的工业化经济与整个世界经济的增长做出了重要贡献，来自别国的技术转移能比本土的发明创新更大地提高生产率。随着科技的进步和信息传播速度的加快，国际贸易对企业家精神影响的速度也越来越快。例如，风车第一次有记载的使用发生在 1185 年，十年内便在欧洲得到广泛使用；而根据曼斯菲尔德（Mansfield et al.，1981）[②] 对美国 100 个企业的研究，新产品与工艺的详细特征和操作信息大约会在 1 年内被泄露出去。科伊和赫尔普曼（Coe and Helpman，1995）[③] 认为，经济落后国家可以在国际贸易的过程中吸收经济发达国家的先进科学技术成果。曼德森（Madsen，2007）[④] 通过对 OECD 国家进行研究发现进口贸易与 TFP 之间存在显著的联系。盖尔马和波特里（Guellec and Potterie，2001、2004）[⑤] 和卢梅格 - 奈索等（Lumenga-Neso et al.，2005）[⑥] 的研究结论也支持以上论述。国内也有大量的学者从技术溢出的角度进行研究，例如何洁（2000）[⑦]、潘文卿（2003）[⑧]、王志鹏与李子奈（2003）[⑨]、李

① Baumol W. J.，"Formal Entrepreneurship Theory in Economics: Existence and Bounds"，*Journal of Business Venturing*，1993，8（3）.

② Mansfield E.，Schwartz M.，Wagner S.，"Imitation Costs and Patents: An Empirical Study"，*The Economic Journal*，1981，91（364）.

③ Coe D. and E. Helpman，"International R&D Spillovers"，*European Economic Review*，1995，39（5）.

④ Madsen J. B.，"Technology Spillover Through Trade and TFP Convergence: 135 Years of Evidence for the OECD Countries"，*Journal of International Economics*，2007，72（2）.

⑤ Guellec D.，de la Potterie B. P.，"The Internationalisation of Technology Analysed with Patent Data"，*Research Policy*，2001，30（8）；Guellec D.，Van Pottelsberghe de la Potterie B.，"From R&D to Productivity Growth: Do the Institutional Settings and the Source of Funds of R&D Matter?"，*Oxford Bulletin of Economics and Statistics*，2004，66（3）.

⑥ Lumenga-Neso O.，Olarreaga M.，Schiff M.，"On 'Indirect'Trade-Related R&D Spillovers"，*European Economic Review*，2005，7（49）.

⑦ 何洁：《外国直接投资对中国工业部门外溢效应的进一步精确量化》，《世界经济》2000 年第 12 期。

⑧ 潘文卿：《外商投资对中国工业部门的外溢效应：基于面板数据的分析》，《世界经济》2003 年第 6 期。

⑨ 王志鹏、李子奈：《外资对中国工业企业生产效率的影响研究》，《管理世界》2003 年第 4 期。

小平与朱钟棣（2005）[①]、谢建国（2006）[②]、谢建国和周露昭[③]以及许和连等（2007）[④]。多数研究认为国外研发通过贸易的溢出效应对中国技术进步产生了显著的促进作用。

除了技术溢出，也有学者从其他角度对企业家精神的国际溢出进行研究。格罗斯曼（Grossman，1984）[⑤]结合了两部门小型开放经济体模型和个体职业选择模型研究国际贸易与企业家精神的关系。他认为国际贸易会降低发展中国家的产品价格，减少企业家收益，进而使得更多的个体选择成为员工而非企业家。迪茨和奥达吉利（2012）[⑥]也认为国际贸易降低了产品价格，提高了工人的相对工资，海外需求还吸引了更多的国内企业成为出口商，导致国内劳动力需求的增加，进一步提高了实际工资，减少了个体成为企业家的比率。部分学者从知识溢出角度分析了企业家精神的产生，他们认为能够充分利用已有企业闲置知识的个体才能成为企业家。[⑦]已有企业决策制定者往往会因为知识预期价值较低而最终放弃了开发新知识，但企业内部或外部的个体具有较高的价值预期，从而尝试应用新知识，创建新企业。在这一过程中，创业既是技术溢出的结果，也是技术溢出的外在表现。可见，一国创业率的提高

①　李小平、朱钟棣：《中国工业行业的全要素生产率测算——基于分行业面板数据的研究》，《管理世界》2005 年第 4 期。

②　谢建国：《外商直接投资对中国的技术溢出——一个基于中国省区面板数据的研究》，《经济学（季刊）》2006 年第 3 期。

③　谢建国、周露昭：《进口贸易、吸收能力与国际 R&D 技术溢出：中国省区面板数据的研究》，《世界经济》2009 年第 9 期。

④　许和连、王艳、邹武鹰：《人力资本与国际技术扩散：基于进口贸易的实证研究》，《湖南大学学报》（社会科学版）2007 年第 2 期。

⑤　Grossman G. M. , "International Trade, Foreign Investment, and the Formation of the Entrepreneurial Class", *American Economic Review*, 1984, 74（4）.

⑥　Díez, Federico, Ali Ozdagli, "Entrepreneurship and Occupational Choice in the Global Economy", *Society for Economic Dynamics Meeting Papers*, 2012, No. 1004.

⑦　Audretsch D. B. , "The Knowledge Spillover Theory of Entrepreneurship and Economic Growth", *Research on Technological Innovation*, *Management and Policy*, 2005（9）; Audretsch D. B. , Keilbach M. , "The Theory of Knowledge Spillover Entrepreneurship", *Journal of Management Studies*, 2007, 44（7）; Acs Z. J. , Braunerhjelm P. , Audretsch D. B. , "The Knowledge Spillover Theory of Entrepreneurship", *Small Business Economics*, 2009, 32（1）; Thurik R. , Audretsch D. B. , Grilo I. , "Globalization, Entrepreneurship and the Region", *EIM Business and Policy Research Working Paper*, 2012.

不仅需要充裕的知识储备，也依赖于这些知识中所蕴含的企业家机会的数量。然而，相比于国内研发，外来知识溢出能力有限，可以被继续开发的潜力较低①，因而对创业的带动能力有限。而且贸易伙伴在接触本地市场时，如果遇到较好的企业家机会，也会参与开发，这将会消耗本地企业家机会，阻碍本地企业家阶层的形成。因此，国际贸易虽然会带来最新知识，本地创业行为却未必会得到提升，甚至会受到抑制。斯瑞克等（Thurik et al.，2012）②在个体层面分析了知识溢出对企业家精神的影响，认为由于知识过滤机制的存在，研发投入并不一定会促进新企业的成立。③

然而，国际贸易所带来的企业家精神的溢出却并不限于此。特别是对发展中国家来说，在长期的封闭条件下，维持传统和稳定的社会意识结构往往会占主导地位。创新意识的缺乏导致发展中国家的技术创新在低水平上徘徊。发展中国家内部力量很难终止这种恶性循环，往往需要体系以外的推动力量，才能走上良性发展的道路。④ 国际贸易即是这种重要的推动力之一。对外开放能够改变以往的创新意识，随着技术的引进还能带来生产方式和消费习惯的变化，最终导致整个行业经营模式的创新。⑤ 最重要的是，在此过程当中，企业和个人都经历了一次思维方式的转变，从认识、接受到模仿，甚至在此基础上结合本地情况进行二次创新，这种普遍性的思维方式的转变意味着一个国家创新意识的兴起，这对发展中国家创新机制的形成和创新能力的提高都具有根本性的意义。

对于国际贸易对企业家精神的影响这一问题，从以往文献来看，无论是相关理论研究还是经验研究，往往都是考虑国际贸易的直接影响，也就是本国贸易开放程度对企业家精神的影响。然而根据以往文献的论

---

① Zoltan J. Acs, Colm O. Gorman, Laszlo Szerb and Siri Terjesen, "Could the Irish MiracleBe Repeated in Hungary?", *Small Business Economics*, 2007, 28 (2).

② Thurik R., Audretsch D. B., Grilo I., "Globalization, Entrepreneurship and the Region", *EIM Business and Policy Research Working Paper*, 2012.

③ 知识过滤是指研发产生的新知识只有一部分能被开发，形成企业家机会。

④ 李平：《论国际贸易与技术创新的关系》，《世界经济研究》2002年第5期。

⑤ Audretsch D, Sanders M., "Globalization and the Rise of the Entrepreneurial Economy", *Discussion Paper Series/Tjalling C. Koopmans Research Institute*, 2008, 8 (21).

述，我们可以看到，影响本国企业家精神的主要是国际贸易所带来的技术、知识、行为、创意、管理方式等，而国际贸易本身更多的是发挥了桥梁作用。如果我们从一个更为宽泛和综合的角度来说，如果没有考虑到其他国家的企业家精神对本国企业家精神的影响，也就无法考虑到国际贸易作为桥梁而带来的企业家行为、知识、创意、管理方式的交流而发生的改变。因此，本书拟从这个角度对该领域的研究进行推进，采用一个新的视角研究企业家精神的溢出问题。

本章余下部分的结构如下：第二部分是理论模型的构建，第三部分是计量模型设定、变量描述与数据说明，第四部分是企业家精神溢出的计量结果分析，第五部分是溢出机制的探讨，第六部分是企业家精神溢出对企业家效用的影响，最后是本章小结。

第二节　数理模型

本书参考迪茨和奥达吉利（Díez and Ozdagli，2012）[1]，建立一个职业选择模型，在模型中，个体可以选择成为雇主或成为雇员，而成为雇主需要投入资金、雇佣工人以及企业家精神。考虑一个经济体，该经济体中存在一群风险中性的个体。个体初始拥有的企业家精神为 a，其来自一个连续的累积分布函数 F，其密度函数为 f。此外，每一个个体被赋予了一单位的劳动力，他们可以提供劳动力，或者成立一个企业。

（一）个体职业选择

第一种情况，个体选择成立企业。假设每一个企业生产的产品是同质的，并且企业规模相同。企业产量为 q，资本投入为 k，劳动投入为 $U_1 = \pi$。企业的利润函数为：

$$\pi = pq - wl - rk - mz \qquad (6.1)$$

式中，p 代表产品的价格；w 代表工人的工资；r 是市场利率。z 是企业家精神，是个体要成立企业所必备的经验、信心、常识和关系等要素。因此一个个体选择成立企业所获得的效用为：

① Díez, Federico, and Ali Ozdagli, "Entrepreneurship and Occupational Choice in the Global Economy", *Society for Economic Dynamics Meeting Papers*, 2012, No. 1004.

$$U_1 = \pi \tag{6.2}$$

第二种情况，个体选择成为雇员，如果他被雇佣，获得效用为：

$$U_1 = w \tag{6.3}$$

假设企业家在劳动者中所占的比例为 x_1，雇员在劳动者中所占的比例为 x_2。如果当个体没有被雇佣的时候，他处于失业状态，此时他的效用为 0。

（二）市场

假设经济社会中存在劳动力市场，产品市场以及企业家精神市场。劳动力市场中存在最低工资 w，这意味着劳动力市场可能会存在超额供给，此时雇员的数量等于劳动力市场的需求量，所以有：

$$x_2 = lx_1 \tag{6.4}$$

产品市场可用反需求函数来刻画：

$$p = P\ (Q) \tag{6.5}$$

其中，$Q = lx_1q$ 表示经济体中的总产出。假定产品需求是外生的，企业家比例的上升会增加产品市场的竞争。对于企业来说，价格 p 是既定的，同时假定企业的供给是缺乏弹性的。

假定企业家精神的市场也是一个竞争性的市场，单位价格为 m，当个体拥有的企业家精神小于 z 时，个体可以通过外部企业家精神市场获得企业家精神溢出 $z-a$ 来建立一个公司。然而，个体并不能无限制地获得企业家精神溢出，假设个体能够获得的最大企业家精神溢出的上限不能超过 c，这意味着只有初始拥有一定企业家精神的人才能建立公司，而最低的企业家精神可以界定为：

$$a^* \equiv z-c \tag{6.6}$$

根据式 6.6，最低企业家精神与 c 呈反向变化。获得外部企业家精神的限制 c 也在一定程度上衡量了获得企业家精神溢出的难易程度，因此本书将其作为企业家精神溢出程度的一个衡量指标。

（三）均衡

在均衡状态下，每个个体都会根据自身的情况来进行职业选择以便实现效用最大化。企业家精神少于 a^* 的个体只能选择当工人。而只有当下面的条件得到满足时，

$$pq - wl - rk - mz \geqslant \frac{lx_1}{1 - x_1} w \qquad (6.7)$$

企业家精神大于 a^* 的个体才会选择成为企业家。当三个市场达到均衡时，企业家的比例 x_1 可以表示为最低企业家精神 a^* 的函数，即：

$$x_1 = 1 - F(a^*) \qquad (6.8)$$

这一方程同样也可以描述劳动供给的比例 $1 - x_1$ 和工人的比例 x_2 [式 (6.4) 可知，$x_2 = lx_1$]。

（四）企业家精神溢出程度对职业选择和职业效用差异的影响

由式（6.8）可以看出，通过放松获得企业家精神溢出的上限，企业家精神的溢出让更多的个体能够建立公司。即，

$$\frac{\partial x_1}{\partial c} = [1 - F(a^*)] f(a^*) > 0 \qquad (6.9)$$

企业家的比例伴随企业家精神溢出程度的增加而上升，这种上升态势会一直持续到每个人都被雇佣或者成为企业家为止。当 $lx_1 + x_1 < 1$ 时，x_1 会随着 c 的增加而不断上升。假设存在企业家精神溢出水平 c^*，在这一水平时，$x_1 = 1/(1 + l)$。当超过 c^* 时，企业家的比例 x_1 将不会上升，因为此时劳动力市场出清，每一个个体或者成为工人或者成为企业家。由此，可以得到定理1：

定理1：存在企业家精神溢出水平 c^*，当 $c < c^*$ 时，随着 c 的增加，企业家比例 x_1 将会上升；当 $c \geqslant c^*$ 时，$x_1 = 1/(1 + l)$。

进一步假设，c 由两部分构成，一部分来自国内的溢出 D，一部分来自国外的溢出 A。如前所述，对发展中国家来说，在长期的封闭条件下，往往表现出一种维持传统和稳定的社会意识结构。因此可以假定在一定时期内，来自国内的溢出 D 是一定的，即 D 为常数，可得推论1：

$$\frac{\partial x_1}{\partial A} = [1 - F(a^*)] f(a^*) > 0 \qquad (6.10)$$

推论1：存在国外企业家精神溢出水平 A^*，当 $A < A^*$ 时，随着 A 的增加，企业家比例 x_1 将会上升；当 $A \geqslant A^*$ 时，$x_1 = 1/(1 + l)$。

由式（6.7）可知，对于所有想成为企业家的个体来说，一定满足：

$$U \geqslant \frac{lx_1}{1 - x_1} U_2 \qquad (6.11)$$

由推论 1 可知，当 A 较低的时候，企业家的比例也很低，此时 $lx_1 < 1 - x_1$。根据式（6.12），这时对于一些企业家来说，$U_1 < U_2$。当 $A \geqslant A^*$ 时，$lx_1 = 1 - x_1$，此时对于所有的企业家来说，$U_1 \geqslant U_2$。因此，可以得到定理 2：

在国际贸易带来的企业家精神溢出程度较高的地区，企业家会享有比雇员更高的效用。

值得注意的是，本章中的数理模型也适用于下一章将要阐述的 FDI 渠道企业家精神溢出。

第三节　估计模型、变量描述与数据说明

一　计量模型的构建

根据奥德斯（Audretsch，1995）[1] 的企业家精神知识溢出理论和科伊和赫尔普曼（Coe and Helpman，1995）[2] 计算知识溢出的方法，本书构建计量模型如下：

$$ent_{it} = c + \alpha yichu_{It} + \beta region_{It} + \lambda x_{it} + yeardum + u_i \qquad (6.12)$$

其中，ent_{it} 代表个体 i 在时期 t 的早期企业家精神、机会型和生存型企业家精神以及新产品型和新技术型企业家精神；$yichu_{It}$ 代表个体 i 所在国家（地区）I 在时期 t 的国际贸易渠道企业家精神溢出；$region_{It}$ 为区域层面控制变量，包括个体 i 所在国家（地区）I 在时期 t 的人均 GDP 水平、制度约束程度和人力资本水平；x_{it} 代表个体特征控制变量，包括个体 i 在 t 时期的性别、年龄、年龄的平方、人力资本、社会资本、风险规避程度和家庭财富等变量；$yeardum$ 变量为年份虚拟变量。加入地区和个体特征控制变量的原因为：首先，如果管理条例、行政壁垒和政府市场介入较多，即使知识能带来潜在收益，经济个体依然不会选择成为企业家；其次，一国人力资本水平也对个体挖掘和开发企业家机会的能力产生影

---

① Audretsch D. B. , *Innovation and Industry Evolution*, Cambridge：MIT Press，1995.

② Coe D. and E. Helpman, "International R&D Spillovers", *European Economic Review*，1995，39 (5) .

响①；最后，性别、年龄、人力资本、社会资本、风险规避程度和家庭财富等个体特征对企业家精神也有很大影响。

二　国际贸易渠道企业家精神溢出指标的构建

本书借鉴科伊和赫尔普曼（Coe and Helpman，1995）② 使用的方法构建了国际贸易渠道企业家精神溢出指标。该指标能够有效地利用双边贸易在某一时点上的具体数值，可以正确估计经济变量的影响，同时也能与个体数据相结合，全面捕捉性别、年龄、人力资本、社会资本、风险规避程度和家庭财富等个体特征因素的影响。国际贸易渠道企业家精神溢出指标表达方式如下：

$$entyichu_{It} = \sum_{J=1}^{n} \left(\frac{trade_{IJt}}{trade_{It}} ent_{Jt} \right)$$

其中，$entyichu_{It}$ 代表 I 地区 t 年通过国际贸易渠道得到的总体企业家精神溢出以及机会型、生存型和技术型企业家精神溢出，$trade_{IJt}$ 表示 I 地区 t 年与 J 地区的贸易量，$trade_{It}$ 表示 I 地区 t 年的总贸易额，与 $entyichu_{It}$ 相对应，ent_{Jt} 表示 J 地区 t 年的总体企业家精神以及机会型、生存型和技术型企业家精神溢出。把区域 J 限定在发达国家/发展中国家后，本书得到了发达国家/发展中国家贸易渠道总体和细分企业家精神溢出指标。③ 这样便可以考察国际贸易不同来源国的企业家

① Acs Z. J. , O' Gorman C, Szerb L. , et al. , "Could the Irish Miracle Be Repeated in Hungary?", *Small Business Economics*, 2007, 28 (2) .

② Coe D. and E. Helpman, "International R&D Spillovers", *European Economic Review*, 1995, 39 (5) .

③ 联合国统计厅的分类方法为：发达国家包括经合组织成员国（智利、墨西哥、韩国和土耳其除外），加上不属于经合组织成员国的欧洲联盟新成员国（保加利亚、塞浦路斯、拉脱维亚、立陶宛、马耳他、罗马尼亚），外加安道尔、百慕大、列支敦士登、摩纳哥和圣马力诺；转型期经济体包括东南欧国家和独立国家联合体；发展中经济体泛指所有不在以上之列的经济体。为了描述方便，本书将转型期经济体和发展中经济体统称为发展中国家和地区。样本中的发达国家分别为：奥地利、澳大利亚、比利时、捷克、丹麦、西班牙、芬兰、法国、希腊、爱尔兰、冰岛、意大利、日本、以色列、荷兰、挪威、新西兰、波兰、葡萄牙、瑞典、斯洛文尼亚、瑞士、土耳其、英国和美国25 个国家和地区。样本中的发展中国家和地区分别为：阿根廷、波斯尼亚、巴西、中国、哥伦比亚、阿尔及利亚、厄瓜多尔、埃及、智利、克罗地亚、印度尼西亚、墨西哥、印度、伊朗、约旦、哈萨克斯坦、黎巴嫩、拉脱维亚、摩洛哥、马其顿、秘鲁、菲律宾、罗马尼亚、俄罗斯、沙特阿拉伯、突尼斯和乌干达，以及中国香港28 个国家和地区。

精神溢出的影响。

三　其他主要变量

本书使用到的主要解释变量有企业家精神、机会型企业家精神、生存型企业家精神、新产品型企业家精神、新技术型企业家精神、企业家机会和企业家预期收益等。本书使用的个体特征控制变量主要有个体年龄、性别、人力资本、社会资本水平、风险规避和家庭收入水平等。本书使用的区域层面控制变量主要有人均 GDP、区域层面人力资本水平以及区域制度水平等。各变量的定义与第三章和第四章一致，在此不做赘述。

四　数据说明和数据处理方法

本书的企业家精神数据来源于美国巴森学院和英国伦敦商业学院1999 年发起的全球创业观察（Global Entrepreneurship Monitor）项目。该数据分为国家层面和个体层面两部分。为了研究需要，本书选取的样本具有以下特点：具备劳动能力；不是在校学生；主要特征不存在缺失。本书使用的双边贸易数据来自 IMF 的 DOT 数据库，人均 GDP 和人力资本水平指标均来自 WDI 数据库，制度指标变量来自经济自由指数（Index of Economic Freedom）数据库。

利用国家层面数据，本书计算出国际贸易渠道企业家精神溢出指标。然后，将该指标与区域层面的人均 GDP、人力资本水平指标和制度指标变量以及 GEM 个体调查数据相结合，本书得到了最终数据。

五　变量描述性统计

当以总体企业家精神、生存型和机会型企业家精神为被解释变量时，在删除了各变量缺失值之后，本书得到了 2002—2009 年的 294559 个数据。当以新产品型企业家精神为被解释变量时，在删除了各变量缺失值之后，本书得到了 221657 个数据。当以技术型企业家精神为被解释变量时，在删除了各变量缺失值之后，本书得到了 221616 个数据。当以企业家回报率为被解释变量时，在删除了各变量缺失值之后，本书得到了13271 个数据。当以企业家回报期限为被解释变量时，在删除了各变量缺失值之后，本书得到了 6674 个数据。表 6—1 报告了主要变量的描述性统计。

表 6—1　　　　　　　　　　主要变量的描述性统计

变　量	观测值	均值	标准差	最小值	最大值
企业家精神	294559	0.1074	0.3096	0	1
机会型企业家精神	294559	0.0799	0.2711	0	1
生存型企业家精神	294559	0.0225	0.1484	0	1
企业家精神溢出	294559	1.6230	0.2226	0.9474	2.4111
机会型企业家精神溢出	294559	1.3004	0.2165	0.6629	2.1284
生存型企业家精神溢出	294559	0.1054	0.3348	− 0.8589	1.5861
人均 GDP	294559	10.0227	0.9471	6.1756	11.4636
人均 GDP 平方项	294559	101.3516	17.5265	38.1380	131.4148
区域人力资本水平	294559	4.0444	0.3980	1.4323	4.5546
制度	294559	4.2402	0.1313	3.7977	4.4998
年龄	294559	40.5338	11.2380	16	65
年龄平方项	294559	1769.2780	921.7289	256	4225
女性	294559	0.4953	0.5000	0	1
人力资本（自我报告项）	294559	0.5378	0.4986	0	1
受教育程度	294559	0.7371	0.4402	0	1
社会资本	294559	0.4152	0.4928	0	1
风险规避程度	294559	0.3785	0.4850	0	1
家庭财富水平	294559	1.9900	0.8038	1	3
新产品型企业家精神	221657	0.0529	0.2238	0	1
新产品型企业家精神溢出	221657	3.0882	0.1423	2.5204	3.6331
技术型企业家精神	221616	0.0122	0.1100	0	1
新技术型企业家精神溢出	221616	1.4354	0.3838	0.3269	2.1789

变 量	观测值	均值	标准差	最小值	最大值
企业家回报率	13271	5.449401	1.850554	1	8
企业家回报期限	6674	2.78804	1.458352	1	8

注：企业家精神溢出、机会型、生存型、新产品型和技术型企业家精神溢出变量、人均GDP、人均GDP平方项、区域人力资本水平和制度变量取了对数。统计结果保留四位有效小数。

第四节　计量结果

一　国际贸易渠道企业家精神溢出的作用

表6—2报告了国际贸易渠道企业家精神溢出作用的计量结果。式（1）—式（2）显示国际贸易渠道企业家精神溢出变量系数显著为正，说明该变量对个体企业家精神具有显著促进作用，这与本章的数理模型结论一致。个体控制变量和区域控制变量的结果与前面章节基本一致。式（3）—式（4）中贸易渠道机会型企业家精神溢出变量系数显著为正，说明该变量对机会型企业家精神具有显著正向促进作用。式（5）—式（6）中贸易渠道生存型企业家精神溢出变量显著为正，说明该变量对生存型企业家精神具有显著正向促进作用。

式（3）—式（4）中个体控制变量和区域控制变量的计量结果与式（1）—式（2）基本一致。式（3）—式（4）中受教育程度变量系数显著为正，说明具备高学历的个体，会更加主动的实现商业机会，因而机会型创业率较高。式（5）—式（6）中个体受教育程度和家庭财富系数均显著为负，意味着这两个变量对生存型企业家精神具有显著负向影响，这也与以往的研究结论相一致。式（6）中人均GDP变量系数显著为正，而人均GDP平方项变量系数显著为负，说明该变量与生存型企业家精神呈倒"U"型关系，即人均GDP中等的国家，生存型企业家精神最高，而人均GDP较低或较高的国家，生存型企业家精神越低。这主要是因为在人均GDP较低的国家，市场机制往往不完善，个体很难进行创业。而在人均GDP较高发达国家，个体收入水平较高，一般不需要进行生存型创业。式（6）中区域人力资本水平变量显著为负，说明区域内人力资本水平越高，生存型创业率越低。

表 6—2　　　　　国际贸易渠道企业家精神溢出的计量结果

	企业家精神		机会型企业家精神		生存型企业家精神	
	(1)	(2)	(3)	(4)	(5)	(6)
企业家精神溢出	0.5482 ***	0.3726 ***				
	(0.0148)	(0.0177)				
机会型企业家精神溢出			0.4015 ***	0.3211 ***		
			(0.0169)	(0.0198)		
生存型企业家精神溢出					0.5039 ***	0.1991 ***
					(0.0155)	(0.0204)
年龄	0.0055 ***	0.0099 ***	0.0068 ***	0.0089 ***	− 0.0003	0.0064 *
	(0.0021)	(0.0021)	(0.0023)	(0.0023)	(0.0033)	(0.0034)
年龄平方	− 0.0002 ***	− 0.0002 ***	− 0.0002 ***	− 0.0002 ***	− 0.0001	− 0.0001 **
	(0.0000)	(0.0000)	(0.0000)	(0.0000)	(0.0000)	(0.0000)
是否为女性	− 0.1194 ***	− 0.1219 ***	− 0.1340 ***	− 0.1360 ***	− 0.0389 ***	− 0.0431 ***
	(0.0069)	(0.0069)	(0.0075)	(0.0076)	(0.0111)	(0.0113)
人力资本（自我报告项）	0.8203 ***	0.8084 ***	0.8277 ***	0.8191 ***	0.4922 ***	0.4791 ***
	(0.0082)	(0.0083)	(0.0095)	(0.0095)	(0.0130)	(0.0134)
受教育程度	− 0.0464 ***	0.0115	0.0384 ***	0.0565 ***	− 0.2176 ***	− 0.0869 ***
	(0.0079)	(0.0082)	(0.0089)	(0.0091)	(0.0118)	(0.0126)
社会资本	0.3778 ***	0.3564 ***	0.3662 ***	0.3571 ***	0.2272 ***	0.1783 ***
	(0.0069)	(0.0070)	(0.0076)	(0.0076)	(0.0112)	(0.0115)
风险规避程度	− 0.2433 ***	− 0.2387 ***	− 0.2653 ***	− 0.2630 ***	− 0.0693 ***	− 0.0504 ***
	(0.0074)	(0.0075)	(0.0083)	(0.0083)	(0.0117)	(0.0120)
中等家庭收入	− 0.0194 **	− 0.0033	0.0557 ***	0.0655 ***	− 0.1685 ***	− 0.1436 ***
	(0.0085)	(0.0086)	(0.0095)	(0.0096)	(0.0130)	(0.0134)
高等家庭收入	0.0307 ***	0.0460 ***	0.1409 ***	0.1502 ***	− 0.2768 ***	− 0.2576 ***
	(0.0088)	(0.0089)	(0.0097)	(0.0097)	(0.0143)	(0.0147)
人均 GDP		− 0.7592 ***		− 0.8913 ***		0.5611 ***
		(0.0656)		(0.0721)		(0.0972)
人均 GDP 平方项		0.0303 ***		0.0402 ***		− 0.0446 ***
		(0.0035)		(0.0038)		(0.0053)

续表

	企业家精神		机会型企业家精神		生存型企业家精神	
	(1)	(2)	(3)	(4)	(5)	(6)
区域人力资本水平		0.1061 ***		0.1618 ***		−0.0499 **
		(0.0158)		(0.0178)		(0.0238)
经济自由度		0.4134 ***		0.4707 ***		0.2166 ***
		(0.0422)		(0.0459)		(0.0641)
年份固定效应	有	有	有	有	有	有
常数项	−2.8542 ***	−0.4018	−2.7939 ***	−0.5625	−2.1803 ***	−4.3896 ***
	(0.0504)	(0.3363)	(0.0532)	(0.3666)	(0.0654)	(0.5308)
观测值	294559	294559	294559	294559	294559	294559

注：( ) 括号内为稳健的标准误；*，**，*** 分别代表 10%，5% 和 1% 的显著性水平；统计结果保留四位有效小数。

二 不同伙伴国的国际贸易渠道企业家精神溢出

一般来说，发达国家与发展中国家相比，具有更高的人均 GDP，技术水平，制度水平等。那么来自发达国家的企业家精神溢出对本国企业家精神的影响与来自发展中国家的企业家精神溢出对本国企业家精神的影响之间是否存在差异呢？为了回答这一问题，我们分别构建了发达国家和发展中国家的贸易渠道企业家精神溢出指标，研究其对本国个体企业家精神的影响。表6.3 报告了来自发达国家企业家精神溢出的计量结果。式（7）中企业家精神溢出变量系数显著为负，而在控制了区域人均 GDP、区域人力资本程度和区域制度变量之后，式（8）中企业家精神溢出变量系数显著为正，说明来自发达国家的企业家精神溢出对本国个体的企业家精神均具有显著促进作用。那么为什么在控制了区域层面变量之后，溢出变量的系数会变化呢？

根据蒋殿春和张宇（2008）[1] 的论述，制度因素对于技术溢出具有很重要的影响。只有在市场制度健全的情况下，知识技术才会得到合理的估价，才能够带来理想的回报，个体也才会具有开发意愿。而如果情况

---

[1] 蒋殿春、张宇：《经济转型与外商直接投资技术溢出效应》，《经济研究》2008 年第7 期。

相反，制度漏洞百出，政府管制严格，市场不能发挥自由配置资源的作用，那么知识技术的不确定性增加，重要性降低，个体不再引进新技术而是热衷于利用寻租手段获取利益。因此，控制了区域控制因素之后，溢出变量的结果会发生较大的变化，甚至发生逆转。式（9）中机会型企业家精神溢出变量系数不显著，而在控制了区域人均 GDP、区域人力资本程度和区域制度变量之后；式（10）中机会型企业家精神溢出变量系数显著为正，说明来自发达国家的机会型企业家精神溢出对本国个体的企业家精神均具有显著促进作用；式（11）中生存型企业家精神溢出变量系数显著为负，而在控制了区域人均 GDP，区域人力资本程度和区域制度变量之后；式（12）中生存型企业家精神溢出变量系数显著为正，说明来自发达国家的生存型企业家精神溢出对本国个体的企业家精神均具有显著促进作用。

表6—4 报告了来自发展中国家企业家精神溢出的计量结果。式（13）的计量结果表明在控制了个体年龄、性别、人力资本、社会资本、风险规避程度和家庭收入等变量之后，企业家精神溢出变量显著为正，说明来自发展中国家的企业家精神溢出对本国个体的企业家精神均具有显著促进作用。在控制了区域人均 GDP，区域人力资本程度和区域制度变量之后，式（14）中企业家精神溢出变量仍然显著为正。式（15）的计量结果表明在控制了个体年龄、性别、人力资本、社会资本、风险规避程度和家庭收入等变量之后，机会型企业家精神溢出变量显著为正，说明来自发展中国家的机会型企业家精神溢出对本国个体的企业家精神均具有显著促进作用。在控制了区域人均 GDP，区域人力资本程度和区域制度变量之后，式（16）中企业家精神溢出变量仍然显著为正。式（17）的计量结果表明在控制了个体年龄、性别、人力资本、社会资本、风险规避程度和家庭收入等变量之后，生存型企业家精神溢出变量显著为正，说明来自发展中国家的生存型企业家精神溢出对本国个体的企业家精神均具有显著促进作用。在控制了区域人均 GDP，区域人力资本程度和区域制度变量之后，式（14）中生存型企业家精神溢出变量仍然显著为正。表5—3 和表5—4 中的个体控制变量和区域控制变量计量结果与上文基本一致。

表 6—3　　国际贸易渠道发达国家企业家精神溢出的计量结果

	企业家精神		机会型企业家精神		生存型企业家精神	
	（7）	（8）	（9）	（10）	（11）	（12）
企业家精神溢出	-0.1022***	0.1468***				
	(0.0151)	(0.0169)				
机会型企业家精神溢出			0.0014	0.1182***		
			(0.0155)	(0.0173)		
生存型企业家精神溢出					-0.1826***	0.1101***
					(0.0247)	(0.0279)
年龄	0.0023	0.0088***	0.0046**	0.0081***	-0.0051	0.0055
	(0.0021)	(0.0021)	(0.0023)	(0.0023)	(0.0032)	(0.0033)
年龄平方	-0.0001***	-0.0002***	-0.0002***	-0.0002***	-0.0000	-0.0001*
	(0.0000)	(0.0000)	(0.0000)	(0.0000)	(0.0000)	(0.0000)
是否为女性	-0.1108***	-0.1204***	-0.1288***	-0.1347***	-0.0273**	-0.0420***
	(0.0068)	(0.0069)	(0.0075)	(0.0076)	(0.0109)	(0.0113)
人力资本（自我报告项）	0.8308***	0.8102***	0.8339***	0.8192***	0.5165***	0.4856***
	(0.0082)	(0.0083)	(0.0094)	(0.0095)	(0.0129)	(0.0134)
受教育程度	-0.0424***	0.0143*	0.0399***	0.0594***	-0.2186***	-0.0867***
	(0.0079)	(0.0082)	(0.0089)	(0.0091)	(0.0117)	(0.0126)
社会资本	0.3725***	0.3567***	0.3653***	0.3581***	0.2161***	0.1768***
	(0.0069)	(0.0070)	(0.0076)	(0.0076)	(0.0111)	(0.0115)
风险规避程度	-0.2549***	-0.2422***	-0.2740***	-0.2661***	-0.0804***	-0.0516***
	(0.0074)	(0.0075)	(0.0083)	(0.0083)	(0.0115)	(0.0120)
中等家庭收入	-0.0244***	-0.0003	0.0520***	0.0686***	-0.1686***	-0.1432***
	(0.0085)	(0.0086)	(0.0095)	(0.0096)	(0.0129)	(0.0133)
高等家庭收入	0.0150*	0.0456***	0.1300***	0.1504***	-0.2893***	-0.2599***
	(0.0087)	(0.0089)	(0.0096)	(0.0097)	(0.0141)	(0.0146)

续表

	企业家精神		机会型企业家精神		生存型企业家精神	
	（7）	（8）	（9）	（10）	（11）	（12）
人均 GDP		-0.5431***		-0.7205***		0.6646***
		(0.0668)		(0.0730)		(0.1057)
人均 GDP 平方项		0.0144***		0.0283***		-0.0545***
		(0.0034)		(0.0038)		(0.0055)
区域人力资本水平		0.1284***		0.1553***		0.0183
		(0.0168)		(0.0187)		(0.0244)
经济自由度		0.7948***		0.7578***		0.5215***
		(0.0380)		(0.0422)		(0.0567)
年份固定效应	有	有	有	有	有	有
常数项	-1.6513***	-2.2508***	-2.1557***	-1.9503***	-2.0214***	-5.9308***
	(0.0467)	(0.3257)	(0.0493)	(0.3578)	(0.0652)	(0.5249)
观测值	294559	294559	294559	294559	294559	294559

注：（ ）括号内为稳健的标准误；*，**，*** 分别代表10%，5% 和1% 的显著性水平；统计结果保留四位有效小数。

表6—4　　国际贸易渠道发展中国家企业家精神溢出的计量结果

	企业家精神		机会型企业家精神		生存型企业家精神	
	（13）	（14）	（15）	（16）	（17）	（18）
企业家精神溢出	0.2522***	0.1306***				
	(0.0060)	(0.0082)				
机会型企业家精神溢出			0.1669***	0.1130***		
			(0.0066)	(0.0092)		
生存型企业家精神溢出					0.3139***	0.1037***
					(0.0086)	(0.0120)
年龄	0.0075***	0.0097***	0.0084***	0.0088***	0.0011	0.0064*
	(0.0021)	(0.0021)	(0.0023)	(0.0023)	(0.0033)	(0.0034)
年龄平方	-0.0002***	-0.0002***	-0.0002***	-0.0002***	-0.0001*	-0.0001**
	(0.0000)	(0.0000)	(0.0000)	(0.0000)	(0.0000)	(0.0000)
是否为女性	-0.1182***	-0.1201***	-0.1325***	-0.1344***	-0.0398***	-0.0423***
	(0.0069)	(0.0069)	(0.0075)	(0.0076)	(0.0111)	(0.0113)

续表

	企业家精神		机会型企业家精神		生存型企业家精神	
	（13）	（14）	（15）	（16）	（17）	（18）
人力资本（自我报告项）	0.8158 ***	0.8081 ***	0.8234 ***	0.8182 ***	0.4879 ***	0.4801 ***
	（0.0082）	（0.0083）	（0.0095）	（0.0095）	（0.0131）	（0.0134）
受教育程度	− 0.0333 ***	0.0123	0.0498 ***	0.0589 ***	− 0.2145 ***	− 0.0889 ***
	（0.0079）	（0.0082）	（0.0089）	（0.0091）	（0.0118）	（0.0126）
社会资本	0.3765 ***	0.3593 ***	0.3651 ***	0.3605 ***	0.2267 ***	0.1793 ***
	（0.0069）	（0.0070）	（0.0076）	（0.0076）	（0.0112）	（0.0115）
风险规避程度	− 0.2470 ***	− 0.2410 ***	− 0.2684 ***	− 0.2649 ***	− 0.0698 ***	− 0.0513 ***
	（0.0074）	（0.0075）	（0.0083）	（0.0083）	（0.0117）	（0.0120）
中等家庭收入	− 0.0188 **	− 0.0012	0.0544 ***	0.0673 ***	− 0.1661 ***	− 0.1438 ***
	（0.0085）	（0.0086）	（0.0095）	（0.0096）	（0.0130）	（0.0133）
高等家庭收入	0.0299 ***	0.0464 ***	0.1376 ***	0.1504 ***	− 0.2748 ***	− 0.2590 ***
	（0.0088）	（0.0089）	（0.0097）	（0.0097）	（0.0143）	（0.0146）
人均 GDP		− 0.4155 ***		− 0.6085 ***		0.7503 ***
		（0.0632）		（0.0699）		（0.0934）
人均 GDP 平方项		0.0139 ***		0.0276 ***		− 0.0542 ***
		（0.0033）		（0.0037）		（0.0050）
区域人力资本水平		0.0039		0.0527 ***		− 0.0774 ***
		（0.0165）		（0.0184）		（0.0249）
经济自由度		0.5055 ***		0.5189 ***		0.2425 ***
		（0.0424）		（0.0467）		（0.0646）
年份固定效应	有	有	有	有	有	有
常数项	− 1.9517 ***	− 1.5073 ***	− 2.1604 ***	− 1.3562 ***	− 1.8687 ***	− 5.1775 ***
	（0.0417）	（0.3288）	（0.0458）	（0.3612）	（0.0651）	（0.5074）
观测值	294559	294559	294559	294559	294559	294559

注：（ ）括号内为稳健的标准误；*，**，*** 分别代表 10%，5% 和 1% 的显著性水平；统计结果保留四位有效小数。

三　贸易渠道新产品型和技术型企业家精神溢出

熊彼特认为，企业家是新产品、新生产方式或新市场的创新者。兰普金和迪茨（Lumpkin and Dess，1996）[①] 指出公司企业家精神是一个新的冒险过程，包括新产品和服务进入一个新旧市场的行动过程。施密特里（Schmitzl，1989）[②] 和克拉夫特等则认为，创新在很大程度上取决于企业家精神，而内生的经济增长取决于内生的创新。可见，新产品和新技术也是衡量企业家精神的重要指标。本书进一步构建了贸易渠道新产品型和技术型企业家精神溢出指标，并且分别分析了新产品型和技术型企业家精神溢出对企业家精神的影响。

表6—5　　　国际贸易渠道新产品型企业家精神溢出的计量结果

	所有国家		发达国家		发展中国家	
	（19）	（20）	（21）	（22）	（23）	（24）
新产品型企业家精神溢出	0.5851 ***	0.5311 ***	-0.4309 ***	-0.0406	0.2970 ***	0.1195 ***
	（0.0400）	（0.0419）	（0.0214）	（0.0289）	（0.0093）	（0.0127）
年龄	-0.0054 *	0.0027	-0.0010	0.0032	0.0006	0.0034
	（0.0029）	（0.0030）	（0.0029）	（0.0030）	（0.0030）	（0.0030）
年龄平方	-0.0001	-0.0001 ***	-0.0001 ***	-0.0001 ***	-0.0001 ***	-0.0001 ***
	（0.0000）	（0.0000）	（0.0000）	（0.0000）	（0.0000）	（0.0000）
是否为女性	-0.0684 ***	-0.0767 ***	-0.0636 ***	-0.0737 ***	-0.0697 ***	-0.0738 ***
	（0.0097）	（0.0098）	（0.0097）	（0.0098）	（0.0098）	（0.0098）
人力资本（自我报告项）	0.7387 ***	0.7147 ***	0.7386 ***	0.7171 ***	0.7291 ***	0.7171 ***
	（0.0124）	（0.0126）	（0.0124）	（0.0126）	（0.0125）	（0.0126）
受教育程度	0.0126	0.0617 ***	0.0230 **	0.0497 ***	0.0313 ***	0.0485 ***
	（0.0114）	（0.0118）	（0.0114）	（0.0118）	（0.0114）	（0.0118）
社会资本	0.3599 ***	0.3443 ***	0.3447 ***	0.3453 ***	0.3491 ***	0.3467 ***
	（0.0099）	（0.0100）	（0.0099）	（0.0100）	（0.0099）	（0.0100）
风险规避程度	-0.2171 ***	-0.2030 ***	-0.2094 ***	-0.2020 ***	-0.2037 ***	-0.2003 ***
	（0.0105）	（0.0106）	（0.0105）	（0.0106）	（0.0106）	（0.0106）

①　Lumpkin G. Tom and Gregory G. Dess，"Clarifying the Entrepreneurial Orientation Construct and Linking It to Performance"，*Academy of Management Review*，1996，21（1）.

②　Schmitz Jr J. A.，"Imitation, Entrepreneurship, and Long-Run Growth"，*Journal of Political Economy*，1989，97（3）.

续表

	所有国家		发达国家		发展中国家	
	（19）	（20）	（21）	（22）	（23）	（24）
中等家庭收入	− 0.0053	− 0.0024	0.0066	0.0071	0.0037	0.0062
	（0.0121）	（0.0123）	（0.0121）	（0.0122）	（0.0121）	（0.0122）
高等家庭收入	0.0292 **	0.0405 ***	0.0390 ***	0.0473 ***	0.0433 ***	0.0479 ***
	（0.0124）	（0.0126）	（0.0124）	（0.0126）	（0.0124）	（0.0126）
人均 GDP		0.8638 ***		1.1879 ***		1.1296 ***
		（0.0936）		（0.0933）		（0.0910）
人均 GDP 平方项		− 0.0605 ***		− 0.0774 ***		− 0.0709 ***
		（0.0048）		（0.0047）		（0.0047）
区域人力资本水平		0.0847 ***		0.0330		− 0.0023
		（0.0247）		（0.0252）		（0.0249）
经济自由度		0.7675 ***		0.9812 ***		0.7597 ***
		（0.0560）		（0.0543）		（0.0585）
年份固定效应	有	有	有	有	有	有
常数项	− 3.8124 ***	− 10.0101 ***	− 0.7778 ***	− 10.4253 ***	− 2.5377 ***	− 9.7180 ***
	（0.1395）	（0.4452）	（0.0818）	（0.4470）	（0.0607）	（0.4530）
观测值	221657	221657	221657	221657	221657	221657

注：（）括号内为稳健的标准误；*，**，*** 分别代表10%，5%和1%的显著性水平；统计结果保留四位有效小数。

表6—5为贸易渠道新产品型企业家精神溢出的计量结果，式（28）的计量结果表明，在控制了个体年龄、性别、人力资本、社会资本、风险规避程度和家庭收入等变量之后，新产品型企业家精神溢出变量显著为正，说明来自所有国家的新产品型企业家精神溢出对本国个体的新产品型企业家精神具有显著促进作用。在控制了区域人均 GDP，区域人力资本程度和区域制度变量之后，式（20）中新产品型企业家精神溢出变量仍然显著为正。这主要是因为新产品企业家精神溢出带来了产品生产设计的新理念，丰富了区域内产品种类。式（21）的计量结果表明，在控制了个体年龄、性别、人力资本、社会资本、风险规避程度和家庭收入等变量之后，新产品型企业家精神溢出变量显著为负，说明来自发达国家的新产品型企业家精神溢出对本国个体的新产品型企业家精神具有

显著负向作用。然而在控制了区域人均 GDP，区域人力资本程度和区域制度变量之后，式（22）中新产品型企业家精神溢出变量不显著，说明来自发达国家的新产品型企业家精神溢出对本国个体的新产品型企业家精神没有显著影响。式（23）的计量结果表明，在控制了个体年龄、性别、人力资本、社会资本、风险规避程度和家庭收入等变量之后，新产品型企业家精神溢出变量显著为正，说明来自发展中国家的新产品型企业家精神溢出对本国个体的新产品型企业家精神具有显著正向作用。在控制了区域人均 GDP，区域人力资本程度和区域制度变量之后，式（24）中新产品型企业家精神溢出变量依然显著为正，说明来自发展中国家的新产品型企业家精神溢出对本国个体的新产品型企业家精神具有显著正向影响。发达国家的新产品型企业家精神溢出对贸易伙伴区域内新产品型企业家精神没有显著影响，而发展中国家的新产品型企业家精神溢出却具有显著正向影响，这主要是因为发达国家企业具有较高的所有权优势，使得其他国家企业只能对其产品进行模仿，很难超越其技术开发出新的产品，而发展中国家企业所有权优势不明显，其他国家企业在吸收其技术后，容易开发出更加新颖的产品。

表6—6　　　　国际贸易渠道技术型企业家精神溢出的计量结果

	所有国家		发达国家		发展中国家	
	（25）	（26）	（27）	（28）	（29）	（30）
技术型企业家精神溢出	- 0. 4304 ***	0. 0349	- 0. 4934 ***	0. 0130	0. 2794 ***	0. 0316
	(0. 0418)	(0. 0485)	(0. 0302)	(0. 0402)	(0. 0145)	(0. 0206)
年龄	- 0. 0079 *	- 0. 0015	- 0. 0057	- 0. 0015	- 0. 0047	- 0. 0014
	(0. 0047)	(0. 0048)	(0. 0048)	(0. 0048)	(0. 0048)	(0. 0048)
年龄平方	- 0. 0000	- 0. 0001	- 0. 0001	- 0. 0001	- 0. 0001	- 0. 0001
	(0. 0001)	(0. 0001)	(0. 0001)	(0. 0001)	(0. 0001)	(0. 0001)
是否为女性	- 0. 0634 ***	- 0. 0729 ***	- 0. 0657 ***	- 0. 0727 ***	- 0. 0751 ***	- 0. 0732 ***
	(0. 0158)	(0. 0161)	(0. 0159)	(0. 0161)	(0. 0160)	(0. 0161)
人力资本（自我报告项）	0. 5259 ***	0. 4967 ***	0. 5231 ***	0. 4968 ***	0. 5126 ***	0. 4962 ***
	(0. 0203)	(0. 0207)	(0. 0204)	(0. 0207)	(0. 0204)	(0. 0207)
受教育程度	- 0. 0206	0. 0560 ***	- 0. 0109	0. 0562 ***	- 0. 0188	0. 0564 ***
	(0. 0183)	(0. 0193)	(0. 0184)	(0. 0193)	(0. 0184)	(0. 0193)

续表

	所有国家		发达国家		发展中国家	
	(25)	(26)	(27)	(28)	(29)	(30)
社会资本	0.2712 ***	0.2403 ***	0.2635 ***	0.2404 ***	0.2625 ***	0.2401 ***
	(0.0163)	(0.0166)	(0.0163)	(0.0166)	(0.0164)	(0.0166)
风险规避程度	−0.1530 ***	−0.1368 ***	−0.1488 ***	−0.1369 ***	−0.1418 ***	−0.1366 ***
	(0.0172)	(0.0175)	(0.0172)	(0.0175)	(0.0173)	(0.0175)
中等家庭收入	−0.0295	−0.0224	−0.0332 *	−0.0225	−0.0347 *	−0.0230
	(0.0198)	(0.0203)	(0.0199)	(0.0203)	(0.0199)	(0.0203)
高等家庭收入	0.0516 ***	0.0696 ***	0.0508 **	0.0693 ***	0.0581 ***	0.0693 ***
	(0.0198)	(0.0203)	(0.0199)	(0.0203)	(0.0200)	(0.0203)
人均 GDP		0.0821		0.0975		0.1065
		(0.1409)		(0.1400)		(0.1366)
人均 GDP 平方项		−0.0183 **		−0.0191 ***		−0.0183 **
		(0.0073)		(0.0072)		(0.0071)
区域人力资本水平		0.0884 **		0.0875 **		0.0638
		(0.0387)		(0.0397)		(0.0404)
经济自由度		0.2882 ***		0.2969 ***		0.2468 ***
		(0.0845)		(0.0842)		(0.0894)
年份固定效应	有	有	有	有	有	有
常数项	−1.5107 ***	−3.2067 ***	−1.5169 ***	−3.2666 ***	−2.2632 ***	−3.0946 ***
	(0.1165)	(0.6953)	(0.1020)	(0.6897)	(0.0917)	(0.6983)
观测值	221616	221616	221616	221616	221616	221616

注：( ) 括号内为稳健的标准误； *， **， *** 分别代表10%，5%和1%的显著性水平；统计结果保留四位有效小数。企业家回报期限和企业家回报率为排序变量，本书并未报告其所有常数项。

表6—6 为贸易渠道新技术型企业家精神溢出的计量结果。式（25）的计量结果表明，在控制了个体年龄、性别、人力资本、社会资本、风险规避程度和家庭收入等变量之后，新技术型企业家精神溢出变量系数不显著，说明来自所有国家的新技术型企业家精神溢出对本国个体的新技术型企业家精神没有显著作用。在控制了区域人均 GDP，区域人力资本程度和区域制度变量之后，式（26）中新技术型企业家精神溢出变量依然不显著，说明来自总体国家的新技术型企业家精神溢出对本国个体的新技术型企业家精神没有显著

影响。式（27）的计量结果表明，在控制了个体年龄、性别、人力资本、社会资本、风险规避程度和家庭收入等变量之后，新技术型企业家精神溢出变量系数显著为正，说明来自发达国家的新技术型企业家精神溢出对本国个体的新技术型企业家精神具有显著正向作用。在控制了区域人均GDP，区域人力资本程度和区域制度变量之后，式（28）中新技术型企业家精神溢出变量变得不显著，说明来自发达国家的新技术型企业家精神溢出对本国个体的新技术型企业家精神没有显著影响。式（29）的计量结果表明，在控制了个体年龄、性别、人力资本、社会资本、风险规避程度和家庭收入等变量之后，新技术型企业家精神溢出变量系数显著为负，说明来自发展中国家的新技术型企业家精神溢出对本国个体的新技术型企业家精神具有显著负向作用。在控制了区域人均GDP，区域人力资本程度和区域制度变量之后，式（30）中新技术型企业家精神溢出变量系数变得不显著，说明来自发展中国家的新技术型企业家精神溢出对本国个体的新技术型企业家精神没有显著影响。总体来看，在加入了个体控制变量和区域控制变量之后，贸易渠道新技术型企业家精神溢出变量的系数都不显著，说明该变量对新技术型企业家精神影响不显著。这与技术的特点有关，在全球化竞争的时代，企业无不把技术知识作为核心竞争力，为了保持竞争优势，会千方百计防止核心技术外泄。企业有了新技术，要么作为技术机密在企业内部保存，要么申请专利，贸易伙伴企业很难从贸易渠道中获取高新技术。

第五节　溢出机制的探讨

一个国家或者地区能够获得多少的企业家精神溢出，不仅取决于其他国家企业家精神溢出的多少，同时还与其自身对于来自国外的技术、知识和创新意识的消化吸收能力，我们可以将其称之为企业家精神溢出的吸收能力。

一　制度因素的溢出机制
制度环境越自由的国家或地区越能产生更多的企业家精神[①]，也越

---

① Sobel R. S., Testing Baumol, "InstitutionalQuality and the Productivity of Entrepreneurship", *Journal of Business Venturing*, 2008, 23（6）.

能吸收更多的企业家精神溢出，因为经济体中的社会、政治和法律等各方面的制度质量将会左右企业家的决定。当社会存在完善的司法系统和社会制度时，企业家利用寻租行为获取利润的行为会大大减少。在这种激励结构下，企业家倾向于将资源配置到创新活动中，从而创造新的财富。区域人力资本水平是另一个被影响吸收能力的核心因素。国际贸易带来的高新技术、创意和管理经验都需要有人力资本的支持。只有当东道国拥有丰富的人力资源，才能很好地获得国际贸易带来的企业家精神溢出，才能很好地学习外来技术，将其应用到本地市场。否则，即便他国的商品和服务蕴含了丰富的技术知识，本国企业也很难学习和应用这些技术。因此本书利用经济自由指数和 WDI 数据，分别构建了制度环境和人力资本与国际贸易企业家精神溢出交叉项，来对国际贸易渠道企业家精神溢出效应的机制进行分析。

我们将制度质量与企业家精神的交叉项引入方程，表6—7 显示，式（31）中制度变量与贸易渠道总体企业家精神溢出变量交叉项的系数显著为正，说明该变量对企业家精神具有显著正向影响。这也证实了经济自由度越高，企业家精神溢出促进作用越大的论点。式（32）—式（35）中交叉项系数均显著为正，说明经济自由度越高，机会型、生存型、新产品型和技术型企业家精神溢出的促进作用越大。

表6—7　　　　　　　　国际贸易渠道企业家精神溢出机制的
计量结果——区域制度因素

	(31)	(32)	(33)	(34)	(35)
制度 * 总体 企业家精神	0.1027 *** (0.0035)				
制度 * 机会型 企业家精神		0.0953 *** (0.0041)			
制度 * 生存型 企业家精神			0.0554 *** (0.0042)		

续表

	（31）	（32）	（33）	（34）	（35）
制度 * 新产品型企业家精神				0.1594 ***	
				（0.0073）	
制度 * 新技术型企业家精神					0.0230 ***
					（0.0055）
年龄	0.0098 ***	0.0087 ***	0.0063 *	0.0024	0.0036
	（0.0021）	（0.0023）	（0.0034）	（0.0030）	（0.0024）
年龄平方	− 0.0002 ***	− 0.0002 ***	− 0.0001 *	− 0.0001 ***	− 0.0001 ***
	（0.0000）	（0.0000）	（0.0000）	（0.0000）	（0.0000）
是否为女性	− 0.1210 ***	− 0.1348 ***	− 0.0421 ***	− 0.0759 ***	− 0.1086 ***
	（0.0069）	（0.0076）	（0.0113）	（0.0098）	（0.0078）
人力资本（自我报告项）	0.8106 ***	0.8224 ***	0.4809 ***	0.7167 ***	0.8175 ***
	（0.0083）	（0.0095）	（0.0134）	（0.0126）	（0.0095）
受教育程度	0.0131	0.0587 ***	− 0.0849 ***	0.0679 ***	0.0288 ***
	（0.0082）	（0.0091）	（0.0126）	（0.0117）	（0.0093）
社会资本	0.3545 ***	0.3542 ***	0.1770 ***	0.3422 ***	0.3406 ***
	（0.0070）	（0.0076）	（0.0115）	（0.0100）	（0.0079）
风险规避程度	− 0.2385 ***	− 0.2631 ***	− 0.0505 ***	− 0.2044 ***	− 0.2392 ***
	（0.0075）	（0.0083）	（0.0120）	（0.0106）	（0.0084）
中等家庭收入	− 0.0055	0.0619 ***	− 0.1448 ***	− 0.0068	0.0022
	（0.0086）	（0.0095）	（0.0133）	（0.0122）	（0.0097）
高等家庭收入	0.0437 ***	0.1464 ***	− 0.2593 ***	0.0355 ***	0.0392 ***
	（0.0088）	（0.0097）	（0.0146）	（0.0125）	（0.0100）
人均 GDP	− 0.8556 ***	− 1.0061 ***	0.4725 ***	0.7597 ***	− 0.2153 ***
	（0.0638）	（0.0707）	（0.0938）	（0.0918）	（0.0739）
人均 GDP 平方项	0.0371 ***	0.0485 ***	− 0.0382 ***	− 0.0535 ***	0.0032
	（0.0033）	（0.0036）	（0.0049）	（0.0047）	（0.0037）
区域人力资本水平	0.1002 ***	0.1570 ***	− 0.0627 ***	0.0819 ***	− 0.0214
	（0.0157）	（0.0177）	（0.0234）	（0.0247）	（0.0202）

续表

	(31)	(32)	(33)	(34)	(35)
年份固定效应	有	有	有	有	有
常数项	1.5539 ***	1.6600 ***	−3.1675 ***	−6.8729 ***	−0.0611
	(0.2661)	(0.2952)	(0.3921)	(0.3842)	(0.3041)
观测值	294559	294559	294559	221657	221616

注：（）括号内为稳健的标准误；*，**，*** 分别代表10%，5%和1%的显著性水平；统计结果保留四位有效小数。企业家回报期限和企业家回报率为排序变量，本书并未报告其所有常数项。

二　人力资本因素的溢出机制

与制度类似，我们同样构建了区域人力资本水平与企业家精神溢出的交叉项，表6—8中式（36）显示，区域人力资本水平与贸易渠道的总体企业家精神溢出变量的交叉项系数显著为正，说明该变量对企业家精神具有显著正向影响。知识技术的溢出在很大程度上取决于溢出接受者的人力资本，只有当个体具有足够的人力资本时，他才能够吸收消化知识，并进行二次创造。[1] 因此区域内教育水平越高，国际贸易渠道企业家精神溢出的促进作用越大。式（37）—式（40）中交叉项系数均显著为正，进一步说明区域内人力资本水平越高，机会型、生存型、新产品型以及新技术型企业家精神溢出的促进作用越大。

表6—8　　　　　　　国际贸易渠道企业家精神溢出机制的
　　　　　　　　　　计量结果——区域人力资本因素

	(36)	(37)	(38)	(39)	(40)
区域人力资本水平＊总体	0.0922 ***				
	(0.0042)				
区域人力资本水平＊机会型		0.0886 ***			
		(0.0050)			
区域人力资本水平＊生存型			0.0480 ***		
			(0.0050)		

---

[1]　Lucas R. E., "On the Mechanics of Economic Development", *Journal of Monetary Economics* 1988, 22 (6).

续表

	（36）	（37）	（38）	（39）	（40）
区域人力资本 水平 * 新产品型				0.0594 ***	
				(0.0068)	
区域人力资本 水平 * 新技术型					0.0517 ***
					(0.0107)
年龄	0.0099 ***	0.0089 ***	0.0064 *	0.0029	0.0016
	(0.0021)	(0.0023)	(0.0034)	(0.0030)	(0.0045)
年龄平方	− 0.0002 ***	− 0.0002 ***	− 0.0001 **	− 0.0001 ***	− 0.0001 **
	(0.0000)	(0.0000)	(0.0000)	(0.0000)	(0.0001)
是否为女性	− 0.1216 ***	− 0.1358 ***	− 0.0430 ***	− 0.0752 ***	− 0.0787 ***
	(0.0069)	(0.0076)	(0.0113)	(0.0098)	(0.0149)
人力资本 （自我报告项）	0.8083 ***	0.8191 ***	0.4793 ***	0.7149 ***	0.4759 ***
	(0.0083)	(0.0095)	(0.0134)	(0.0126)	(0.0190)
受教育程度	0.0086	0.0567 ***	− 0.0905 ***	0.0514 ***	0.0841 ***
	(0.0082)	(0.0091)	(0.0125)	(0.0117)	(0.0178)
社会资本	0.3562 ***	0.3572 ***	0.1785 ***	0.3440 ***	0.2474 ***
	(0.0070)	(0.0076)	(0.0115)	(0.0100)	(0.0154)
风险规避程度	− 0.2396 ***	− 0.2619 ***	− 0.0517 ***	− 0.2044 ***	− 0.1519 ***
	(0.0075)	(0.0083)	(0.0120)	(0.0106)	(0.0164)
中等家庭收入	− 0.0038	0.0672 ***	− 0.1452 ***	0.0000	− 0.0235
	(0.0086)	(0.0096)	(0.0133)	(0.0122)	(0.0187)
高等家庭收入	0.0450 ***	0.1522 ***	− 0.2593 ***	0.0413 ***	0.0651 ***
	(0.0088)	(0.0097)	(0.0146)	(0.0126)	(0.0187)
人均 GDP	− 0.8248 ***	− 0.7626 ***	0.4436 ***	0.7532 ***	− 0.0801
	(0.0580)	(0.0605)	(0.0816)	(0.0897)	(0.1242)
人均 GDP 平方项	0.0328 ***	0.0343 ***	− 0.0394 ***	− 0.0569 ***	− 0.0116 *
	(0.0032)	(0.0034)	(0.0047)	(0.0047)	(0.0065)
制度	0.4445 ***	0.4280 ***	0.2491 ***	0.9368 ***	0.4800 ***
	(0.0403)	(0.0447)	(0.0624)	(0.0527)	(0.0754)
年份固定效应	有	有	有	有	有
常数项	0.2973	− 0.4720	− 4.0700 ***	− 8.7071 ***	− 3.1397 ***
	(0.3392)	(0.3600)	(0.5084)	(0.4681)	(0.6468)
观测值	294559	294559	294559	221657	221616

注：（ ）括号内为稳健的标准误；＊，＊＊，＊＊＊ 分别代表10%，5% 和1% 的显著性水平；统计结果保留四位有效小数。企业家回报期限和企业家回报率为排序变量，本书并未报告其所有常数项。

第六节　贸易渠道企业家精神溢出 对企业家效用的影响

为什么个体选择成为企业家，一个重要的原因是，成为企业家能够给其带来额外的效用，根据本章理论模型的定理2，在国际贸易带来的企业家精神溢出程度较高的地区，企业家会享有比雇员更高的效用。为此我们进一步讨论企业家精神溢出对企业家效用的影响。GEM 调查了企业家回报期限和回报率。回报期限的调查项为："预期回报期限是多长时间？6个月（1），1年（2），2年（3），5年（4），10年（5），20年（6），20年以上（7），不可能收回投入（8）"；[①] 回报率的调查项为："预期回报率为？没有回报（1），50%（2），100%（3），1.5倍（4），2倍（5），5倍（6），10倍（7），20倍（8）"。本书使用有序 Probit 模型来分析企业家精神溢出对企业家回报期限和回报率的影响。计量结果如表6—9所示。由式（41）—式（43）可以发现，接受企业家精神溢出越多的国家，企业家的预期回报期限越短，特别是对机会型企业家来说更是如此。而式（44）—式（46）中的结果表明，接受企业家精神溢出越多的国家，企业家的预期回报率也越高。回归结果证实了我们的推测，即在国际贸易带来的企业家精神溢出程度较高的地区，企业家会享有更高的效用。

表6—9　　　　国际贸易渠道企业家精神溢出对企业家回报期限和
回报率的影响

变量	企业家回报期限			企业家回报率		
	（41）	（42）	（43）	（44）	（45）	（46）
企业家精神溢出	− 0. 2322 *** (0. 0727)			0. 3028 *** (0. 0477)		
机会型企业家 精神溢出		− 0. 2532 *** (0. 0726)			0. 2935 *** (0. 0477)	

① 我们在处理数据时删除了选择为9的观测值。

续表

变量	企业家回报期限			企业家回报率		
	（41）	（42）	（43）	（44）	（45）	（46）
生存型企业家精神溢出			-0.1120 *			0.2093 ***
			(0.0590)			(0.0377)
年龄	0.0196 **	0.0196 **	0.0195 **	-0.0032	-0.0032	-0.0030
	(0.0079)	(0.0079)	(0.0079)	(0.0055)	(0.0055)	(0.0055)
年龄平方	-0.0002 *	-0.0002 *	-0.0002 *	0.0000	0.0000	-0.0000
	(0.0001)	(0.0001)	(0.0001)	(0.0001)	(0.0001)	(0.0001)
是否为女性	-0.1337 ***	-0.1341 ***	-0.1339 ***	-0.1067 ***	-0.1067 ***	-0.1046 ***
	(0.0271)	(0.0271)	(0.0271)	(0.0189)	(0.0189)	(0.0188)
人力资本（自我报告项）	-0.0545	-0.0556	-0.0525	0.1099 ***	0.1104 ***	0.1076 ***
	(0.0425)	(0.0425)	(0.0425)	(0.0289)	(0.0289)	(0.0289)
受教育程度	0.0222	0.0253	0.0136	0.1108 ***	0.1105 ***	0.1120 ***
	(0.0304)	(0.0305)	(0.0302)	(0.0215)	(0.0215)	(0.0215)
社会资本	-0.0253	-0.0246	-0.0269	0.0884 ***	0.0882 ***	0.0883 ***
	(0.0286)	(0.0286)	(0.0286)	(0.0198)	(0.0198)	(0.0198)
风险规避程度	0.0324	0.0321	0.0347	-0.1505 ***	-0.1507 ***	-0.1528 ***
	(0.0307)	(0.0307)	(0.0307)	(0.0208)	(0.0208)	(0.0208)
中等家庭收入	0.0454	0.0447	0.0476	-0.0166	-0.0162	-0.0174
	(0.0317)	(0.0317)	(0.0317)	(0.0224)	(0.0224)	(0.0224)
高等家庭收入	0.0697 **	0.0697 **	0.0735 **	0.1063 ***	0.1063 ***	0.1051 ***
	(0.0329)	(0.0329)	(0.0329)	(0.0234)	(0.0234)	(0.0234)
人均GDP	-0.2140	-0.2500	-0.1565	-1.2151 ***	-1.1630 ***	-1.2193 ***
	(0.2648)	(0.2651)	(0.2664)	(0.1900)	(0.1881)	(0.1927)
人均GDP平方项	0.0375 ***	0.0396 ***	0.0351 **	0.0567 ***	0.0531 ***	0.0579 ***
	(0.0139)	(0.0139)	(0.0141)	(0.0100)	(0.0098)	(0.0103)
区域人力资本水平	-0.2388 ***	-0.2607 ***	-0.2146 ***	0.0817 *	0.1050 **	0.0130
	(0.0668)	(0.0666)	(0.0699)	(0.0492)	(0.0497)	(0.0494)
制度	-2.3675 ***	-2.3339 ***	-2.5162 ***	1.2903 ***	1.3197 ***	1.3617 ***
	(0.1862)	(0.1873)	(0.1783)	(0.1190)	(0.1176)	(0.1172)

续表

变量	企业家回报期限			企业家回报率		
	(41)	(42)	(43)	(44)	(45)	(46)
年份固定效应	有	有	有	有	有	有
阈值	有	有	有	有	有	有
观测值	6756	6756	6756	13271	13271	13271

注: ( ) 括号内为稳健的标准误; *, **, *** 分别代表 10%、5% 和 1% 的显著性水平; 统计结果保留四位有效小数。企业家回报期限和企业家回报率为排序变量, 本书并未报告其所有阈值。

第七节　本章小结

本章构建了国际贸易渠道企业家精神溢出的数理模型, 并利用全球创业观察 (GEM) 数据检验了贸易渠道的企业家精神溢出效应。具体来说, 本章首先建立了企业家精神溢出的职业选择模型, 研究企业家精神的溢出是否影响了个人的自我雇佣。以往文献都是考虑国际贸易的直接影响, 而非对企业家精神溢出建模。[1] 第二, 本章改进了科伊和赫尔普曼 (Coe and Helpman, 1995)[2] 提出的方法, 创造性的构建了衡量国际贸易渠道企业家精神溢出的指标。该指标既考虑到了其他国家的企业家精神程度, 也考虑到了两国间国际贸易的联系紧密程度。企业家精神程度高的国家, 表明该国企业家能够获得的机会较多, 也暗含着该国具有较多可供开发的知识。因此相比研发变量, 使用该指标衡量企业家精神溢出水平更为贴切。第三, 本章分析了企业家精神溢出对不同类型创业的影响。具体来说, 根据 GEM 的调查, 按照创业动机可以将创业行为细分为生存型和机会型, 按照创新性可以将创业细分为新产品型和新技术型。不同类型的创业在创新产品、市场拓展以及提升经济社会竞争力等方面

---

[1] Díez, Federico, Ali Ozdagli, "Entrepreneurship and Occupational Choice in the Global Economy", *Society for Economic Dynamics Meeting Papers*, 2012, No. 1004; Grossman G. M., "International Trade, Foreign Investment, and the Formation of the Entrepreneurial Class", *American Economic Review*, 1984, 74 (4).

[2] Coe D., E. Helpman, "International R&D Spillovers", *European Economic Review*, 1995, 39 (5).

都存在较大差异①，将其细分为机会型和生存型有利于发现更有意义的结论。第四，根据以往文献的论述，区域内的人力资本和制度约束对国际贸易渠道企业家精神溢出和企业家阶层的形成具有重要的作用，因此本书从人力资本和制度约束两个角度，对企业家精神溢出影响机制进行了初步的探讨。发现一国经济自由度越高、人力资本越雄厚，企业家精神溢出的促进作用也越大。这为我国提升企业家精神提供了重要的政策参考。第五，我们进一步探讨了企业家精神溢出对企业家效用的影响。

　　本章的研究发现：对于总体企业家精神以及机会型、生存型和新产品企业家精神来说，国际贸易渠道企业家精神溢出具有显著正向促进作用；但对于技术型企业家精神，影响不明显。本章进一步将国际贸易渠道企业家精神溢出按发达国家和发展中国家分类，计量结果发现：对于总体企业家精神以及机会型和生存型来说，发达国家和发展中国家国际贸易企业家精神溢出均起到了显著的正向影响；对于新产品企业家精神，发达国家国际贸易企业家精神影响不明显，而发展中国家国际贸易企业家精神具有显著正向促进作用；对于技术型企业家精神，企业家精神溢出的影响不明显。机制计量结果表明：一国经济自由度越高、人力资本越雄厚，企业家精神溢出促进作用也越大。企业家效用的计量检验结果发现在企业家精神溢出较高的地区，企业家也会具有较高的效用。

　　发展创业型经济是我国实现经济持续发展的重要途径。新产品型和高新技术型创业承担了转化新知识、生产新产品以及提供新服务等方面的职能，尤其是实现产业和经济多样化，发展创新型国家的重要保证。本书证实了企业家精神的国际溢出能够对本国企业家精神起到重要的促进作用，特别是对机会型企业家更为重要。因此，我国要积极创造条件，吸收来自国外的企业家精神溢出。具体来说，可以采取以下几个方面的措施。第一，扩大对外开放程度，积极获取国际贸易带来的企业家精神溢出，提升经济活力。第二，改造营商环境，完善制度环境，建立一整套专利制度和知识产权保护制度，保证创新者和技术出让方的利益。在提供创业便利的同时，提高创业者的企业家精神吸收能力和技术创新能力。第三，提高本国人力资本水平，完善科研体系，提升自主研发能力。

---

　　①　刘鹏程、李磊、王小洁：《企业家精神的性别差异——基于创业动机视角的研究》，《管理世界》2013 年第 8 期。

这不但能够提高企业家精神的吸收能力，也能在具备开发核心技术的前提下，摆脱对外国技术的依赖性，走出"引进—落后—再引进—再落后"的怪圈。

第七章

FDI 渠道企业家精神溢出

第一节　引言

一国经济若要取得飞速发展并保持繁荣，需要一个经验丰富、高度发达的本国企业家群体的存在。因而各国普遍期望促进本国企业家群体的形成与发展。然而，本国企业家群体的发展壮大是一个缓慢演进的过程。因此各国往往会采取措施，吸引他国企业家的流入，使其在相对较短的时间内，对本国的经济增长做出贡献。例如，在中世纪晚期，大批意大利企业家进入英国和荷兰，将银行和其他金融技术传播给当地居民；欧洲大陆国家最早并没有工厂和机器作坊，是英国企业家最早在当地投资，才将技术传播开来等等。国外企业家的进入极大地促进了当地的技术水平和经济发展水平。在意识到国外技术的重要性之后，很多国家的政府和企业竭尽全力从外国获取技术。例如，苏联和日本都设立了专门的机构收集和传播外国技术信息，并且鼓励企业迅速采用有前途的新技术。

历史也证明，一国政府如果阻碍国外的技术转移，则会对本国企业家精神造成极大打击。例如，古代中国和古罗马对来自所谓"野蛮人"的技术报以轻视态度，导致了这两国令人失望的技术绩效。而欧洲因接纳吸收了阿拉伯地区的先进思想，成功地促进了本国新生技术的改革。在当今世界，多数不发达国家仍然采取设置壁垒，限制私人企业的对外投资活动。这些经济体往往表现出政局不稳、管制不明、官僚主义泛滥、汇率易变等特征，企业家也可能会受到没收财产的威胁。这一切都排斥了国外企业家的进入，降低了当地的企业家精神，进而阻碍了技术进步、经济发展和民众福利的提高。

　　外国企业的进入如何提升本国企业家精神呢？以往学者大都采取案例分析的方式来加以描述。艾斯等（Acs et al.，2007）[1] 提出了企业家精神的知识溢出模型，从理论角度对这一问题进行了阐述。其观点认为，知识价值具有不确定性和不对称性，企业员工有时会对企业新开发的知识赋予较高的价值，但是企业的决策制定者未必会有相同的想法。在已有企业系统，新知识的价值就不能得到有效开发。[2] 此时，企业员工会利用新知识创建新企业，以期得到预期的回报。[3] FDI 不仅会带来人员和资本的流动，同时也会给东道国带来技术和无形资产，例如相关知识的溢出。因此，与跨国公司相关联本国部门中，企业家行为会更加活跃。然而，FDI 带来的知识和本土研发的知识有很多区别。首先，FDI 带来的大部分知识早已被投资国开发，并没有给本国企业家留有可以开发的余地。[4] 因此，FDI 能够发挥知识溢出效应，主要体现在能够丰富当地未被开发的技术集，其方式是 FDI 投资于研发部门以产生有待商业化的知识，另一种方式是 FDI 的知识溢出有效带动了国内研发的增加。其次，FDI 的反馈机制使得出口国和投资国从进口国和东道国获得知识[5]，使得出口国和投资国参与到本国商业机会的开发竞争当中，这反而会消耗后者未被商业化的技术集，减少东道国市场上的企业家机会，因而降低其企业家精神。所以说，FDI 虽然会带来最新的知识，但未必会促进本地企业家精神，甚至会产生抑制作用。另外，由于不同国家对外投资目的、投资主体以及开发知识的能力存在差异，来自发达国家和发展

---

　　[1]　Acs Z. J.，O' Gorman C.，Szerb L.，et al.，"Could the Irish Miracle Be Repeated in Hungary?" *Small Business Economics*，2007，28（2）．

　　[2]　Audretsch D. B.，"The Knowledge Spillover Theory of Entrepreneurship and Economic Growth"，*Research on Technological Innovation，Management and Policy*，2005（9）；Audretsch D. B.，Keilbach M.，"The Theory of Knowledge Spillover Entrepreneurship"，*Journal of Management Studies*，2007，44（7）．

　　[3]　Acs Z. J.，Braunerhjelm P.，Audretsch D. B.，"The Knowledge Spillover Theory of Entrepreneurship"，*Small Business Economics*，2009，32（1）；Thurik R.，Audretsch D. B.，Grilo I.，"Globalization，Entrepreneurship and the Region"，*EIM Business and Policy Research Working Paper*，2012.

　　[4]　Acs Z. J.，O' Gorman C.，Szerb L.，et al.，"Could the Irish Miracle Be Repeated in Hungary?" *Small Business Economics*，2007，28（2）．

　　[5]　De La Potteri B. V. P. and Lichtenberg F.，"Does Foreign Direct Investment Transfer Technology Across Borders?" *Review of Economics and Statistics*，2001，83（3）．

中国家的 FDI 对东道国企业家精神的影响也会存在差异。[1]

那么，FDI 是否能够给东道国带来更多的创业机会？如何促进 FDI 渠道企业家精神溢出？以上问题的回答对于我国制定合理的投资战略具有重要的理论意义和政策含义。鉴于此，本章利用 GEM 数据对 FDI 企业家精神溢出效应进行实证验证。

第二节　估计模型、变量描述与数据说明

一　计量模型的构建

根据以上论述，FDI 渠道企业家精神溢出也会影响一国的企业家精神。借鉴奥德斯（Audretsch，1995）[2] 的企业家精神溢出理论和科伊和赫尔普曼（Coe and Helpman，1995）[3] 计算知识溢出指标的方法，本书构建计量模型如下：

$$ent_{it} = c + \alpha \text{yichu}_{It} + \beta \text{region}_{It} + \lambda x_{it} + yeardum + u_i \qquad (7.1)$$

其中，ent_{it} 代表个体 i 在时期 t 的早期企业家精神以及新产品型和技术型企业家精神；yichu_{It} 代表个体 i 所在国家（地区）I 在时期 t 的 FDI 渠道企业家精神溢出；region_{It} 为区域层面控制变量，包括个体 i 所在国家（地区）I 在时期 t 的人均 GDP 水平、制度约束程度和人力资本水平；x_{it} 代表个体特征变量，包括个体 i 在 t 时期的性别、年龄、年龄的平方、人力资本、社会资本、风险规避程度和家庭财富等变量；$yeardum$ 变量为年份虚拟变量。加入地区控制变量的原因为：首先，在管理条例、行政壁垒和政府市场介入较多的情况下，个体选择成为企业家的几率随之降低；其次，区域人力资本水平是衡量技术吸收能力的重要指标，当区域具有一定的人力资本水平，有利于缩小该区域本土企业与外资企业的技术差距，因此才能更好地获得 FDI 知识溢出。[4] 加入个体特征控制变量的原

---

① 刘鹏程、李磊、王小洁：《企业家精神的性别差异——基于创业动机视角的研究》，《管理世界》2013 年第 8 期。

② Audretsch D. B. , *Innovation and Industry Evolution*, Cambridge：MIT Press，1995.

③ Coe D. and E. Helpman，"International R&D Spillovers"，*European Economic Review*，1995，39（5）.

④ 李燕、韩伯棠、张庆普：《FDI 溢出、门槛效应与我国区域技术进步——基于全国 29 个省市面板数据的实证研究》，《中国科技论坛》2011 年第 3 期。

因为：创业活动的核心动力来源于企业家个体，而个体选择是否成为企业家与其自身性别、年龄、人力资本、社会资本、风险规避程度和家庭财富等个体特征因素有着密切联系。由于个人特征存在差异，相同的外部要素对企业家个体的作用可能产生不同的结果。因此本书采取加入控制变量的办法来消除这些因素对企业家精神的影响。

二 FDI 渠道企业家精神溢出指标的构建

本书参考科伊和赫尔普曼（Coe and Helpman, 1995）[①] 的方法构建了 FDI 企业家精神溢出指标。该指标能够有效地利用双边 FDI 数据估计其产生的经济影响，也能与个体数据相结合，全面捕捉性别、年龄、人力资本、社会资本、风险规避程度和家庭财富等个体特征因素的影响。FDI 企业家精神溢出指标表达方式如下：

$$entyichu_{It} = \sum_{J=1}^{n} \left(\frac{FDI_{IJt}}{FDI_{It}} ent_{Jt} \right)$$

其中，$entyichu_{It}$ 代表 t 年个体 i 所在地区 I 通过 FDI 渠道得到的 FDI 总体企业家精神溢出以及机会型、生存型和技术型企业家精神溢出，FDI_{IJt} 表示 t 年 I 地区与 J 地区的 FDI 流量，FDI_{It} 表示 t 年 I 地区的 FDI 总额，与 $entyichu_{It}$ 相对应，ent_{Jt} 表示 t 年 J 地区的总体企业家精神以及机会型、生存型和技术型企业家精神溢出。把区域 J 限定在发达国家/发展中国家后，本书得到了发达国家/发展中国家 FDI 渠道总体和细分企业家精神溢出指标。这样便可以考察不同来源国的企业家精神溢出的影响。

三 其他主要变量

本书使用到的主要解释变量有企业家精神、机会型企业家精神、生存型企业家精神、新产品型企业家精神、企业家机会和企业家预期收益等。本书使用的个体特征控制变量主要有个体年龄、性别、人力资本、社会资本水平、风险规避和家庭收入水平等。本书使用的区域层面控制变量主要有人均 GDP、区域层面人力资本水平以及区域制度水平等。各

① Coe D. and E. Helpman, "International R&D Spillovers", *European Economic Review*, 1995, 39 (5).

变量的定义与第三章、第四章和第五章一致，在此不做赘述。

四　数据说明和数据处理方法

本书的企业家精神数据来源于美国巴森学院和英国伦敦商业学院 1999 年发起的全球创业观察（Global Entrepreneurship Monitor）项目。该数据分为国家层面和个体层面两部分。为了研究需要，本书选取的样本具有以下特点：1. 具备劳动能力；2. 不是在校学生；3. 主要特征不存在缺失。本书使用的双边 FDI 数据来自 OECD 数据库，人均 GDP 和人力资本水平指标均来自 WDI 数据库，制度指标变量来自经济自由指数（Index of Economic Freedom）数据库。

利用国家层面数据，本书计算出 FDI 企业家精神溢出指标。然后，将该指标与区域层面的人均 GDP、人力资本水平指标和制度指标变量以及 GEM 个体调查数据相结合，本书得到了最终数据。

五　变量描述性统计

表 7—1 报告了主要变量的描述性统计。当以总体企业家精神、生存型和机会型企业家精神为被解释变量时，在删除了各变量缺失值之后，本书得到了 2002—2009 年的 202626 个数据；当以新产品型企业家精神为被解释变量时，在删除了各变量缺失值之后，本书得到了 2006—2009 年的 144152 个数据；当以技术型企业家精神为被解释变量时，在删除了各变量缺失值之后，本书得到了 2005—2009 年的 166374 个数据。

表 7—1　　　　　　　　　主要变量的描述性统计

变量	样本	均值	标准差	最小值	最大值
企业家精神	202626	0.0926	0.2899	0	1
企业家精神溢出	202626	1.5540	0.2812	0.3317	3.4863
机会型企业家精神	202626	0.0735	0.2610	0	1
机会型企业家精神溢出	202626	1.300	0.3035	-0.2487	3.3536
生存型企业家精神	202626	0.0156	0.1238	0	1

续表

变量	样本	均值	标准差	最小值	最大值
生存型企业家精神溢出	202626	-0.2215	0.3490	-1.4038	1.4191
人均GDP	202626	10.3962	0.4253	8.5533	11.4636
人均GDP平方项	202626	108.2620	8.5560	73.1589	131.4148
区域人力资本水平	202626	4.1638	0.1617	3.5838	4.5546
制度	202626	4.2849	0.0917	4.0431	4.4140
年龄	202626	41.1749	11.1122	16	65
年龄平方项	202626	1818.8500	920.1991	256	4225
女性	202626	0.4996	0.5000	0	1
人力资本（自我报告项）	202626	0.5256	0.4993	0	1
受教育程度	202626	0.7584	0.4280	0	1
社会资本	202626	0.3874	0.4872	0	1
风险规避程度	202626	0.3842	0.4864	0	1
家庭财富水平	202626	1.9643	0.7997	1	3
新产品型企业家精神	144152	0.0453	0.2079	0	1
新产品型企业家精神溢出	144152	2.3607	0.2512	1.4362	3.4791
技术型企业家精神	166374	0.0054	0.0732	0	1
技术型企业家精神溢出	166374	1.5368	0.3628	0.6631	2.4565

注：企业家精神溢出、机会型、生存型、新产品型和技术型企业家精神溢出变量、人均GDP、人均GDP平方项、区域人力资本水平和制度变量取了对数。统计结果保留四位有效小数。

第三节 计量结果

一 FDI渠道企业家精神溢出的影响

表7—2报告了FDI渠道企业家精神溢出的计量结果。式（1）—式（2）的计量结果显示，以FDI总量衡量的FDI企业家精神溢出变量系数显著为正，这说明FDI丰富了区域内部的知识存量，创造了更多的企业家机会，提高了个体成为企业家的几率。从现实来讲，FDI企业家精神溢出的具体方式包括人员流动、示范效应、需求创造和产业间知识溢出等。

式（3）—式（6）的计量结果显示FDI渠道机会型和生存型企业家精神溢出变量的系数均为正，这也从侧面证明了FDI带来了更多可以商业化的知识，促进区域内企业家精神。式（1）—式（2）中的控制变量计量结果显示，年龄变量系数显著为正，年龄的平方变量系数显著为负，说明年龄与企业家精神呈倒"U"型关系，即随着年龄的增加，个体企业家精神先增加后减少；女性变量系数显著为负，说明女性的企业家精神低于男性；受教育程度变量系数显著为正，说明这主要是因为高学历人群虽然创业知识丰富，有利于其创业；社会资本和家庭财富系数均显著为正，说明这两个变量均对企业家精神具有显著正向影响；人均 GDP 变量系数显著为负，人均 GDP 平方项变量系数显著为正，说明该变量与企业家精神呈正"U"型关系，即人均 GDP 中等的国家，企业家精神最低，而人均 GDP 较低或较高的国家，企业家精神越高；区域人力资本水平变量系数显著为正，说明一国教育水平对企业家精神具有显著的促进作用；经济自由度变量系数显著为正，说明一国经济自由程度对企业家精神具有显著的促进作用。式（5）—式（6）中控制变量的计量结果略有不同，但与前面几章的计量结果基本一致。

表 7—2　　　　　FDI 渠道企业家精神溢出效应的计量结果

	（1）	（2）	（3）	（4）	（5）	（6）
企业家精神溢出	0.1349 ***	0.0638 ***				
	(0.0120)	(0.0124)				
机会型企业家精神溢出			0.1440 ***	0.0846 ***		
			(0.0119)	(0.0123)		
生存型企业家精神溢出					0.2151 ***	0.0640 ***
					(0.0185)	(0.0211)
年龄	0.0089 ***	0.0109 ***	0.0114 ***	0.0126 ***	−0.0011	0.0016
	(0.0026)	(0.0026)	(0.0028)	(0.0028)	(0.0046)	(0.0046)
年龄平方	−0.0002 ***	−0.0002 ***	−0.0002 ***	−0.0003 ***	0.0000	−0.0000
	(0.0000)	(0.0000)	(0.0000)	(0.0000)	(0.0001)	(0.0001)
是否为女性	−0.1194 ***	−0.1253 ***	−0.1277 ***	−0.1325 ***	−0.0647 ***	−0.0697 ***
	(0.0083)	(0.0083)	(0.0089)	(0.0089)	(0.0150)	(0.0151)
人力资本（自我报告项）	0.8869 ***	0.8805 ***	0.8860 ***	0.8823 ***	0.5586 ***	0.5472 ***
	(0.0102)	(0.0102)	(0.0114)	(0.0115)	(0.0184)	(0.0185)
受教育程度	0.0429 ***	0.0240 **	0.0580 ***	0.0337 ***	−0.0388 **	−0.0142
	(0.0099)	(0.0100)	(0.0108)	(0.0109)	(0.0171)	(0.0175)

续表

	(1)	(2)	(3)	(4)	(5)	(6)
社会资本	0.3560 ***	0.3568 ***	0.3501 ***	0.3502 ***	0.1997 ***	0.1995 ***
	(0.0082)	(0.0083)	(0.0089)	(0.0089)	(0.0150)	(0.0152)
风险规避程度	− 0.2746 ***	− 0.2600 ***	− 0.2861 ***	− 0.2735 ***	− 0.0801 ***	− 0.0730 ***
	(0.0090)	(0.0090)	(0.0098)	(0.0098)	(0.0158)	(0.0160)
中等家庭收入	− 0.0026	0.0060	0.0416 ***	0.0516 ***	− 0.1230 ***	− 0.1250 ***
	(0.0104)	(0.0105)	(0.0113)	(0.0114)	(0.0177)	(0.0178)
高等家庭收入	0.0206 *	0.0293 ***	0.1024 ***	0.1108 ***	− 0.2762 ***	− 0.2771 ***
	(0.0106)	(0.0107)	(0.0115)	(0.0116)	(0.0195)	(0.0197)
人均 GDP		− 2.5214 ***		− 1.9794 ***		− 0.5798
		(0.2764)		(0.3009)		(0.5371)
人均 GDP 的平方		0.1171 ***		0.0936 ***		0.0130
		(0.0138)		(0.0150)		(0.0271)
区域教育程度		0.2841 ***		0.3439 ***		− 0.0063
		(0.0284)		(0.0307)		(0.0516)
经济自由度		1.1985 ***		1.1662 ***		0.5451 ***
		(0.0584)		(0.0637)		(0.1052)
年份固定效应	有	有	有	有	有	有
常数项	− 2.3765 ***	4.8810 ***	− 2.5561 ***	1.5008	− 2.4607 ***	− 0.3636
	(0.0561)	(1.4227)	(0.0592)	(1.5534)	(0.0946)	(2.7572)
观测值	202626	202626	202626	202626	202626	202626

注：（ ）括号内为稳健的标准误；＊，＊＊，＊＊＊分别代表10%，5%和1%的显著性水平；统计结果保留四位有效小数。

二 不同来源国的 FDI 渠道企业家精神溢出

当来源国的经济发展程度不同时，FDI 所带来的企业家精神溢出对东道国会有何种不同影响？表7—3 报告了发达国家 FDI 渠道企业家精神溢出的计量结果，式（7）—式（10）显示企业家精神溢出变量显著为正，说明发达国家 FDI 带来了正向的企业家精神溢出。但是式（12）中企业家精神溢出变量不显著，说明发达国家 FDI 带来的生存型企业家精神对当地生存型创业没有足够的影响。这是因为，发达国家拥有优良的创新环境和技术要素，是创新和创意主要来源地。来自发达国家的跨国公司能够将本国先进的创业理念传播到其他国家，促进机会型创业。而发达国家往往生存型创业率比较低，因此对当地生存型创业没有起到示范效应。

表7—3　　　　发达国家 FDI 渠道企业家精神溢出效应的计量结果

	企业家精神		机会型企业家精神		生存型企业家精神	
	（7）	（8）	（9）	（10）	（11）	（12）
企业家精神溢出	0.0293 *	0.0285 *				
	（0.0153）	（0.0162）				
机会型企业家精神溢出			0.0756 ***	0.0229 *		
			（0.0120）	（0.0125）		
生存型企业家精神溢出					0.0311 *	0.0268
					（0.0171）	（0.0185）
年龄	0.0050	0.0073 **	0.0107 ***	0.0124 ***	− 0.0023	0.0014
	（0.0035）	（0.0035）	（0.0028）	（0.0028）	（0.0046）	（0.0047）
年龄平方	− 0.0001 ***	− 0.0002 ***	− 0.0002 ***	− 0.0003 ***	0.0000	− 0.0000
	（0.0000）	（0.0000）	（0.0000）	（0.0000）	（0.0001）	（0.0001）
是否为女性	− 0.1085 ***	− 0.1167 ***	− 0.1251 ***	− 0.1315 ***	− 0.0592 ***	− 0.0697 ***
	（0.0114）	（0.0115）	（0.0089）	（0.0090）	（0.0150）	（0.0152）
人力资本（自我报告项）	0.9032 ***	0.8938 ***	0.8881 ***	0.8819 ***	0.5585 ***	0.5445 ***
	（0.0142）	（0.0143）	（0.0114）	（0.0115）	（0.0184）	（0.0186）
受教育程度	0.0411 ***	0.0044	0.0595 ***	0.0348 ***	− 0.0390 **	− 0.0133
	（0.0133）	（0.0138）	（0.0108）	（0.0110）	（0.0171）	（0.0176）
社会资本	0.3197 ***	0.3243 ***	0.3518 ***	0.3536 ***	0.1997 ***	0.2004 ***
	（0.0114）	（0.0115）	（0.0089）	（0.0090）	（0.0151）	（0.0153）
风险规避程度	− 0.2640 ***	− 0.2506 ***	− 0.2847 ***	− 0.2720 ***	− 0.0783 ***	− 0.0685 ***
	（0.0123）	（0.0124）	（0.0098）	（0.0098）	（0.0158）	（0.0160）
中等家庭收入	0.0357 ***	0.0650 ***	0.0412 ***	0.0523 ***	− 0.1245 ***	− 0.1265 ***
	（0.0137）	（0.0141）	（0.0114）	（0.0115）	（0.0177）	（0.0179）
高等家庭收入	0.0420 ***	0.0669 ***	0.1006 ***	0.1110 ***	− 0.2794 ***	− 0.2759 ***
	（0.0144）	（0.0149）	（0.0115）	（0.0117）	（0.0195）	（0.0198）

续表

	企业家精神		机会型企业家精神		生存型企业家精神	
	(7)	(8)	(9)	(10)	(11)	(12)
人均 GDP		-1.7788 ***		-1.3818 ***		0.1328
		(0.4645)		(0.3171)		(0.5566)
人均 GDP 的平方		0.0798 ***		0.0622 ***		-0.0247
		(0.0230)		(0.0158)		(0.0280)
区域教育程度		0.2825 ***		0.3513 ***		-0.0086
		(0.0421)		(0.0310)		(0.0530)
经济自由度		1.3444 ***		1.3411 ***		0.6829 ***
		(0.0781)		(0.0636)		(0.1008)
年份固定效应	有	有	有	有	有	有
常数项	-1.9918 ***	0.9288	-2.4459 ***	-2.0176	-2.4801 ***	-4.2943
	(0.0747)	(2.3844)	(0.0589)	(1.6413)	(0.0951)	(2.8350)
观测值	225379	225379	225379	225379	225379	225379

注：( ) 括号内为稳健的标准误；*，**，*** 分别代表10%，5% 和1% 的显著性水平；统计结果保留四位有效小数。

表7—4 报告了发展中国家 FDI 渠道企业家精神溢出的计量结果，式（13）—式（18）的计量结果显示，企业家精神溢出变量的系数均为正，说明发展中国家 FDI 带来了正向的企业家精神溢出。其原因在于，发展中国家跨国公司并不具备技术、品牌和人力资源等无形资产所有权优势。其技术吸收能力和开发能力较弱，很少能率先开发发达国家市场上的创业机会。而且，发展中国家公司能够根据东道国的市场和生产条件，改进发达国家的生产管理技术[1]，这也会带来种族专有的知识，起到丰富东道国知识储量的作用。因此对本地企业家精神起到了显著正向影响。

———————————

① 刘鹏程、李磊、王小洁：《企业家精神的性别差异——基于创业动机视角的研究》，《管理世界》2013 年第 8 期。

表7—4　　　发展中国家 FDI 渠道企业家精神溢出效应的计量结果

	企业家精神		机会型企业家精神		生存型企业家精神	
	(13)	(14)	(15)	(16)	(17)	(18)
企业家精神溢出	0.2522 ***	0.1306 ***				
	(0.0060)	(0.0082)				
机会型企业家精神溢出			0.1669 ***	0.1130 ***		
			(0.0066)	(0.0092)		
生存型企业家精神溢出					0.3139 ***	0.1037 ***
					(0.0086)	(0.0120)
年龄	0.0075 ***	0.0097 ***	0.0084 ***	0.0088 ***	0.0011	0.0064 *
	(0.0021)	(0.0021)	(0.0023)	(0.0023)	(0.0033)	(0.0034)
年龄平方	−0.0002 ***	−0.0002 ***	−0.0002 ***	−0.0002 ***	−0.0001 *	−0.0001 **
	(0.0000)	(0.0000)	(0.0000)	(0.0000)	(0.0000)	(0.0000)
是否为女性	−0.1182 ***	−0.1201 ***	−0.1325 ***	−0.1344 ***	−0.0398 ***	−0.0423 ***
	(0.0069)	(0.0069)	(0.0075)	(0.0076)	(0.0111)	(0.0113)
人力资本（自我报告项）	0.8158 ***	0.8081 ***	0.8234 ***	0.8182 ***	0.4879 ***	0.4801 ***
	(0.0082)	(0.0083)	(0.0095)	(0.0095)	(0.0131)	(0.0134)
受教育程度	−0.0333 ***	0.0123	0.0498 ***	0.0589 ***	−0.2145 ***	−0.0889 ***
	(0.0079)	(0.0082)	(0.0089)	(0.0091)	(0.0118)	(0.0126)
社会资本	0.3765 ***	0.3593 ***	0.3651 ***	0.3605 ***	0.2267 ***	0.1793 ***
	(0.0069)	(0.0070)	(0.0076)	(0.0076)	(0.0112)	(0.0115)
风险规避程度	−0.2470 ***	−0.2410 ***	−0.2684 ***	−0.2649 ***	−0.0698 ***	−0.0513 ***
	(0.0074)	(0.0075)	(0.0083)	(0.0083)	(0.0117)	(0.0120)
中等家庭收入	−0.0188 **	−0.0012	0.0544 ***	0.0673 ***	−0.1661 ***	−0.1438 ***
	(0.0085)	(0.0086)	(0.0095)	(0.0096)	(0.0130)	(0.0133)
高等家庭收入	0.0299 ***	0.0464 ***	0.1376 ***	0.1504 ***	−0.2748 ***	−0.2590 ***
	(0.0088)	(0.0089)	(0.0097)	(0.0097)	(0.0143)	(0.0146)
人均 GDP		−0.4155 ***		−0.6085 ***		0.7503 ***
		(0.0632)		(0.0699)		(0.0934)
人均 GDP 平方项		0.0139 ***		0.0276 ***		−0.0542 ***
		(0.0033)		(0.0037)		(0.0050)

续表

	企业家精神		机会型企业家精神		生存型企业家精神	
	(13)	(14)	(15)	(16)	(17)	(18)
区域人力资本水平		0.0039		0.0527***		−0.0774***
		(0.0165)		(0.0184)		(0.0249)
经济自由度		0.5055***		0.5189***		0.2425***
		(0.0424)		(0.0467)		(0.0646)
年份固定效应	有	有	有	有	有	有
常数项	−1.9517***	−1.5073***	−2.1604***	−1.3562***	−1.8687***	−5.1775***
	(0.0417)	(0.3288)	(0.0458)	(0.3612)	(0.0651)	(0.5074)
观测值	294559	294559	294559	294559	294559	294559

注：( ) 括号内为稳健的标准误；*，**，*** 分别代表10%，5%和1%的显著性水平；统计结果保留四位有效小数。

三 FDI渠道新产品型和技术型企业家精神溢出

对于新建企业来说，产品创新可以有效应对不断变化的顾客需求，能够带来良好的绩效，使企业处在有利的竞争地位。表7—5报告了FDI渠道新产品型企业家精神溢出的影响。式（19）—式（20）中FDI渠道企业家精神溢出系数显著为正，说明该变量显著提升了新产品型企业家精神，增加了东道国市场上的新产品型创业。式（21）—式（22）中发达国家FDI渠道企业家精神溢出系数不显著，说明发达国家FDI带来的企业家精神溢出对东道国市场上新产品型创业的作用不明显。式（23）—式（24）中发展中国家FDI渠道企业家精神溢出系数显著为正，说明发展中国家FDI带来的企业家精神溢出对东道国市场上新产品型创业具有明显的促进作用。发达国家跨国公司拥有大量的知识资产，能够承担高成本，生产不同种类的产品。东道国企业不能完全掌握其核心技术，因此只能采取模仿的手段，难以生产更为新颖的产品。相比之下，发达国家企业往往具有丰厚的知识资本，如专利与技术诀窍、产品差别、商标和管理技能等，而发展中国家跨国公司在这一方面较为欠缺，其产品技术很容易被发达国家企业掌握。

表 7—5　　　　FDI 渠道新产品型企业家精神溢出效应的计量结果

	所有国家		发达国家		发展中国家	
	(19)	(20)	(21)	(22)	(23)	(24)
新产品型企业家精神溢出	0.1818 ***	0.1061 ***	− 0.1261 ***	− 0.0067	0.0497 ***	0.0609 ***
	(0.0142)	(0.0142)	(0.0217)	(0.0244)	(0.0126)	(0.0140)
年龄	0.0007	0.0065	0.0037	0.0082 *	− 6.3363 ***	− 3.7511 ***
	(0.0040)	(0.0041)	(0.0045)	(0.0045)	(0.6605)	(0.7074)
年龄平方	− 0.0001 **	− 0.0002 ***	− 0.0001 **	− 0.0002 ***	0.2953 ***	0.1717 ***
	(0.0000)	(0.0000)	(0.0001)	(0.0001)	(0.0331)	(0.0354)
是否为女性	− 0.0679 ***	− 0.0778 ***	− 0.0682 ***	− 0.0783 ***	0.4797 ***	0.2341 ***
	(0.0130)	(0.0131)	(0.0144)	(0.0145)	(0.0539)	(0.0594)
人力资本（自我报告项）	0.7937 ***	0.7878 ***	0.8299 ***	0.8125 ***	1.1208 ***	1.0590 ***
	(0.0173)	(0.0175)	(0.0193)	(0.0195)	(0.0908)	(0.1001)
受教育程度	0.0586 ***	0.0477 ***	0.0293 *	0.0209		0.0053
	(0.0156)	(0.0161)	(0.0170)	(0.0176)		(0.0047)
社会资本	0.3427 ***	0.3391 ***	0.3223 ***	0.3300 ***		− 0.0001 **
	(0.0131)	(0.0132)	(0.0145)	(0.0147)		(0.0001)
风险规避程度	− 0.2577 ***	− 0.2328 ***	− 0.2283 ***	− 0.2163 ***		− 0.0754 ***
	(0.0142)	(0.0144)	(0.0158)	(0.0160)		(0.0153)
中等家庭收入	0.0469 ***	0.0506 ***	0.0511 ***	0.0688 ***		0.8069 ***
	(0.0162)	(0.0166)	(0.0175)	(0.0179)		(0.0205)
高等家庭收入	0.0307 *	0.0292 *	0.0336 *	0.0536 ***		0.0279
	(0.0166)	(0.0171)	(0.0183)	(0.0190)		(0.0200)
人均 GDP		− 4.9615 ***		− 2.3137 ***		0.3423 ***
		(0.4549)		(0.5792)		(0.0154)
人均 GDP 平方项		0.2312 ***		0.0999 ***		− 0.2101 ***
		(0.0226)		(0.0288)		(0.0167)
区域人力资本水平		0.1842 ***		0.0958 *		0.0769 ***
		(0.0463)		(0.0533)		(0.0192)
经济自由度		1.1158 ***		1.1471 ***		0.0385 *
		(0.0861)		(0.0948)		(0.0204)

续表

	所有国家		发达国家		发展中国家	
	(19)	(20)	(21)	(22)	(23)	(24)
年份固定效应	有	有	有	有	有	有
常数项	−2.7509 ***	18.3525 ***	−2.1183 ***	5.4732 *	25.4095 ***	12.4808 ***
	(0.0888)	(2.3227)	(0.1017)	(2.9444)	(3.3376)	(3.5703)
观测值	144451	144451	144152	144152	144152	144152

注：( ) 括号内为稳健的标准误；*，**，*** 分别代表10%，5%和1%的显著性水平；统计结果保留四位有效小数。

从 20 世纪末开始，知识经济的兴起成为全球经济表现出的明显趋势。具体来说，传统工业部门的投资比例逐渐降低，而高新技术研发投资比例迅速提升，并逐渐超越传统工业部门成为经济增长的引擎。传统自然资源和资本已经不再是各国之间以及国内区域之间经济竞争的重点，而科学技术和知识资本的重要性及竞争程度逐步提升。在以信息技术、计算机技术发展为主要标志的高科技领域迅速发展的同时，市场体制和市场结构更加灵活开放，生产要素的流动与配置更加自由，市场需求不确定性也随之增加，市场供给也需要随时调整。这一切均使得规模经济优势的重要性变小，而知识优势和信息优势的重要性逐渐增大。在这一背景下，企业最优规模变小，行业进入壁垒逐渐消除，创业门槛降低，大量新创企业开始涌现。高新技术企业的大量涌现能够极大推动区域经济的发展，提升区域竞争力水平。在开放环境下，普遍认为外资进入带来的企业家精神溢出能够进一步促使本国建立更多的高新技术企业，促进高新技术产业的发展。那事实是否如此呢？

表7—6 报告了技术型企业家精神溢出变量的计量结果。结果显示，无论 FDI 来源国是全部国家、发达国家或者发展中国家，该变量系数均不显著，说明 FDI 并没有在东道国带来技术型企业家精神溢出。从源自发达国家的 FDI 来看，发达国家往往拥有优良的技术创新环境和技术要素，是技术创新主要来源地。发达国家来的核心技术和核心产业的研发投入大多放在国内，其跨国公司主观上也会防止先进技术的扩散。新产生的技术成果是研发部门收回沉没成本、获取利润和取得竞争优势的最重要资源。因此在新成果诞生以后，研发创新部门往往会采取申请专利

或者技术保密等诸多措施，使其能够在一段时期内领先其他竞争对手享受创新收益。直到新技术已经成熟，相关产品和服务标准化之后，技术创新部门才会考虑将成果转让出去，以获取最后的利润。因此 FDI 并未产生显著的技术型企业家精神溢出。

表 7—6　　　　　FDI 渠道技术型企业家精神溢出效应的计量结果

	所有国家		发达国家		发展中国家	
	(25)	(26)	(27)	(28)	(29)	(30)
技术型企业家精神溢出	-0.0136	-0.0423	0.0105	0.0163	0.0396 ***	0.0226
	(0.0328)	(0.0311)	(0.0223)	(0.0225)	(0.0151)	(0.0226)
年龄	0.0046	0.0070	-0.0051	-0.0011	0.0025	0.0042
	(0.0085)	(0.0085)	(0.0067)	(0.0068)	(0.0088)	(0.0088)
年龄平方	-0.0002 *	-0.0002 **	-0.0000	-0.0001	-0.0001	-0.0002
	(0.0001)	(0.0001)	(0.0001)	(0.0001)	(0.0001)	(0.0001)
是否为女性	-0.2792 ***	-0.2779 ***	-0.0757 ***	-0.0812 ***	-0.2839 ***	-0.2839 ***
	(0.0288)	(0.0289)	(0.0217)	(0.0219)	(0.0299)	(0.0301)
人力资本（自我报告项）	0.5871 ***	0.5930 ***	0.5688 ***	0.5612 ***	0.5780 ***	0.5847 ***
	(0.0393)	(0.0396)	(0.0291)	(0.0294)	(0.0401)	(0.0405)
受教育程度	0.1561 ***	0.1409 ***	0.1046 ***	0.0917 ***	0.1808 ***	0.1551 ***
	(0.0361)	(0.0365)	(0.0277)	(0.0280)	(0.0384)	(0.0390)
社会资本	0.2659 ***	0.2483 ***	0.2838 ***	0.2706 ***	0.2425 ***	0.2289 ***
	(0.0275)	(0.0278)	(0.0221)	(0.0223)	(0.0285)	(0.0287)
风险规避程度	-0.1719 ***	-0.1587 ***	-0.1822 ***	-0.1630 ***	-0.1588 ***	-0.1446 ***
	(0.0298)	(0.0301)	(0.0236)	(0.0239)	(0.0309)	(0.0311)
中等家庭收入	0.1611 ***	0.1434 ***	-0.1147 ***	-0.1244 ***	0.1523 ***	0.1434 ***
	(0.0363)	(0.0366)	(0.0275)	(0.0278)	(0.0366)	(0.0370)
高等家庭收入	0.2752 ***	0.2452 ***	-0.0361	-0.0441	0.2634 ***	0.2492 ***
	(0.0359)	(0.0365)	(0.0273)	(0.0277)	(0.0365)	(0.0373)
人均 GDP		-5.4791 ***		-4.7127 ***		-4.9754 ***
		(0.9131)		(0.8237)		(0.9868)
人均 GDP 平方项		0.2660 ***		0.2227 ***		0.2415 ***
		(0.0451)		(0.0410)		(0.0489)

续表

	所有国家		发达国家		发展中国家	
	（25）	（26）	（27）	（28）	（29）	（30）
区域人力 资本水平		0.6347 ***		0.5210 ***		0.6118 ***
		(0.0980)		(0.0808)		(0.1242)
经济自由度		0.3775 **		0.8452 ***		0.5178 ***
		(0.1769)		(0.1488)		(0.1867)
年份固定效应	有	有	有	有	有	有
常数项	-1.2948 ***	15.1360 ***	-2.8036 ***	16.2160 ***	-3.0679 ***	17.7199 ***
	(0.1947)	(5.3166)	(0.1380)	(4.3114)	(0.1748)	(5.1276)
观测值	166374	166374	166374	166374	166374	166374

注：（ ）括号内为稳健的标准误；*，**，*** 分别代表 10%，5% 和 1% 的显著性水平；统计结果保留四位有效小数。

第四节　溢出机制的探讨

从总体来看，FDI 企业家精神溢出对一国企业家精神具有促进作用。但是从上文可知，FDI 企业家精神溢出正向效应的发生是需要一定条件的，即东道国个体能够充分吸收外资企业的技术并将其商业化。这其实是指个体需要具有较高的技术吸收能力。科恩和利文索尔（Cohen and Levinthal，1989，1990)[1] 最先在经济学文献中阐述了吸收能力这一术语，并认为吸收能力体现在三个方面：一是能够鉴别和挑选适合模仿及学习的技术；二是具备模仿与学习该项技术的能力；三是能够将该技术运用于商业化生产。对于个体而言，社会人力资本、法律及制度环境都被视为是既定的，在区域层面，这些因素本身就是吸收能力的基本构成要素[2]。因此本书利用经济自由指数和 WDI 数据，分别构建了制度环境和

---

[1]　Cohen W. M., Levinthal D. A., "Innovation and Learning: The Two Faces of R & D", *The Economic Journal*, 1989, 99; Cohen W. M., Levinthal D. A., "Absorptive Capacity: A New Perspective on Learning and Innovation", *Administrative Science Quarterly*, 1990, 35 (1).

[2]　Criscuolo P., Narula R., "A Novel Approach to National Technological Accumulation and Absorptive Capacity: Aggregating Cohen and Levinthal", *The European Journal of Development Research*, 2008, 20 (1).

人力资本与 FDI 企业家精神溢出交叉项，来对 FDI 渠道企业家精神溢出效应的机制进行分析。

一　FDI 渠道企业家精神溢出的机制——制度因素

为了验证东道国制度在 FDI 渠道企业家精神溢出中发挥的作用，本书构建了制度因素与 FDI 渠道总体、机会型、生存型、新产品型和技术型企业家精神溢出变量的交叉项。表 7—7 报告了制度因素影响 FDI 渠道企业家精神溢出的结果。结果显示各交叉项系数均为正，说明在区域层面，经济自由度加强了 FDI 企业家精神溢出的正向效应，经济自由度越高的国家，个体从外资企业中获得创业机会建立企业的几率越高。经济自由度的提高有助于建立市场制度和技术创新制度，能够促进市场竞争，减少市场外部性，降低交易成本，促进各种资源要素和技术成果的流动和交易。只有在市场制度健全的情况下，知识技术才会得到合理的估价，才能够带来理想的回报，个体也才会具有开发意愿。[1] 而如果情况相反，制度漏洞百出，政府管制严格，市场不能发挥自由配置资源的作用，那么知识技术的不确定性增加，重要性降低，个体不再引进新技术而是热衷于利用寻租手段获取利益。这使得国内企业丧失了创新的热情，即便东道国市场上具有前景不错的技术，国内企业也不会去吸收掌握。[2] 而外资企业无需任何技术优势便能获得东道国市场，在东道国立足发展。同时，由于技术的市场价值被贬低，跨国企业内部的科学技术和管理方法也很难在东道国市场传播。

表 7—7　FDI 渠道企业家精神溢出机制的计量结果——区域制度因素

	(31)	(32)	(33)	(34)	(35)
制度 * 总体企业家精神溢出	0.0525 ***				
	(0.0033)				

---

① 蒋殿春、张宇：《经济转型与外商直接投资技术溢出效应》，《经济研究》2008 年第 7 期。

② 史晋川、赵自芳：《所有制约束与要素价格扭曲——基于中国工业行业数据的实证分析》，《统计研究》2007 年第 6 期。

	(31)	(32)	(33)	(34)	(35)
制度 * 机会型企业家精神溢出		0.0493 ***			
		(0.0034)			
制度 * 生存型企业家精神溢出			0.0226 ***		
			(0.0056)		
制度 * 新产品型企业家精神溢出				0.0428 ***	
				(0.0064)	
制度 * 技术型企业家精神溢出					0.0239 ***
					(0.0080)
年龄	0.0117 ***	0.0130 ***	0.0030	0.0059	− 0.0129
	(0.0027)	(0.0029)	(0.0048)	(0.0044)	(0.0102)
年龄平方	− 0.0002 ***	− 0.0003 ***	− 0.0000	− 0.0002 ***	0.0001
	(0.0000)	(0.0000)	(0.0001)	(0.0001)	(0.0001)
是否为女性	− 0.1246 ***	− 0.1318 ***	− 0.0628 ***	− 0.0759 ***	− 0.0037
	(0.0087)	(0.0094)	(0.0158)	(0.0141)	(0.0328)
人力资本（自我报告项）	0.8909 ***	0.8883 ***	0.5567 ***	0.8115 ***	− 0.0530
	(0.0107)	(0.0120)	(0.0194)	(0.0188)	(0.0503)
受教育程度	0.0297 ***	0.0419 ***	− 0.0137	0.0494 ***	0.1515 ***
	(0.0107)	(0.0116)	(0.0185)	(0.0172)	(0.0425)
社会资本	0.3436 ***	0.3353 ***	0.1997 ***	0.3305 ***	0.0587 *
	(0.0087)	(0.0094)	(0.0159)	(0.0142)	(0.0337)
风险规避程度	− 0.2584 ***	− 0.2740 ***	− 0.0666 ***	− 0.2188 ***	0.0158
	(0.0095)	(0.0103)	(0.0167)	(0.0155)	(0.0365)
中等家庭收入	− 0.0018	0.0444 ***	− 0.1348 ***	0.0448 ***	− 0.2132 ***
	(0.0108)	(0.0118)	(0.0184)	(0.0171)	(0.0409)

续表

	(31)	(32)	(33)	(34)	(35)
高等家庭收入	0.0206 *	0.0976 ***	− 0.2717 ***	0.0252	− 0.1076 ***
	(0.0112)	(0.0121)	(0.0205)	(0.0182)	(0.0413)
人均 GDP	− 2.9095 ***	− 2.3982 ***	− 0.9976 *	− 3.8068 ***	− 5.5184 ***
	(0.2755)	(0.2986)	(0.5270)	(0.5241)	(1.2206)
人均 GDP 平方项	0.1426 ***	0.1200 ***	0.0375	0.1775 ***	0.2640 ***
	(0.0137)	(0.0148)	(0.0264)	(0.0260)	(0.0601)
区域人力资本水平	0.2152 ***	0.2791 ***	− 0.0457	0.0720	0.5090 ***
	(0.0284)	(0.0306)	(0.0516)	(0.0479)	(0.1191)
年份固定效应	有	有	有	有	有
常数项	1.5539 ***	8.0916 ***	3.8329	17.1971 ***	25.1799 ***
	(0.2661)	(1.4762)	(2.5598)	(2.5704)	(5.9455)
观测值	202626	202626	202626	144152	166374

注：（ ）括号内为稳健的标准误；*，**，*** 分别代表10%，5% 和1% 的显著性水平；统计结果保留四位有效小数。

二　FDI 渠道企业家精神溢出的机制——人力资本因素

为了验证东道国人力资本水平在 FDI 渠道企业家精神溢出中发挥的作用，本书构建了人力资本水平与 FDI 渠道总体、机会型、生存型、新产品型和技术型企业家精神溢出变量的交叉项。表7—8 显示各交叉项系数均显著为正，说明在区域层面，人力资本加强了 FDI 渠道企业家精神溢出的正向效应，人力资本水平越高的国家，个体从外资企业中获得创业机会建立企业的几率越高。

FDI 渠道企业家精神溢出在某种程度上可以被视为对引进技术的重新理解和开发。个体通过认识、获得、吸取和转化外国技术知识，从中获取具有开发潜力的企业家机会，从而能够动态自主地创新。在开放经济条件下，一国能否采用和实施来自国外溢出技术能力的重要先决条件就是人力资本水平。当一国具有丰厚的人力资本储备时，个体对外来技术才会具有迅速消化吸收、理解评估以及结合当地实际加以利用的能力。而当一国人力资本储备低于某一"门槛水平"时，国外技术对本土创新效率的改善作用会大打折扣。

表7—8　　　　　　　　FDI 渠道企业家精神溢出机制的计量
结果——区域人力资本因素

	(36)	(37)	(38)	(39)	(40)
区域人力资本水平 * 企业家精神溢出	0.0390 *** (0.0036)				
区域人力资本水平 * 机会型企业家精神溢出	(0.0036)	0.0362 ***			
区域人力资本水平 * 生存型企业家精神溢出		(0.0064)	0.0115 *		
区域人力资本水平 * 新产品型企业家精神溢出			(0.0065)	0.0210 ***	
区域人力资本水平 * 技术型企业家精神溢出				(0.0143)	0.0328 **
年龄	0.0120 *** (0.0027)	0.0133 *** (0.0029)	0.0032 (0.0048)	0.0066 (0.0044)	-0.0136 (0.0101)
年龄平方	-0.0002 *** (0.0000)	-0.0003 *** (0.000)	-0.0000 (0.0001)	-0.0002 *** (0.0001)	0.0001 (0.0001)
是否为女性	-0.1283 *** (0.0087)	-0.1351 *** (0.0094)	-0.0652 *** (0.0158)	-0.0800 *** (0.0141)	-0.0032 (0.0328)
人力资本 （自我报告项）	0.8832 *** (0.0108)	0.8803 *** (0.0120)	0.5518 *** (0.0195)	0.8031 *** (0.0188)	-0.0516 (0.0502)
受教育程度	0.3562 *** (0.0087)	0.3502 *** (0.0094)	-0.0199 (0.0186)	0.0225 (0.0174)	0.1394 *** (0.0426)
社会资本	-0.2531 *** (0.0095)	-0.2684 *** (0.0103)	0.2023 *** (0.0159)	0.3370 *** (0.0142)	0.0664 ** (0.0336)
风险规避程度	0.0119 (0.0108)	0.0605 *** (0.0118)	-0.0640 *** (0.0168)	-0.2114 *** (0.0155)	0.0191 (0.0366)
中等家庭收入	0.0419 *** (0.0111)	0.1239 *** (0.0120)	-0.1297 *** (0.0185)	0.0732 *** (0.0173)	-0.1910 *** (0.0409)
高等家庭收入	0.0390 *** (0.0036)	0.0362 *** (0.0036)	-0.2659 *** (0.0205)	0.0539 *** (0.0183)	-0.0775 * (0.0413)
人均 GDP	-1.7402 *** (0.2793)	-1.0650 *** (0.3040)	-0.3523 (0.5433)	-2.4279 *** (0.5187)	-1.8583 * (1.1209)

续表

	（36）	（37）	（38）	（39）	（40）
人均 GDP 平方项	0.0815 ***	0.0514 ***	0.0023	0.1061 ***	0.0852
	(0.0140)	(0.0152)	(0.0276)	(0.0259)	(0.0560)
制度	0.8949 ***	0.8811 ***	0.4705 ***	1.0547 ***	0.1145
	(0.0574)	(0.0625)	(0.1068)	(0.0925)	(0.2059)
年份固定效应	有	有	有	有	有
常数项	2.9023 **	- 0.8910	- 1.3075	6.5890 **	8.0763
	(1.4613)	(1.5949)	(2.8524)	(2.7198)	(5.9807)
观测值	202626	202626	202626	144152	166374

注：（ ）括号内为稳健的标准误；＊，＊＊，＊＊＊分别代表 10%，5% 和 1% 的显著性水平；统计结果保留四位有效小数。

第五节　FDI 渠道企业家精神溢出对企业家效用的影响

个体选择成为企业家的一个重要的原因是获取被雇员更高的效用。企业家效用来自其工作绩效的公平、公正的客观回报。创业者工作越成功，其满意度也就越大。本书从企业家回报期限和回报率两个方面来衡量 FDI 渠道企业家精神溢出对企业家效用的影响。式（41）—式（43）显示企业家精神溢出变量不显著，说明其对企业家回报期限没有显著影响。式（44）—式（45）显示企业家精神溢出变量显著为正，说明该变量显著增加了企业家回报率。因此，总体来看，企业家精神溢出对企业家效用具有一定的促进作用。

表 7—9　　　　FDI 渠道企业家精神溢出对企业家回报期限和回报率的影响

变量	企业家回报期限			企业家回报率		
	（41）	（42）	（43）	（44）	（45）	（46）
企业家精神溢出	- 0.0027			0.0837 **		
	(0.0470)			(0.0381)		

续表

变量	企业家回报期限			企业家回报率		
	(41)	(42)	(43)	(44)	(45)	(46)
机会型企业家 精神溢出		-0.0053			0.0809 **	
		(0.0424)			(0.0356)	
生存型企业家 精神溢出			0.0004			0.0442
			(0.0549)			(0.0384)
年龄	0.0237 **	0.0237 **	0.0237 **	0.0042	0.0042	0.0043
	(0.0100)	(0.0100)	(0.0100)	(0.0069)	(0.0069)	(0.0069)
年龄平方	-0.0002 *	-0.0002 *	-0.0002 *	-0.0001	-0.0001	-0.0001
	(0.0001)	(0.0001)	(0.0001)	(0.0001)	(0.0001)	(0.0001)
是否为女性	-0.0854 **	-0.0853 **	-0.0854 **	-0.1088 ***	-0.1089 ***	-0.1081 ***
	(0.0343)	(0.0343)	(0.0342)	(0.0235)	(0.0235)	(0.0235)
人力资本 （自我报告项）	-0.0885	-0.0884	-0.0886	0.1079 ***	0.1080 ***	0.1082 ***
	(0.0564)	(0.0564)	(0.0565)	(0.0377)	(0.0377)	(0.0377)
受教育程度	-0.0046	-0.0046	-0.0046	0.1056 ***	0.1060 ***	0.1051 ***
	(0.0389)	(0.0389)	(0.0389)	(0.0273)	(0.0273)	(0.0273)
社会资本	-0.0353	-0.0353	-0.0353	0.1092 ***	0.1092 ***	0.1093 ***
	(0.0347)	(0.0347)	(0.0347)	(0.0240)	(0.0240)	(0.0240)
风险规避程度	0.0281	0.0282	0.0281	-0.1401 ***	-0.1403 ***	-0.1387 ***
	(0.0384)	(0.0384)	(0.0384)	(0.0260)	(0.0260)	(0.0259)
中等家庭收入	0.0691 *	0.0691 *	0.0690 *	0.0237	0.0237	0.0235
	(0.0407)	(0.0407)	(0.0407)	(0.0284)	(0.0284)	(0.0284)
高等家庭收入	0.0511	0.0512	0.0512	0.1515 ***	0.1516 ***	0.1513 ***
	(0.0417)	(0.0417)	(0.0418)	(0.0296)	(0.0296)	(0.0296)
人均 GDP	-2.1145	-2.0966	-2.1419	-3.2179 ***	-3.2084 ***	-3.2784 ***
	(1.3721)	(1.3576)	(1.5537)	(0.9142)	(0.9139)	(0.9280)
人均 GDP 平方项	0.1222 *	0.1213 *	0.1235	0.1516 ***	0.1508 ***	0.1549 ***
	(0.0678)	(0.0670)	(0.0774)	(0.0453)	(0.0452)	(0.0461)
区域人力 资本水平	0.1072	0.1072	0.1067	0.3931 ***	0.4019 ***	0.3844 ***
	(0.1121)	(0.1119)	(0.1121)	(0.0838)	(0.0839)	(0.0843)
制度	-2.1139 ***	0.0237 **	0.0237 **	2.8508 ***	2.8494 ***	2.9032 ***
	(0.2343)	(0.0100)	(0.0100)	(0.1604)	(0.1599)	(0.1644)

续表

变量	企业家回报期限			企业家回报率		
	（41）	（42）	（43）	（44）	（45）	（46）
年份固定效应	有	有	有	有	有	有
阈值	有	有	有	有	有	有
观测值	6756	6756	6756	13271	13271	13271

注：（ ）括号内为稳健的标准误；＊，＊＊，＊＊＊ 分别代表10%，5% 和1% 的显著性水平；统计结果保留四位有效小数。企业家回报期限和企业家回报率为排序变量，本书并未报告其所有阈值。

第六节　本章小结

本章构建了国际贸易渠道企业家精神溢出的数理模型，并利用全球创业观察数据（GEM）检验了贸易渠道的企业家精神溢出效应。具体来说，本章参考科伊和赫尔普曼（Coe and Helpman，1995）[1] 模型中的知识溢出指标，并对其进行改进，用企业家精神变量代替了该指标中的 R&D 变量。这主要是因为斯瑞克等（Thurik et al.，2012）[2] 认为由于知识过滤机制的存在，研发投入并不一定会促进新企业的成立。而较高的企业家精神不仅意味着区域内部知识存量丰富，而且知识可开发的比率也相对较高，因此相比研发投入变量，使用该指标更能够衡量企业家精神溢出水平。改进的企业家精神溢出指标也表明区域间的企业家精神具有某种程度的关联，这也与以往研究一致。[3] 第二，本章样本中国家大多为发达国家，市场和制度环境完善，企业具有足够的激励进行技术改造和更新，企业和个人技术活动的效率较高，FDI 的溢出机制更容易发挥作用[4]，针对 OECD 国家的计量分析结果会更加准确。此外，异质性 FDI 也是本书

---

[1] Coe D. and E. Helpman, "International R&D Spillovers", *European Economic Review*, 1995, 39（5）.

[2] Thurik R., Audretsch D. B., Grilo I., "Globalization, Entrepreneurship and the Region", *EIM Business and Policy Research Working Paper*, 2012.

[3] 李燃、王立平、刘琴琴：《地理距离与经济距离对创业知识溢出影响的实证分析》，《科技进步与对策》2012 年第10 期。

[4] 蒋殿春、张宇：《经济转型与外商直接投资技术溢出效应》，《经济研究》2008 年第7 期。

考虑的因素。杰沃斯克和斯帕塔里姆（Javorcik and Spatareanu，2004）[1]在研究 FDI 对经济增长的影响时，将 FDI 按不同来源国进行了划分，结果显示来自亚洲和美洲同时在下游产业投资，对上游产业生产效率的提高作用超过了来自欧洲国家的 FDI。因此，本章又进一步将 FDI 来源国分为发达国家和发展中国家，以考察异质性 FDI 对企业家精神的影响。第三，按照 GEM 对创业类型的细化分类，本章分析了 FDI 渠道企业家精神溢出对不同类型创业的影响。具体来说，GEM 按照创业动机将创业细分为生存型和机会型，按照创新性将创业细分为新产品型和技术型。不同类型的创业在创新产品、市场拓展以及提升经济社会竞争力等方面都存在较大差异[2]，细化分析有利于发现有意义的结论。第四，根据以往文献的论述，区域内的人力资本和制度约束对企业家精神溢出和企业家阶层的形成具有重要的作用，因此本章从人力资本和制度约束两个角度，对企业家精神溢出效应的机制进行了初步探讨。第五，本书分析了 FDI 渠道企业家精神溢出对企业家效用的影响。

本章得出的主要结论如下：FDI 渠道总体、机会型和生存型企业家精神溢出变量的系数均为正，说明 FDI 带来了更多可以商业化的知识，促进区域内企业家精神；发达国家带来的 FDI 渠道总体和机会型企业家精神溢出具有显著的正向作用，而生存型企业家精神溢出影响不显著；发展中国家带来的 FDI 渠道的总体、机会型和生存型企业家精神溢出均具有显著的正向作用；所有国家、发达国家和发展中国家带来的 FDI 渠道新产品型企业家精神溢出均具有显著正向作用；所有国家、发达国家和发展中国家带来的 FDI 渠道新技术型企业家精神溢出的影响均不显著；FDI 渠道企业家精神溢出机制检验结果表明，区域经济自由度和区域人力资本水平均显著提升了 FDI 渠道企业家精神溢出的正向作用。

---

[1] Javorcik B. S., Spatareanu M., "To Share or Not to Share: Does Local Participation Matter for Spillovers from Foreign Direct Investment?", *Journal of Development Economics*, 2008, 85 (1–2).

[2] 刘鹏程、李磊、王小洁、刘斌：《FDI 对东道国企业家精神的动态影响》，《当代经济科学》2013 年第 4 期。

第八章

贸易开放对流动人口自雇
创业的影响

第一节　引言

改革开放以来，得益于开放的"先发优势"，沿海地区较高的就业需求和工资水平吸引了大量的农村剩余劳动力，形成了独特的"流动人口"现象。根据《中国流动人口发展报告（2014）》，2013年我国流动人口的总量达到2.45亿，超过总人口的1/6。如此庞大的流动人口规模一方面加剧了城市日益严峻的就业形势；另一方面也会形成"倒逼"机制，激发流动人口的自雇创业热情。[①] 在2005年，我国流动人口的自我雇佣率达到了1/4的水平；第六次全国人口普查数据显示，2010年全国流动人口中自雇者比率上升至32%。流动人口通过自我雇佣不仅能够缓解就业拉力，增加个人收入，创造总需求，产生正的外部性[②]，还能优化劳动力市场结构以及经济和社会结构。[③]因此，流动人口自我雇佣问题引起了越来越多的关注。在已有研究中，流动人口返乡创业这一课题得到了颇多研究[④]，而对于农民工在城市创业的情况却鲜有关注。特别地，流动人口

---

① 辜胜阻、武兢：《扶持农民工以创业带动就业的对策研究》，《中国人口科学》2009年第3期。

② Nopo H., Valenzuela P., "Becoming an Entrepreneur", *Inter-American Development Bank*, *Research Department*, 2007.

③ 邹宇春、敖丹：《自雇者与受雇者的社会资本差异研究》，《社会学研究》2011年第5期。

④ 王郁昭、邓鸿勋：《农民就业与中国现代化》，四川人民出版社1999年版。

及其自雇创业是对外开放的伴生现象，在对外贸易不断深化的大背景下，贸易开放对外来务工人员的自雇创业产生了怎样的影响，这成为本章所关心的问题。

关于贸易开放与自雇创业的关系，很多学者进行了深入的研究。部分学者认为贸易开放降低了自雇创业水平，其原因如下：第一，自由贸易带来的国际竞争导致了产品市场的低价格，降低了企业家收入，阻止了企业家阶层的形成，这在发展中国家尤为突出[1]；第二，海外需求还吸引了更多的国内企业成为出口商，导致国内劳动力需求的增加，提高了实际工资，增加了自我雇佣个体的机会成本，最终降低了个体自雇创业的比率[2]；第三，国际贸易使得居民的多样化需求在很大程度上得到了满足，降低了一国居民进行创新的动力[3]；第四，国际贸易迫使新生企业与具有规模优势和低成本优势的跨国企业在统一市场竞争，这使得小企业和萌芽企业处于非常不利的地位[4]。

也有很多学者得到了相反的结论，例如，玛拿西和图瑞尼（Manasse and Turrini，2001）[5]认为，随着关税的降低和运输成本的下降，广阔的海外市场会激励创业者开发新产品，促进自雇创业率的上升。阿泊尔和玛木佐（Akpor-Robaro and Mamuzo，2012）[6]认为国际贸易降低了原材料价格，带来了最前沿的技术，由此提高了个体选择自雇创业的几率。也有国内学者认为对外开放除了能够改变本国以往的创新意识，还能带来

① Grossman G. M. , "International Trade, Foreign Investment, and the Formation of the Entrepreneurial Class", *American Economic Review*, 1984, 74 (4).

② Díez, Federico, Ali Ozdagli, "Entrepreneurship and Occupational Choice in the Global Economy", *Society for Economic Dynamics Meeting Papers*, 2012, No. 1004.

③ Akpor Robaro, "Introductory Notes on the Theories of Entrepreneurship", *Lagos*：*Bendona and Associates*, 2004.

④ Akpor Robaro, M. O. Mamuzo, "The Impact of Globalization on Entrepreneurship Development in Developing Economies：A Theoretical Analysis of the Nigerian Experience in the Manufacturing Industry", *Management Science and Engineering*, 2012, 6 (2).

⑤ Manasse, Paolo, and Alessandro Turrini, "Trade, Wages, and 'Superstars'", *Journal of International Economics*, 2001, 54 (1).

⑥ Akpor Robaro, M. O. Mamuzo, "The Impact of Globalization on Entrepreneurship Development in Developing Economies：A Theoretical Analysis of the Nigerian Experience in the Manufacturing Industry", *Management Science and Engineering*, 2012, 6 (2).

生产方式和消费习惯的变化，最终导致整个行业经营模式的创新。更加关键的是，在这一进程中，无论是个人还是企业，其思维都会在不同程度上受到外来思想的冲击。通过认知优秀的外来思想，个体和企业会在潜移默化中有所接受并加以模仿。先进思想的普及会促使居民和企业根据本地的实际情况开展二次创新，从而导致全民思维方式的全面转变，国民的创新意识也就从无到有，直至蓬勃兴起，培养出本国居民较强的创新能力，形成本国先进的创新机制。[①]

由此可见，学者们对于贸易开放与自雇创业的关系并未达成一致结论，对于流动人口这一特殊人群，类似的研究更是缺乏。鉴于此，本章利用中国家庭收入课题组 2007 年外来务工人员的个体调查数据（RUMIC2007），系统地研究了贸易开放对流动人口自雇创业的影响。与以往文献相比，本章的创新之处在于：第一，首次采用严谨的计量方法研究了对外贸易对流动人口自我雇佣的影响，对以往研究进行了有益补充。第二，在研究内容上，充分利用了 RUMIC2007 个体调查数据的特点，将个体样本按照学历和行业进行细化，分析了贸易开放对不同技能和不同行业流动人口创业的影响。第三，在分析方法上，采用城市宏观变量（城市贸易开放度等）和微观个体变量（个体是否自雇创业、性别、年龄等）相结合的方式。由于个体是否自雇创业很难影响城市贸易开放度，因此宏微观数据相结合的研究方法在一定程度上能够降低内生性。第四，本章构建了区域金融发展程度、制度水平以及基础设施水平与区域贸易开放度的交叉项，以探讨缓解贸易开放抑制作用的机制，从而为如何发挥贸易开放的创业促进效应提供经验分析和政策支持。

第二节　我国流动人口自雇创业的基本事实特征

一　数据来源

中国家庭收入课题组对 2007 年家庭收入的调查情况（CHIP2007）

---

① 李平：《论国际贸易与技术创新的关系》，《世界经济研究》2002 年第 5 期；袁红林、蒋含明：《中国企业家创业精神的影响因素分析——基于省级面板数据的实证研究》，《当代财经》2013 年第 8 期。

包含城镇、农村和移民三个样本，其中的移民指的是外来务工人员（Rural-to-Urban Migrants in China）。本章所使用的个体数据来源于CHIP2007中的移民数据，简称RUMIC2007。这一数据利用分层抽样的方法，得到了全面且详尽的微观个体信息，为本章的实证研究提供了很好的数据来源。RUMIC2007调查了15个城市中的1976个家庭的8446个个体。①

　　本章首先对样本做了如下基本处理：在样本中删除了就业状况②为离退休人员、丧失劳动能力、在校学生/学龄前儿童、待分配/待升学人员/辍学生和其他的样本。保留了就业状况为从事工资性工作，务农或自我经营者、离退休再就业人员、失业人员、家务劳动者和家庭帮工的样本，并将男性样本年龄限制在16—60岁，女性样本的年龄限制在16—55岁，最终本章得到了6718个样本。

　　对于宏观层面变量，各城市的贸易额和GDP来自2007年统计公报，金融发展程度数据来自中国城市统计年鉴，制度水平指标来自樊纲和王小鲁文章③中的各省份市场化指数总得分，基础设施水平变量来自2008年的《中国统计年鉴》。

二 流动人口就业性质分析

　　所谓"自雇创业"是指区别于为雇主工作并以工资作为收入来源的一种就业形式，根据这一定义，一般认为就业性质不是"工资性工作"的个体均为自雇创业者。RUMIC2007的就业性质分类更加详细，提供了"自我经营""工资性工作"和"不领工资的家庭帮工"三个选项，显然"不领工资的家庭帮工"这一就业类型亦不属于创业范畴。表8—1统计了RUMIC2007样本中流动人口的就业性质，可见工作性质为"工资性工

---

　　① 这15个城市包括：上海市、南京市、无锡市、杭州市、宁波市、合肥市、蚌埠市、郑州市、洛阳市、武汉市、广州市、深圳市、东莞市、重庆市、成都市。

　　② 关于就业状况的调查项为：当前，您的就业状况是什么？a. 从事工资性工作，务农或自我经营者 b. 离退休再就业人员 c. 失业人员 d. 离退休人员 e. 家务劳动者 f. 家庭帮工 g. 丧失劳动能力 h. 在校学生/学龄前儿童 i. 待分配/待升学人员/辍学生 j. 其他（请说明）。

　　③ 樊纲、王小鲁：《中国市场化指数——各地区市场化相对进程2009年报告》，经济科学出版社2009年版。

作"的样本占比为72.82%，而"自我经营"的样本占比为22.21%，该数值与加尼翁等（Gagnon et al.，2011）[1] 利用2005年中国1%人口普查的统计结果估算出来的24%相接近，这也从侧面说明RUMIC数据具有良好的代表性。

表8—1 流动人口的就业性质统计

就业性质	人数	比例（%）
自我经营	1492	22.21
工资性工作	4892	72.82
不领工资的家庭帮工	334	4.97

数据来源：根据RUMIC2007整理而来。

三 流动人口自雇创业者的技能和行业分析

为下文研究需要，我们按照流动人口的技能水平和所属行业进行描述统计，以更加深入地了解流动人口的创业现状。

1. 技能水平分析

学历水平是衡量个体人力资本的一个重要指标，历来被认为是划分技能水平基本标准，本章参考王小洁等（2014）[2] 的做法，以初中及以下学历为低技能，高中及以上学历为高技能。为了对比分析，本章表8—2统计了整体样本和自雇创业样本的学历分布情况。整体来看，流动人口群体的学历水平偏低，以初中及以下文化程度为主。而自雇创业者的技能水平还要低于整体样本水平，表现更差。可能的原因在于，具有较高人力资本的个体往往更容易受用人单位的青睐，其找到理想工资工作的机会也就越大，进行创业的机会成本也就越高。

---

① Gagnon J., Xenogiani T., Xing C., "Are All Migrants Really Worse Off in Urban Labour Markets? New Empirical Evidence from China", *Discussion Paper Series*, *Forschungsinstitut zur Zukunft der Arbeit*, 2011.

② 王小洁、李磊、刘鹏程：《贸易开放对农民工工时的影响研究——来自2007年外来务工人员调查数据的经验分析》，《财经研究》2014年第5期。

加尼翁等 (Gagnon et al.，2011)[①] 的研究支持了这一论点，在中国的城乡移民中，学历更高者更有可能成为正式工。德罗格等 (Démurger et al.，2009)[②] 的研究也认为流动人口自我雇佣的教育回报率更低一些。也就是说相对于高学历人员，学历较低的流动人口进行自我雇佣反而更具备比较优势。

表8—2   **流动人口整体和自我雇佣群体的学历分布**

学历水平	整体样本		自我雇佣样本	
	人数	比例（%）	人数	比例（%）
小学	864	12.86	282	18.90
初中	3829	57.00	910	60.99
高中（含职高中专）	1753	26.09	269	18.03
大专	230	3.42	26	1.74
本科	40	0.60	5	0.34
研究生	2	0.03	0	0

数据来源：根据 RUMIC2007 整理而来。

2. 行业分布分析

表8—3 报告了流动人口自雇创业者的行业分布[③]，对于第一产业来说，少有流动人口就业该产业，这主要是因为第一产业主要分布在农村而非城市。第一产业就业人数极少，仅有 2 个，就业比例占比仅为 0.03%，其创业比例100% 不具备参考意义，本章不予以分析。

---

① Gagnon J.，Xenogiani T.，Xing C.，"Are All Migrants Really Worse Off in Urban Labour Markets? New Empirical Evidence from China"，*Discussion Paper Series*，*Forschungsinstitut zur Zukunft der Arbeit*，2011.

② Démurger S. et al.，"Migrants as Second Class Workers in Urban China? A Decomposition Analysis"，*Journal of Comparative Economics*，2009，37（4）.

③ CHIP 2007 将行业区分为 20 个，其中第一行业包括：农、林、牧、渔业；第二行业包括采矿业、制造业、电力、燃气及水的生产和供应业、建筑业；第三产业中生产性服务业包括信息传输、计算机服务和软件业、金融业、房地产业、租赁和商务服务业以及科学研究、技术服务和地质勘查业；分配和消费服务业包括交通运输、仓储和邮政业、批发和零售业、住宿和餐饮业、居民服务和其他服务业；社会服务业包括水利、环境和公共设施管理业、教育、卫生、社会保障和社会福利业、文化、体育和娱乐业、公共管理和社会组织以及国际组织。

流动人口就业于第二产业中的样本数占比为 28.89%，其中自雇创业者占第二产业就业人数的比重为 4.59%，远远低于总体创业水平的 22.21%，说明就业于第二产业的流动人口大多从事工资性工作。流动人口就业于第三产业中的样本数占比为 71.08%，其中自雇创业者占第三产业就业人数的比重为 29.37%，高于总体创业水平（22.21%）7 个百分点，可见第三产业不仅吸纳了绝大多数的流动人口，而且提供了丰富的创业机会。

3. 服务业细分行业分析

由于服务业内部包含有数量众多的具体行业，且这些行业之间存在巨大的行业差异，我们有必要对其进一步进行细分，以便得出更为明确的结论，具体的，我们将服务业划分为生产性服务业、分配和消费性服务业和社会服务业。[①] 表 8—3 显示，细分行业中，只有分配和消费性服务业的自雇创业比例超过了总体创业水平。这主要是由于流动人口整体的受教育程度不高和创新性水平、管理技能有限，因此其自雇创业大都集中在住宿、餐饮、批发、零售和居民服务等对创新性要求不高的行业。社会服务业和生产服务业的自雇创业比率相差不大，均低于社会总体创业水平。

表 8—3　　　　　　　　　流动人口自雇创业者的行业分布

	就业数量	创业数量	行业内创业比例（%）
第二产业	1939	89	4.59
第三产业	4770	1401	29.37
生产性服务业	516	80	15.50
分配和消费性服务业	3347	1176	35.14
社会性服务业	907	145	15.99

数据来源：根据 RUMIC2007 整理而来。

---

① 第三产业中生产性服务业包括信息传输、计算机服务和软件业、金融业、房地产业、租赁和商务服务业以及科学研究、技术服务和地质勘查业；分配和消费服务业包括交通运输、仓储和邮政业、批发和零售业、住宿和餐饮业、居民服务和其他服务业；社会服务业包括水利、环境和公共设施管理业、教育、卫生、社会保障和社会福利业、文化、体育和娱乐业、公共管理和社会组织以及国际组织。

以上分析了流动人口创业的技能分布和行业分布，那么影响流动人口创业的因素有哪些？贸易开放在其中又发挥着怎样的作用？这些问题都有待于下文的实证研究。

第三节 计量模型的建立和数据处理

一 计量模型的构建

为了考察城市层面的贸易开放度对流动人口创业以及创业结构的影响，本章分别构建计量模型如下：

$$P\ (ENT_{ic}=1)\ =\Phi\ (\alpha+\beta \text{lnopen}_c+\gamma X_{ic}+u_{ic}) \tag{8.1}$$

$$P\ (ENT_{ich}=1)\ =\Phi\ (\alpha+\beta \text{lnopen}_c+\gamma X_{ic}+u_{ic}) \tag{8.2}$$

估计式中下标 i 表示个人，c 表示城市，h 表示行业。式（8.1）中被解释变量 ENT_{ic} 代表城市 c 中个人 i 是否创业，式（8.2）中被解释变量 ENT_{ich} 衡量的是各行业自雇创业情况，包括是否于第二产业内自雇创业（是 =1，否 =0）、是否于第三产业内自雇创业（是 =1，否 =0）、是否于生产性服务业内自雇创业（是 =1，否 =0）、是否于分配和消费性服务业内自雇创业（是 =1，否 =0）和是否于社会性服务业内自雇创业（是 =1，否 =0）。由于本章的被解释变量为二元变量，因此本章使用 Probit 模型进行估计。

估计式右侧是一致的，lnopen_c 代表城市 c 的贸易开放度。X_{ic} 为个体特征变量，具体包括个体性别、年龄、年龄平方、受教育年限、婚姻状况（已婚 =1，其他 =0）和家庭收入等个人变量，u_{ic} 为误差项。加入上述个体特征变量的原因如下：根据以往文献的研究[1]，劳动力供给方的基因属性（如性别、年龄等）以及由于社会因素作用在供给方身上表现出来的差异（如教育、婚姻状况和家庭收入等）都会影响到劳动力的就业状况。

---

[1] Levesque M. and M. Minniti, "The Effect of Aging on Entrepreneurial Behavior", *Journal of Business Venturing*, 2006, 21. 刘鹏程、李磊、王小洁：《企业家精神的性别差异——基于创业动机视角的研究》，《管理世界》2013 年第 8 期。

二 主要变量说明及描述性统计

1. ENT_{ic} 和 ENT_{ich}

RUMIC2007 有一项调查为：您目前的主要工作是自我经营还是工资性工作？自我经营（1）；工资性工作（2）；不领工资的家庭帮工（3）。如果个体选择1，本章便认为其为自雇创业人员。"是否于第二产业内自雇创业"变量的定义为创业且行业为第二产业（是＝1，否＝0）；其他行业内创业变量的定义类似，不再赘述。

2. 贸易开放度

借鉴以往文献的做法，我们用各城市的贸易额和 GDP 相除并取对数[1]作为贸易开放度的衡量指标。之所以取对数，是为了减弱异方差的影响。各城市贸易开放度按从小到大排列分别为：蚌埠、洛阳、郑州、重庆、成都、武汉、合肥、广州、杭州、南京、无锡、宁波、上海、东莞和深圳。

表8—4 报告了主要变量的描述性统计。

表8—4 　　　　　　　　　　　主要变量的描述性统计

变量	观测值	均值	标准差	最小值	最大值
是否创业	6718	0.2221	0.4157	0	1
贸易开放度	6718	−0.7490	1.1796	−2.8294	1.1730
金融发展程度	6718	9.4468	0.3894	8.2567	9.8955
制度水平	6718	9.4827	1.7759	7.4000	11.7100
基础设施建设水平	6718	9.3195	0.3719	8.2804	9.8651
年龄	6718	30.9296	9.6531	16	60
年龄平方	6718	1049.8080	655.1535	256	3600
是否为女性	6718	0.4074	0.4914	0	1
婚姻状况	6718	0.6201	0.4854	0	1

---

[1] Menon N. and Rodgers Y. M. , "International Trade and the Gender Wage Gap: New Evidence from India's Manufacturing Sector", *World Development*, 2009, Vol. 37 (5) .

变量	观测值	均值	标准差	最小值	最大值
受教育程度	6718	9.0746	2.4249	1	20
家庭收入	6718	7.6356	0.6195	5.2983	10.4435

注：贸易开放度、金融发展程度、基础设施建设水平和家庭收入变量取对数形式，统计结果保留四位有效小数。

三 多重共线性分析、异方差处理及内生性处理

表8—5报告了各变量的相关系数矩阵。可以发现除了"是否结婚"和"年龄"这两项的Spearman系数为0.7222外，各变量之间的Pearson相关系数和Spearman相关系数均低于0.7，这表明多重共线性问题并不严重。为了克服样本间可能存在的而又无法识别的异方差，本章所报告的估计系数均经过了怀特（White）异方差修正。

表8—5   相关系数矩阵

	是否创业	贸易开放度	年龄	是否为女性	是否结婚	受教育程度	家庭收入
是否创业	1	−0.1526	0.2276	−0.0363	0.2824	−0.1637	0.3061
贸易开放度	−0.1415	1	−0.0260	−0.0089	−0.0763	0.0782	0.1724
年龄	0.2494	−0.0260	1	−0.0676	0.6676	−0.3191	0.2300
是否为女性	−0.0363	−0.0103	−0.0554	1	0.0385	−0.0700	0.0426
是否结婚	0.2824	−0.0755	0.7222	0.0385	1	−0.2734	0.3731
受教育程度	−0.1781	0.1055	−0.3156	−0.0629	−0.2822	1	−0.0195
家庭收入	0.2964	0.1613	0.2828	0.0456	0.3977	−0.037	1

注：表格左下部分为Spearman相关系数，右上部分为Pearson相关系数。统计结果保留四位有效小数。贸易开放度和家庭收入变量取对数形式。

内生性会给计量结果造成偏差。尽管本章使用微宏观数据相结合的方法，在一定程度上已经降低了内生性，但是不可避免会出现以下问题：一是在利用宏微观变量相结合考察流动人口创业时，不可避免地会存在一些遗漏变量。二是本章的宏观层面数据贸易额和GDP分别来自各城市的统计公报，统计口径可能会有不同。严重的内生性会造成计量结果的

偏差或不一致。为解决这一问题，本章借鉴郭峰和洪占卿（2013）[①]、盛斌和毛其淋（2011）[②] 以及李磊等（2011）[③] 等文献的做法，引进海外市场接近度（各城市到海岸线的最小距离的倒数）作为贸易开放的工具变量，进一步采用两阶段 Probit 回归进行分析。

第四节　回归结果分析

一　总体样本回归结果

表 8—6 报告了贸易开放对流动人口创业的总体影响。式（1）的计量结果显示贸易开放度变量的系数显著为负，说明贸易开放对流动人口创业的负向影响超过了正向影响，整体上具有抑制作用，这与格罗斯曼（Grossman，1984）[④]、迪茨和奥达吉利（Díez and Ozdagli，2012）[⑤] 以及阿泊尔和玛木佐（Akpor-Robaro and Mamuzo，2012）[⑥] 的结论相一致。

式（2）中加入了个体特征变量，计量结果显示年龄变量的系数在 1% 显著性水平下为正，而年龄的平方显著为负。说明流动人口的创业率随年龄的增加先增加后减少，也就是说创业与年龄呈倒"U"型关系。在青少年时期，个体对事物很少有先入为主的偏见，这有助于他们发挥创造力。青少年富有激情，身体状况也处于最好阶段，存储和处理

---

①　郭峰、洪占卿：《贸易开放、地区市场规模与中国省际通胀波动》，《金融研究》2013 年第 3 期。

②　盛斌、毛其淋：《贸易开放、国内市场一体化与中国省际经济增长（1985—2008 年）》，《世界经济》2011 年第 11 期。

③　李磊、刘斌、胡博、谢璐：《贸易开放对城镇居民收入及分配的影响》，《经济学（季刊）》2012 年第 11 期。

④　Grossman G. M.，"International Trade，Foreign Investment，and the Formation of the Entrepreneurial Class"，*American Economic Review*，1984，74（4）.

⑤　Díez，Federico，and Ali Ozdagli，"Entrepreneurship and Occupational Choice in the Global Economy"，*Society for Economic Dynamics Meeting Papers*，2012，No. 1004.

⑥　Akpor Robaro，M. O. Mamuzo，"The Impact of Globalization on Entrepreneurship Development in Developing Economies：A Theoretical Analysis of the Nigerian Experience in the Manufacturing Industry"，*Management Science and Engineering*，2012，6（2）.

信息、解决问题、处理困难和适应新环境能力处于一生中最好状态。[1]
由于刚刚离开校园，青少年的知识也是最先进的。然而，青少年一般缺
少生活经验，也没有建立起社会和商业关系网络。个体所谓的软技能只
能慢慢积累，直到中年才会达到顶峰，因此个体主要是通过社会活动以
及边工作边学习来积累软技能。然而随着年龄增加和心态的老成，个体
越来越依赖经验，其获取新知识的能力、逻辑推理能力以及创造力会随
年龄衰减。[2] 是否为女性变量的系数显著为负，说明流动人口中女性的创
业率低于男性，这主要是因为社会往往对女性创业存在显性或是隐性的
歧视。[3] 受教育年限变量的系数显著为负，说明流动人口受教育水平越
高，创业率越低，这与本章第二部分的描述性统计相一致。婚姻状况变
量系数显著为正，说明流动人口中已婚者创业率高于未婚者，这主要是
因为已婚者面临着较大的经济压力，更加可能进行创业活动。[4] 家庭收入
变量的系数都显著为正，说明家庭收入越高的个体，创业率越高，这主
要是因为家庭财富是创业初始资本的重要来源，富有家庭敢于接受风险
较高的创业活动。[5]

式（3）报告了两阶段 Probit 模型计量结果，贸易开放度变量系数仍
然显著为负，这说明式（1）和式（2）的计量结果是稳健可靠的，但是
其绝对值为 0.1455，明显大于式（1）的 0.0526 和式（2）的 0.0636，
说明在不考虑内生性的情况下，贸易开放对流动人口创业的影响被低
估了。

---

① Ryan J. J., Sattler J. M., Lopez S. J., "Age Effects on Wechsler Adult Intelligence Scale III
Subtests", *Archives of Clinical Neuropsychology*, 2000, 15 (4).

② Ruth J. E., Birren J. E., "Creativity in Adulthood and Old Age: Relations to Intelligence,
Sex and Mode of Testing", *International Journal of Behavioral Development*, 1985, 8 (1).

③ 刘鹏程、李磊、王小洁：《企业家精神的性别差异——基于创业动机视角的研究》，《管
理世界》2013 年第 8 期。

④ Gagnon, Jason, Theodora Xenogiani and Chunbing Xing, "Are All Migrants Really Worse Off
in Urban Labour Markets?: New Empirical Evidence from China", *OECD Publishing*, 2009; Wang X.,
Huang J., Zhang L., et al., "The Rise of Migration And the Fall of Self-Employment in Rural China's
Labor Market", *China Economic Review*, 2011, 22 (4).

⑤ Hurst, Erik, and Annamaria Lusardi, "Liquidity Constraints, Household Wealth, and Entre-
preneurship", *Journal of Political Economy*, 2004, 112 (2).

以上分析了贸易开放对流动人口创业率的影响，那么对于高技能个体和低技能个体的创业率，贸易开放是否有不同的影响呢？这需要在子样本中进行研究。

表8—6　　　　　　　　　流动人口总体样本估计结果

变量名	probit（1）	probit（2）	IVprobit（3）
贸易开放度	- 0. 0526 *** （ - 12. 6455）	- 0. 0636 *** （ - 16. 2995）	- 0. 1455 *** （ - 5. 5442）
年龄		0. 0226 *** （5. 8034）	0. 0875 *** （5. 3681）
年龄平方		- 0. 0003 *** （ - 5. 3314）	- 0. 0011 *** （ - 4. 9535）
是否为女性		- 0. 0575 *** （ - 6. 0593）	- 0. 2349 *** （ - 5. 9159）
受教育程度		- 0. 0172 *** （ - 8. 7366）	- 0. 0735 *** （ - 8. 8621）
是否结婚		0. 0833 *** （5. 2554）	0. 4115 *** （6. 1504）
家庭收入		0. 1840 *** （23. 1410）	0. 7093 *** （18. 5688）
观测值个数	6718	6718	6718

注：括号内为回归系数的 t 统计量；*，**，*** 分别代表10%，5% 和1% 的显著性水平。表中的系数均为 Probit 模型的边际效应，下表同。

二　不同技能水平流动人口样本回归结果

表8—7 报告了贸易开放影响高低技能流动人口创业率的计量结果。式（4）和式（5）为 Probit 模型的计量结果，其中贸易开放变量的系数均显著为负，且相差不大，说明贸易开放对不同技能流动人口的创业率均有显著负向影响，这与表8—6 的计量结果一致。式（6）和式（7）为相应的两阶段 Probit 计量结果，其中贸易开放变量的系数均显著为负，说明式（4）和式（5）的计量结果是稳健可靠的。不同的是，式（6）中贸易开放变量系数的绝对值要明显大于式（7），说明贸易开放对高技能

流动人口创业率的抑制作用更大，对低技能流动人口创业率的抑制作用要小一些，即贸易开放抑制流动人口创业率的效应是有偏的，更多地降低了高技能流动人口的创业率。

根据技能偏向型技术进步理论，出口部门往往具有更高的生产效率，导致了高技能劳动力需求的上升，因此发展中国家参与国际贸易后，高技能工人就业比例提升。[①] 从现实来看，我国大量流动人口就业于东部沿海地区的外包企业，根据芬斯特拉和汉森（Feenstra and Hanson，1997、1999）[②] 的研究，如果将中间产品的技术含量从低到高取值于 [0，1] 区间，发展中国家生产技术含量范围为 [0，Z^*) 的中间品，而发达国家生产技术范围为（Z^*，1] 的产品，随着交流程度的加深，Z^* 的值将会变大，发展中国家高技能劳动力的需求会更大，因此高技能个体工资变高，创业机会成本变大，贸易开放对高技能流动人口自雇创业的负向影响要高于低技能流动人口。

表8—7　　　　　　　　不同技能水平流动人口样本估计结果

变量名	probit（4）	probit（5）	IVprobit（6）	IVprobit（7）
	高技能	低技能	高技能	低技能
贸易开放程度	-0.0635 ***	-0.0659 ***	-0.2113 ***	-0.1141 ***
	（-10.6682）	（-13.2602）	（-3.8495）	（-3.7953）
年龄	0.0119 *	0.0279 ***	0.0505	0.0993 ***
	（1.8231）	（5.6514）	（1.4227）	（5.3181）
年龄平方	-0.0001	-0.0003 ***	-0.0004	-0.0012 ***
	（-1.2614）	（-5.1638）	（-0.8704）	（-4.8900）
是否为女性	-0.0382 **	-0.0597 ***	-0.2058 **	-0.2197 ***
	（-2.4675）	（-5.0541）	（-2.4227）	（-4.9348）

① 唐东波：《全球化对中国就业结构的影响》，《世界经济》2011 年第 9 期。

② Feenstra R. C. and Hanson G. H. , "Foreign Direct Investment, Relative Wages: Evidence from Mexico's Maquiladoras", *Journal of International Economics*, 1997, 42 (3); Feenstra R. C. , Hanson G. H. , "The Impact of Outsourcing and High-Technology Capital on Wages: Estimates for the United States, 1979 – 1990", *The Quarterly Journal of Economics*, 1999, 114 (3)

续表

变量名	probit（4）	probit（5）	IVprobit（6）	IVprobit（7）
	高技能	低技能	高技能	低技能
是否结婚	0.0558 **	0.0951 ***	0.3961 ***	0.4263 ***
	（2.5000）	（4.5446）	（3.2049）	（5.3489）
家庭收入	0.1269 ***	0.2060 ***	0.6406 ***	0.7046 ***
	（10.2575）	（20.4608）	（8.5469）	（16.0204）
观测值个数	2025	4693	2025	4693

注：括号内为回归系数的 t 统计量；*，**，*** 分别代表10%，5%和1%的显著性水平。

三 行业回归结果

1. 第二、第三产业总体分析

表8—8 报告了贸易开放对不同行业内流动人口创业的整体影响。式（8）和式（10）的计量结果表明，贸易开放显著地降低了第二和第三产业内的流动人口创业。在引入工具变量后，式（9）显示贸易开放对第二产业的负向影响变得不再显著，而式（11）的结果表明贸易开放对第三产业流动人口创业的负向影响依然显著。

这一结果可以从产业间的差异角度寻得解释。第二产业大都是生产性部门，国际贸易不仅降低了原材料价格，还带来了最前沿的技术和创新意识。[1] 更为关键的是第二产业的产品不仅面向国内市场，也可以出口到国外市场，随着关税的降低和运输成本的下降，海外市场提供了大量盈利机会，流动人口选择在第二产业内部创业的前景更为广阔。[2] 因此这些有利因素在一定程度上对冲掉了贸易开放带来的抑制作用。根据本章第二部分的分析，我国流动人口大多就业于分配和消费服务业，由于行业本身特点，服务的对象大多为本国居民，难以拓展到国际市场，很难享受到市场扩大带来的利好。因此，贸易开放

[1] Akpor Robaro, M. O. Mamuzo, "The Impact of Globalization on Entrepreneurship Development in Developing Economies: A Theoretical Analysis of the Nigerian Experience in the Manufacturing Industry", *Management Science and Engineering*, 2012, 6 (2).

[2] Manasse, Paolo, Alessandro Turrini, "Trade, Wages, and 'Superstars'", *Journal of International Economics*, 2001, 54 (1).

所引致的国内产品服务价格降低、工人工资上涨和垄断效应等负面因素起到了主要作用。

表8—8　　　　　　　　　贸易开放对不同行业的流动人口创业影响

变量名	第二产业		第三产业	
	probit（8）	IVprobit（9）	probit（10）	IVprobit（11）
贸易开放度	− 0. 0187 ***	− 0. 0260	− 0. 0612 ***	− 0. 1629 ***
	（ − 4. 4351）	（ − 0. 3479）	（ − 12. 1933）	（ − 5. 6404）
年龄	0. 0236 ***	0. 2839 ***	0. 0237 ***	0. 0847 ***
	（3. 8409）	（3. 8087）	（4. 7562）	（4. 5322）
年龄平方	− 0. 0003 ***	− 0. 0040 ***	− 0. 0003 ***	− 0. 0010 ***
	（ − 3. 9065）	（ − 3. 8646）	（ − 3. 9480）	（ − 3. 7665）
是否为女性	− 0. 0105	− 0. 1458	− 0. 1111 ***	− 0. 4167 ***
	（ − 1. 0680）	（ − 1. 2401）	（ − 9. 5306）	（ − 9. 2698）
受教育程度	− 0. 0043 **	− 0. 0546 ***	− 0. 0205 ***	− 0. 0775 ***
	（ − 2. 3938）	（ − 2. 6051）	（ − 8. 3101）	（ − 8. 2112）
是否结婚	0. 0152	0. 2355	0. 1011 ***	0. 4222 ***
	（0. 8307）	（1. 0599）	（5. 1071）	（5. 5796）
家庭收入	0. 0650 ***	0. 7032 ***	0. 2078 ***	0. 7461 ***
	（6. 1616）	（6. 0179）	（21. 9918）	（17. 7639）
观测值个数	1939	1939	4770	4770

注：括号内为回归系数的 t 统计量；*，**，*** 分别代表10%，5% 和1% 的显著性水平。

2. 第三产业内的分析

第三产业内部行业多、门类广，能够吸纳大量不同层次的各类人员，RUMIC2007 中流动人口就业于第三产业的样本占71. 08%。第三产业还具有劳动密集、技术密集和知识密集行业并存的特点，可以细分为生产性服务业、分配和消费服务业以及社会性服务业。依据前文分析，贸易开放对第三产业流动人口创业率起到了显著抑制作用，那么当以细分行业为样本时，贸易开放变量的系数是否依然为负？

表8—9 贸易开放对第三产业内部流动人口创业的影响

变量名	生产性服务业		分配和消费服务业		社会性服务业	
	probit (12)	IVprobit (13)	probit (14)	IVprobit (15)	probit (16)	IVprobit (17)
贸易开放度	−0.0477***	−0.2387**	−0.0526***	−0.1031***	−0.0528***	−0.1860**
	(−3.9507)	(−2.3076)	(−8.4923)	(−3.1131)	(−4.7880)	(−2.2332)
年龄	−0.0201*	−0.1081*	0.0249***	0.0827***	0.0278**	0.1331**
	(−1.8388)	(−1.8230)	(3.9295)	(3.7140)	(2.4850)	(2.3895)
年龄平方	0.0002	0.0012	−0.0003***	−0.0008***	−0.0004**	−0.0018**
	(1.4456)	(1.4386)	(−2.8863)	(−2.7212)	(−2.4753)	(−2.3819)
是否为女性	−0.0382	−0.2010	−0.1462***	−0.5187***	−0.0261	−0.1317
	(−1.1649)	(−1.1420)	(−10.4592)	(−10.0641)	(−1.1580)	(−1.1466)
受教育程度	−0.0277***	−0.1480***	−0.0190***	−0.0682***	−0.0067	−0.0324
	(−4.7529)	(−4.7156)	(−6.0742)	(−6.1191)	(−1.5078)	(−1.4031)
是否结婚	0.2467***	1.3314***	0.0942***	0.3825***	0.0575	0.3402
	(5.6169)	(5.4434)	(3.8523)	(4.3629)	(1.3332)	(1.5409)
家庭收入	0.0965***	0.5027***	0.2140***	0.7139***	0.1743***	0.8385***
	(3.4540)	(3.1905)	(18.6770)	(14.9410)	(8.5513)	(6.9633)
观测值个数	516	516	3347	3347	907	907

注：括号内为回归系数的 t 统计量；*，**，*** 分别代表10%，5% 和1% 的显著性水平。

表8—9 报告了相应的计量结果，式（12）、式（14）和式（16）为 Probit 模型计量结果，其中贸易开放变量系数显著为负，说明贸易开放对第三产业细分行业流动人口自雇创业率具有显著抑制作用。式（13）、式（15）和式（17）为 IVprobit 模型计量结果，其中贸易开放变量系数也均显著为负，说明计量结果是稳健的。通过对比系数大小，可以发现贸易开放对生产性服务业自雇创业率抑制作用最大，其次是社会性服务业，最后是分配和消费服务业。通过分析 RUMIC2007 数据可知，就业于生产性服务业的流动人口中高技能（高中及以上学历）的比例为43.99%，社会性服务业为31.97%，分配和消费服务业为28.08%。根据芬斯特拉和汉森的理论，贸易开放程度越高，高技能劳动力的需求会越大，其工资越高。因此，生产性服务业中的就业人员受到贸易开放的抑制作用最大，

其次为社会性服务业，最后是分配和消费服务业。

第五节　进一步的探讨

上述探讨均是建立在贸易开放与流动人口自雇创业之间存在线性关系这一暗含假设，然而，现实经济中二者的因果关系很难如上述模型中的简单形式存在，往往会受到诸多地区性因素的影响，即贸易开放可能与其他区域层面变量发生交互作用进而影响到流动人口的自雇创业。从以往研究来看，地区金融发展程度、制度水平及基础设施建设水平均是影响居民创业水平的重要因素。[①] 建立在线性假设前提下的研究，无法准确捕捉在其他因素影响下，贸易开放与流动人口自雇创业之间的非线性关系。因此本章在式（8.3）—（8.5）中依次添加了每个变量与贸易开放变量的交互项，以考察贸易开放与流动人口自雇创业的非线性关系，其中 lnfin_c，lnlaw_c 和 lnroad_c 分别代表城市 c 的金融发展程度、制度水平和基础设施建设水平。

$$P\,(ENT_{ic}=1)\;=\Phi\,(\alpha+\beta_1\mathrm{lnopen}_c*\mathrm{lnfin}_c+\beta_2\mathrm{lnopen}_c+$$
$$\beta_3\mathrm{lnfin}_c+\lambda_1X_{ic}+u_{ic})\qquad(8.3)$$

$$P\,(ENT_{ic}=1)\;=\Phi\,(\alpha+\beta_1\mathrm{lnopen}_c*\mathrm{lnlaw}_c+\beta_2\mathrm{lnopen}_c+$$
$$\beta_3\mathrm{lnlaw}_c+\lambda_1X_{ic}+u_{ic})\qquad(8.4)$$

$$P\,(ENT_{ic}=1)\;=\Phi\,(\alpha+\beta_1\mathrm{lnopen}_c*\mathrm{lnroad}_c+\beta_2\mathrm{lnopen}_c+$$
$$\beta_3\mathrm{lnroad}_c+\lambda_1X_{ic}+u_{ic})\qquad(8.5)$$

本章使用的金融发展程度指标使用全市年末金融机构各项贷款余额与 GDP 的比值来表示，制度水平指标来自樊纲和王小鲁在《中国市场化指数——各地区市场化相对进程 2009 年报告》[②] 一书中的各省份市场化

[①]　宁光杰：《自我雇佣还是成为工资获得者？——中国农村外出劳动力的就业选择和收入差异》，《管理世界》2012 年第 7 期；刘鹏程、李磊、王小洁、刘斌：《FDI 对东道国企业家精神的动态影响》，《当代经济科学》2013 年第 4 期。

[②]　樊纲、王小鲁：《中国市场化指数——各地区市场化相对进程 2009 年报告》，经济科学出版社 2009 年版。

指数总得分。借鉴盛丹等（2011）①的做法，本章使用各省公路网密度指标来衡量基础设施水平。公路网密度指标是指公路里程数/土地面积，其单位为公里/平方公里。为了降低异方差，本章对金融发展程度变量、制度水平变量和基础设施水平变量均做了对数化处理，各变量的描述性统计已经在表8—4中列示。选择加入地区金融发展程度、制度水平和基础设施水平变量的依据在于：

1. 流动人口在自雇创业的过程中，大多会遇到流动性约束问题，如果所在区域拥有良好的金融体系，能够提供多样化的金融产品，自雇创业者的难题会在一定程度上加以缓解。地区金融体系还具有降低筹资成本和分化风险等作用②，是潜在创业者能否真正转变为创业者的重要影响因素。

2. 制度因素对于城市自雇创业率也有着深刻的影响，对于就业与非正规部门，缺乏社会福利和工作保障的流动人口自雇创业者来说更是如此。不同于城市创业者，流动人口自雇创业者往往游离于国家劳动法律保护体系之外，处于社会制度关注的边缘地带③，如果城市的制度能够很好的关注流动人口自雇创业者，为其创造良好的创业环境和发展空间，那么必然会吸引大量的自雇创业型城市新移民。

3. 基础设施建设程度是城市创业环境的重要组成部分，基础设施特别是交通设施的不断完备便捷了创业者之间面对面的交流，拓宽了创业者之间创新思想和知识技术的外溢范围和发散程度，同时也密切了创业者和发明者之间的关系，加速了新知识、新发明和新观念的市场化和商品化。④

---

① 盛丹、包群、王永进：《基础设施对中国企业出口行为的影响："集约边际"还是"扩展边际"》，《世界经济》2011年第1期。

② 王小洁、李磊、刘鹏程：《贸易开放对农民工工时的影响研究——来自2007年外来务工人员调查数据的经验分析》，《财经研究》2014年第5期。

③ 毛丰付、张淼：《城市新移民自雇创业问题研究述评》，《贵州财经大学学报》2014年第4期。

④ 袁红林、蒋含明：《中国企业家创业精神的影响因素分析——基于省级面板数据的实证研究》，《当代财经》2013年第8期。

表8—10　　　　　　　　　　　加入交叉项后的计量结果

	(18)	(19)	(20)
金融发展程度 × 贸易开放度	0.0596 *** (6.6086)		
金融发展程度	0.0769 *** (4.0896)		
制度水平 * 贸易开放度		0.0296 *** (6.9205)	
制度发展水平		0.0097 (1.6005)	
基础设施水平 * 贸易开放度			0.0591 *** (4.2091)
基础设施水平			0.1385 *** (7.0654)
贸易开放程度	− 0.6165 *** (− 7.3397)	− 0.3195 *** (− 8.1696)	− 0.6254 *** (− 4.7070)
年龄	0.0021 *** (3.4015)	0.0023 *** (3.7148)	0.0020 *** (3.3282)
是否为女性	− 0.0547 *** (− 5.7780)	− 0.0554 *** (− 5.8473)	− 0.0559 *** (− 5.9127)
受教育程度	− 0.0164 *** (− 8.3071)	− 0.0171 *** (− 8.6456)	− 0.0166 *** (− 8.4034)
是否结婚	0.1274 *** (9.0093)	0.1207 *** (8.5832)	0.1261 *** (8.9697)
家庭收入	0.1807 *** (22.8517)	0.1874 *** (23.8143)	0.1814 *** (23.1565)
观测值个数	6718	6718	6718

注：括号内为回归系数的 t 统计量；*，**，*** 分别代表 10%，5% 和 1% 的显著性水平。

表8—10 报告了加入其他区域控制变量和交叉项后的计量结果，式（18）—式（20）显示在控制了其他变量的前提下，地区金融发展水平和基础设施水平变量的系数均显著为正，说明地区金融发展程度越高，基

础设施建设越完善，流动人口的创业率越高，区域制度水平变量系数为正但不显著，说明区域制度发展水平没有显著影响到流动人口的创业率。对于交互作用的考察，"金融发展程度×贸易开放度""制度水平×贸易开放度"和"基础设施水平×贸易开放度"三个交叉项系数均显著为正，即随着金融发展程度、制度水平和基础设施水平的不断提升，贸易开放会对流动人口创业率产生显著正向影响，这意味着在金融发展程度较高，制度建设较为健全和基础设施完善的地区，贸易开放对流动人口创业会产生正向效应。

由此我们可以得出一个结论，随着国内市场环境的优化，国际贸易对创业的促进作用会被放大，抑制作用会被缩小。实际上，在中国贸易开放过程中，无论是国内市场的制度和金融等软创业环境还是基础设施等硬创业环境的改善，都会提升流动人口的创业意识和创业能力，使其更为合理、有效地利用伴随国际贸易而来的廉价原材料、广阔的国际市场、先进的创新意识和创业思想。

第六节 本章小结

自雇创业活动是提高城市流动人口收入水平、生活质量和经济地位的重要途径，对于我国城市化进程的发展、城市就业问题的缓解也具有一定的推动作用。为考察贸易开放对流动人口创业的影响，本章利用 RU-MIC2007 数据进行了统计分析和经验研究，计量结果显示，贸易开放降低了流动人口的自雇创业率。按照技能水平将样本分类后的计量结果显示，贸易开放对不同技能水平流动人口的自雇创业率均起到了抑制作用，但对高技能人群的抑制作用要更大。按照行业将样本分类后的计量结果显示，贸易开放对第二产业内流动人口自雇创业没有显著影响，而对第三产业内流动人口创业具有显著负向影响。在第三产业内部，贸易开放对生产性服务业、分配和消费性服务业以及社会服务业流动人口自雇创业率均具有显著抑制作用，且对生产性服务业创业抑制作用最大。本章进一步探讨了扭转贸易开放抑制作用的机制，通过引入区域金融发展程度、制度水平以及基础设施水平与区域贸易开放度的交叉项，我们发现，提高城市金融发展程度、健全制度建设和完善区域基础设施水平，能够在一定程度上减轻贸易开放对流动人口自雇创业的抑制效应，提升促进效应。

本章的研究结论对于在开放环境下如何趋利避害、促进流动人口创业问题具有重要的政策意涵。政府部门要重视流动人口中的创业群体，关注其创业需求，采取措施缓解贸易开放对流动人口创业的抑制作用，提升贸易开放的积极作用。具体的政策建议如下：第一，针对高学历创业者更易受到贸易开放抑制的特点，应当在学校教育中加入更多的职业培训和创业教育内容，提升其创业意识和创业能力，竭力培育高技能创业团队，增强高学历者在贸易开放中把握创业机遇、参与市场竞争的能力。这不仅会改善创业者的学历结构，也会优化创业行业结构，因为生产性服务业更加依赖知识、创新等高级生产要素，高技能创业者的涌现，必然会在生产性服务业领域聚集，对服务业行业内部创业起到促进作用；第二，在金融支持方面，要专门为流动人口创业量身定做相应的金融机构，提供政府专项扶持资金，以消除流动人口创业者所面临的融资约束。同时要注重金融政策的产业倾斜，借鉴一些发达国家的成功经验，设立"服务业特别基金"，支持流动人口创立小微服务业企业；第三，要加快制度改革，完善市场制度。对于服务业创业和高科技创业来说，由于具有无形性、多样性和信息不对称特点，良好的知识产权保护和信用环境是其发展的基础条件，同时公平有效的市场环境也能够保证价格机制能够及时传递完整、真实和多样化的供求信息，使得潜在创业者尽快发现创业机会，实现创业；第四，在基础设施建设方面，建立完善可靠的公共服务和配套设施，在流动人口集聚地区有意识地、有步骤地培育中小企业工业园区和商贸小区，以降低流动人口创业的生产成本和运营成本，营造更有力的竞争条件以抵御国际贸易冲击。

第九章

外商直接投资对农民工创业
几率和绩效的影响

第一节　引言

在经济全球化不断深入和中国对外开放程度提高的大背景下，外商对华直接投资持续增长。据联合国贸易和发展组织（UNTAD）发布的世界投资报告显示，2015 年中国吸收的 FDI 达 1356 亿美元，全球排名第三。FDI 在很大程度上催生了经济社会转型期的一个特殊阶层——农民工群体[①]，同时对该群体的就业及创业活动产生了不可忽视的影响[②]。

据国家统计局网站公布的农民工监测调查报告显示，2015 年我国农民工总量为 2.77 亿人，比上年增加 352 万人，增长 1.3%。第六次全国人口普查报告数据显示，2010 年全国农民工中自雇者比率上升到 32%，可见农民工创业群体已形成相当规模。农民工自雇创业具有重要的现实意义，一方面农民工通过创业能够缓解农村富余劳动力的就业压力，开辟分流农村劳动力的新途径；另一方面采取自雇创业这一就业形式有利于提高农民工的收入，加快城市化和工业化进程的步伐，同时又能够培

[①]　程新章：《外商直接投资、民工、制造业集合和区域收入分配》，《上海经济研究》2005年第 7 期；赵德昭：《FDI 对农村剩余劳动力转移存在门槛效应吗》，《财贸经济》2014 年第 11期。

[②]　刘宏、李述晟：《FDI 对我国经济增长、就业影响研究——基于 VAR 模型》，《国际贸易问题》2013 年第 4 期；蔡宏波、钱叶檠、李爱军：《外资企业对内资企业的工资溢出效应——基于中国长三角地区的理论和实证分析》，《国际贸易问题》2016 年第 5 期。

育农民工群体的创新精神，促进资源的合理配置和劳动力市场结构的优化[1]。近年来，农民工创业问题引起了广泛的社会关注。但是，将该问题置于外资进入背景下的研究却十分缺乏。

关于 FDI 与个体创业的研究中，已有文献大多选择城镇居民作为研究对象，所得结论却不统一。部分学者认为 FDI 会通过以下渠道抑制居民创业：第一，FDI 会产生竞争效应，导致产品和服务市场价格下降，并由此降低了创业者的预期收入，造成东道国企业数量的减少[2]；第二，FDI 会在劳动力市场形成工资效应。与东道国企业相比，跨国公司具有所有权优势，对优秀员工支付的工资要比国内企业高，从而增加了个体创业的机会成本，降低其创业动机[3]；第三，FDI 会产生行业壁垒效应。外资企业通常具有所有权优势或"超国民待遇"，资金雄厚，技术先进，已经形成了一定的规模经济，相对能够承担较高的沉没成本，因而会在东道国构建行业壁垒，阻挠东道国创业者从事创业活动[4]。

而部分学者认为 FDI 会通过以下渠道促进居民创业。第一，外资企业的进入会带来技术和经验溢出效应从而促进创业，例如，迈耶（Meyer，2004）[5] 认为本地雇员在外资企业学习了经验和技术之后，可以在相同或联系紧密的产业进行自雇创业。外资企业的管理模式和运营效率往往较高，雇员在示范效应的带动下能够吸收优秀的管理经验[6]；第二，阿

---

① 陈浩义、孙红霞、王文彦：《国内农民工创业问题研究综述及理论分析框架》，《山东工商学院学报》2014 年第 2 期。

② Grossman G. M. , "International Trade, Foreign Investment, and the Formation of the Entrepreneurial Class", *American Economic Review*, 1984, 74 (4)；张敏：《FDI 影响机会驱动型和生存驱动型创业的比较分析》，《商业经济研究》2015 年第 32 期。

③ Driffield N. L. , "The Indirect Employment Effect of Foreign Direct Investment in the UK", *Bull. Econ. Res*, 1999；刘宏、李述晟：《FDI 对我国经济增长、就业影响研究——基于 VAR 模型》，《国际贸易问题》2013 年第 4 期。

④ Ayyagari M. and Kosová R. , "Does FDI Facilitate Domestic Entry? Evidence from the Czech Republic", *Review of International Economics*, 2010, 18 (1)；庄晋财、尹金承、王春燕：《农民工创业资源获取的网络渠道及其差异研究》，《软科学》2015 年第 5 期。

⑤ Meyer K. E. , "Perspectives on Multinational Enterprises in Emerging Economies", *Journal of International Business Studies*, 2004, 35 (4) .

⑥ Caves R. E. , "International Corporations: The Industrial Economics of Foreign Investment", *Economics*, 1971, 38 (141) .

伊格瑞和勒娜特（Ayyagari and Renáta，2010）[1] 认为 FDI 会带来产业关联效应，外资企业进入东道国之后，随着国内外企业生产网络的形成，对国内商品产生需求，会带动当地新企业的兴起和发展[2]；第三，外资企业可以通过游说当地政府、改变规则和管理创新等方式提高东道国的制度环境水平，激发一国的创新创业意识来带动个体创业。[3]

创业绩效及其影响因素是研究创业型经济的重点考察内容，也是一个国内外理论界、企业界等社会各界共同关心的话题。从现有文献来看，部分学者从地区创业环境、企业内生的资源禀赋条件及宏观政策支持等方面探讨了创业绩效的影响因素[4]，然而从外商直接投资视角出发，探究东道国在参与国际生产和分工过程中创业绩效得到了促进还是抑制，学界尚未对其开展深入研究。从现有研究来看，部分学者认同 FDI 能够激励创新绩效这一观点，例如，拉希里和泰（Lahiri and Tsai，2015）[5] 以企业进入市场作为创业指标的衡量，考察了在多家国内外企业的寡头垄断模式背景下，外国公司数量增加对国内企业自由进入市场数量、国内企业最佳数量和国内福利水平的影响，结果发现外国公司数量对于本土创业具有显著的带动效应。岩佐和小田切让（Iwasa and Odagiri，2004）[6] 的研究指出，对于跨国公司而言，从海外市场获取知识资源是其全球化决策的重要组成部分。当企业通过从具有战略优势的海外市场获取、转移和整合创新相关的知识，而不是通过对现有资产的重新配置，企业可以取得更高的创新绩效。

①　Ayyagari M. and Rosová R. ，"Does FDI Facilitate Domestic Entry？Evidence from the Czech Republic"，*Review of International Economics*，2010，18（1）.

②　Koen D. E. B. and Leo S. ，"Does Foreign Direct Investment Crowd Out Domestic Entrepreneurship？"，*Vlerick Working Paper*，2002.

③　赵浩兴、张巧文：《内地农民工返乡创业与沿海地区外力推动：一个机制框架》，《改革》2011 年第 3 期。

④　杜传忠、郭树龙：《中国服务业进入退出影响因素的实证分析》，《中国工业经济》2010 年第 10 期；邓芳芳、李鲁：《中国制造业企业进入退出的影响因素分析——基于对称性壁垒假说的研究》，《商业研究》2015 年第 11 期。

⑤　Lahiri S. ，Tsai Y. ，"Foreign Penetration and Domestic Competition"，*Mimeo*，2015.

⑥　Iwasa T. ，Odagiri H. ，"Overseas R&D，Knowledge Sourcing，and Patenting：an Empirical Study of Japanese R&D Investment in the US"，*Research Policy*，2004，33（5）.

关于此问题的研究，亦有学者得出了截然相反的结论。蔡宏标和张耀辉（2006）[①] 从产业的角度，分析了我国彩电产业的市场结构、市场行为和市场绩效，发现跨国公司所带来的竞争压力会提高彩电企业进入门槛，并且对在位企业的创业绩效产生负向影响。亦有学者从知识资源的异质性角度展开了研究，埃文斯和马万朵（Evans and Mavondo，2002）[②] 认为，对于本土知识的熟悉会使得企业从地理上接近母国的海外市场获取所需要的知识资源，而不会从地理较远和不熟悉的市场获取，且本土知识资源对企业创新绩效的激励要远大于海外市场所带来的激励。

综上可见，20 世纪 80 年代之后逐渐发展起来的 FDI 与创业精神的研究为本章选题提供了较为完善的分析视角和研究框架，遗憾的是，在相当长时期内，关于二者之间关系所开展的研究工作大多是相互独立的，无论是理论研究还是经验研究，均存在较大的挖掘空间。在分析 FDI 与创业的关系时，国内外文献研究更多地关注于某一特定地区或行业，研究对象缺乏全面性和层次性。对中国特有的体制转型和要素禀赋结构条件下的 FDI 与创业精神互动之规律也并未作出清晰的揭示。中国特殊的文化烙印和社会环境决定了针对发达国家设计的研究方法和分析结论可能难以照搬，需要根据中国现状进行方法的调整和重新验证，特别是对于农民工这一群体，少有文献进行专门性的研究。

鉴于此，本章利用国家卫生和计划委员会的个体调查数据系统分析了 FDI 对于农民工创业的影响。选择农民工群体进行研究有着重要的理论意义和现实意义，一方面，能够丰富已有的相关研究，通过更有针对性的研究拓展和补充该领域的已有结论；另一方面，目前政府大力提倡农民工创业，利用就业压力所形成的"倒逼"机制引导新的创业浪潮，

[①] 蔡宏标、张耀辉：《对我国彩电企业的进入退出与产业组织政策研究》，《生产力研究》2006 年第 2 期。

[②] Evans J. , Mavondo F. T. , "Psychic Distance and Organizational Performance: An Empirical Examination of International Retailing Operations", *Journal of International Business Studies*, 2002, 33 (3) .

最终带动就业增长[①]，这就需要对农民工创业的内在机制进行深入的分析。本章在以下几个方面进行了创新：第一，已有文献主要从地区创业环境、企业内生的资源禀赋条件及宏观政策支持等方面探讨了创业绩效的影响因素[②]，本章选取了 FDI 这一新颖视角，针对农民工这一特殊群体，分析了 FDI 对其创业几率和绩效的影响，对以往研究进行了拓展；第二，针对农民工群体的异质性，按照行业和学历水平对个体进行分类，利用丰富的个体样本，分析了 FDI 对不同行业和不同学历水平农民工创业的异质性影响，得到了更为细化的研究发现；第三，在研究结论方面，发现 FDI 对农民工创业存在筛选效应，即迫使效率较低的农民工创业者退出市场，但提升了现存创业者的绩效水平，并据此提出了如何应对 FDI 创业筛选效应的具体政策措施。

第二节　农民工就业、创业基本特征分析

一　数据来源与数据处理

农民工指的是仍保有农村户籍，但离开土地在城镇从事非农经济活动，主要经济来源为工资收入的城乡移民劳动者。其关键特征为在户籍身份上仍是农民，而在职业上则要归类为产业工人。这一群体与工人的区别主要在其农民身份，而同农民的区别主要在其工资收入。[③] 国家卫生和计划生育委员会所实施的 2013 年流动人口动态监测调查，对农民工的基本情况、就业、婚育情况进行了统计分析。该调查采取个人问卷和社区问卷进行，个人问卷主要包括个体的基本情况、就业居住和社会保障、婚育情况与计划生育服务、社会融合等；社区问卷主要包括人口基本状

---

①　辜胜阻、武兢：《扶持农民工以创业带动就业的对策研究》，《中国人口科学》2009 年第 3 期。

②　陈艳莹、原毅军、游闽：《中国服务业进入退出的影响因素——地区和行业面板数据的实证研究》，《中国工业经济》2008 年第 10 期；杜传忠、郭树龙：《中国服务业进入退出影响因素的实证分析》，《中国工业经济》2010 年第 10 期；邓芳芳、李鲁：《中国制造企业进入退出的影响因素分析——基于对称性壁垒假说的研究》，《商业研究》2015 年第 11 期。

③　程姝：《城镇化进程中农民工市民化问题研究》，东北农业大学，博士论文，2013 年。

况、社区管理与服务等情况。该调查数据覆盖范围广①，样本量大，与本章研究目的有很高的契合性。

本章对原始数据进行如下基本处理：1. 删掉了户籍为非农业以及就业方式为农、林、牧、渔业的样本，以此来保证和农民工的定义相一致；2. 删除流入本地原因为随迁、婚嫁、学习、拆迁、投亲的样本，仅保留务工经商的样本；3. 删除没有工作的样本以及就业身份为家庭帮工的样本；4. 将男性样本年龄限制在 18—60 岁，女性样本年龄限制在 18—55 岁。最终样本的数量为 109997 个。对于 FDI 数据，本章选取国泰君安数据库中各城市 2012 年的 FDI 数据，之所以没有使用 2013 年各城市的 FDI 数据，而使用上一年度数据，是为了控制内生性问题。

二　农民工就业、创业基本特征分析

经济学家往往使用职业选择模型来对创业行为进行研究分析。职业选择模型认为，当进行创业的收益大于成为受雇工人的收益时，理性行为者就会选择进行创业。② 从个体特征来看，年龄、性别、受教育程度、健康状况、家庭状况、工资收入以及风险偏好程度等因素都会对创业选择产生影响。③ 本部分将对农民工的重要个体特征进行描述性统计分析，分析农民工个体特征与就业及创业的关系，为后续计量部分构建基础。

1. 农民工就业性质分析

通常对创业的定义如下，创业是指具备一定个性和素质的人，在特定的环境中发现并抓住机会创立新组织和开展新业务的活动。④ 与那些为雇主工作并以工资作为收入来源的雇员不同，自雇创业者通常自己为雇主或是个体工商户，收入来源为自己开展业务所得。本章使用的数据中，

---

① 在对数据进行处理之后，本章的调查样本分布在 239 个城市。

② Shane S., "Explaining Variation in Rates of Entrepreneurship in the United States: 1899 - 1988", *Journal of Management*, 1996, 22（5）.

③ 黄兆信、吴新慧、钟卫东：《新生代农民工创业的现状与对策研究——基于多个城市的实证调查》；《江西社会科学》2012 年第 9 期。

④ 王小洁、刘鹏程、陈梅、李红阳：《贸易开放对农民工自雇创业的影响》，《中国经济问题》2016 年第 5 期。

个体就业身份有雇员、雇主①、自营劳动者②和家庭帮工四类。本章沿用已有研究的方法，将雇主和自营劳动者算作创业者。调查数据显示，在农民工群体中，从事于工资性工作的比例最高（60.14%）。创业者比例也不容小觑，已逾39%；同时，与以往年份调查数据相比，农民工创业的比例也已经大幅上升。如在王小洁等（2016）③的研究中，RUMIC2007调查样本中的农民工创业比例仅为22.31%。可见农民工创业群体日益壮大，广大农民工已经开辟了就业新渠道，广泛参与创业，且参与程度也逐年提高。

表9—1　　　　　　　　农民工就业性质统计分析　　　　　（单位：人、%）

就业性质	人数	比例
雇主	9472	8.61
自营劳动者	34369	31.25
工资性工作	66156	60.14

数据来源：2013年国家卫计委调查数据。

2. 农民工分布情况

表9—2为农民工的分布情况统计。从性别分布来看，创业样本中女性比例（37.77%）低于总体样本中的人数占比（40.75%），同时更远远低于男性农民工的创业比例（62.23%）。从创业比率来看，创业女性占女性总数的36.94%，低于男性的41.86%。可能的原因在于，女性因为传统照顾家庭的角色，参与工作的比例本身就比较低，同时女性创业者

---

① RUMIC2007数据中雇主定义为：自负盈亏或与合伙人共负盈亏，具有企业经营决策权，其报酬直接取决于生产、经营利润的人员。雇主的基本特征是雇用其他人为自己工作并向被雇用人支付工资。

② 自营劳动者定义为：自负盈亏或与合伙人共负盈亏，具有经营决策权的人员。自营劳动者的特征是既不被雇也不雇用他人。如果有亲属帮忙但不支付工资，经营者本人仍属自营劳动者。

③ 王小洁、刘鹏程、陈梅、李红阳：《贸易开放对农民工自雇创业的影响》，《中国经济问题》2016年第5期。

还受到显性或隐性的歧视。[①]

　　从年龄分布来看，无论是在整体样本还是在自雇创业样本中，31—45 岁农民工占比都最高。这也与常识相符：个体的社会和商业关系网络等软技能会随着年龄慢慢增长，直到中年才会达到顶峰。[②] 因此，个体主要是通过社会活动以及边工作边学习来积累软技能。而且中年人年富力强，充满活力，正是创业的高峰期。[③]

　　学历作为技能水平以及学习能力的重要衡量标准对于创业选择有着重要影响。从调查数据中可以明显看出农民工群体整体学历偏低，绝大多数为初中及以下学历，仅有 5.47% 的农民工为大专及以上学历。在创业样本中，创业率排名靠前的是高中（含中专）、初中和小学及以下等较低学历。其可能原因在于：从机会成本来看，学历高的个体更容易找到工作，也更容易从事高薪职业，从事创业的机会成本更高，因此缺乏创业的激励。这与以往研究也一致，如加尼翁等（Gagnon et al.，2009）[④] 认为中国的城乡移民中学历越高者越有可能成为正式工人而非创业者。

　　本章在前期数据处理中已经删除了从事于农林牧渔的样本，仅保留了第二产业和第三产业样本。调查显示，农民工就业于第三产业的比例几乎是第二产业的两倍。在创业群体中，有接近 89.32% 的个体从事于第三产业，由此可见，第三产业的蓬勃发展在带动经济增长和促进就业的

---

①　Miri Lerner, Candida Brush and Robert Hisrich, "IsraeliWomen Entrepreneurs: An Examination of Factors Affecting Performance", *Journal of Business Venturing*, 1997, 12 (4)；刘鹏程、李磊、王小洁：《企业家精神的性别差异——基于创业动机视角的研究》，《管理世界》2013 年第 8 期；刘中起、风笑天：《社会资本视阈下的现代女性创业研究：一个嵌入性视角》，《山西师大学报》（社会科学版）2010 年第 1 期。

②　Kaufman A. S., Horn J. L., "Age Changes on Tests of Fluid and Crystallized Ability for Women and Men on the Kaufman Adolescent and Adult Intelligence Test (KAIT) at Ages 17 – 94 Years", *Archives of clinical neuropsychology*, 1996, 11 (2)；Ryan J. J., Sattler J. M., Lopez S. J., "Age Effects on Wechsler Adult Intelligence Scale III Subtests", *Archives of Clinical Neuropsychology*, 2000, 15 (4).

③　黄兆信、吴新慧、钟卫东：《新生代农民工创业的现状与对策研究——基于多个城市的实证调查》，《江西社会科学》2012 年第 9 期。

④　Gagnon, Jason, Theodora Xenogiani and Chunbing Xing "Are All Migrants Really Worse Off in Urban Labour Markets?: New Empirical Evidence from China", *OECD Publishing*, 2009.

同时，更为农民工群体提供了广阔的创业空间。

表9—2　　　　　　农民工整体样本和创业样本分布情况　　（单位：人、%）

	整体样本		创业样本		创业率
	人数	比例	人数	比例	（创业比例）
男性	65171	59.25	27283	62.23	41.86
女性	44826	40.75	16558	37.77	36.94
18—30 岁	40920	37.20	2112	22.30	5.16
31—45 岁	54614	49.65	5826	61.51	10.67
46—60 岁	14463	13.15	1534	16.20	10.61
小学及以下	15457	14.05	1193	12.60	7.72
初中	65659	59.69	5710	60.28	8.70
高中（含中专）	22950	20.86	2142	22.61	9.33
大学专科	4599	4.19	337	3.56	7.33
大学本科	1297	1.18	88	0.93	6.78
研究生	35	0.03	2	0.02	5.71
第二产业	38990	35.45	1248	13.18	3.20
第三产业	71007	64.55	8，224	86.82	11.58

数据来源：根据 2013 年国家卫计委调查数据计算而得。

第三节　计量模型的构建

一　模型选择和主要变量的解释

本章的被解释变量为二元变量，因此本章选择 Probit 模型分析 FDI 对农民工创业几率的影响。构建计量方程如下：

$$P\left(ENT_{ic}=1\right)=\Phi\left(\alpha+\beta\ln\left(\mathrm{FDI}_{c}/\mathrm{GDP}_{c}\right)+\gamma_{1}X_{ic}+\varepsilon_{ic}\right)\quad(9.1)$$

$$P\left(ENT_{ich}=1\right)=\Phi\left(\alpha+\beta\ln\left(\mathrm{FDI}_{c}/\mathrm{GDP}_{c}\right)+\gamma_{1}X_{ic}+\varepsilon_{ic}\right)\quad(9.2)$$

在计量方程中，下标 i 代表个体，c 代表城市，h 代表行业。因变量 ENT 代表农民工是否创业（是 $=1$，否 $=0$），式（1）中 ENT_{ic} 代表城市 c 中个体 i 是否创业，式（2）中 ENT_{ich} 代表城市 c 中个体 i 在行业 h 中是否创业。自变量部分：用 FDI_c 与 GDP_c 相除表示城市 c 的外资进入程度；控制变量部分：X_{ic} 代表城市 c 中个人 i 的个体特征，包括年龄、性别、婚姻状况、受教育水平、外出年限、家庭收入水平，ε_{ic} 代表误差项。

表 9—3 为主要变量解释和描述性统计分析。

表 9—3   主要变量的统计性描述

变量	变量赋值	观测值	均值	标准差	最小值	最大值
是否为雇主	是 =1，否 =0	109997	0.0861	0.2805	0	1
是否为自营劳动者	是 =1，否 =0	109997	0.3125	0.4635	0	1
FDI	区域 FDI 与 GDP 比值	109997	3.3218	1.1400	-0.8609	5.0840
年龄		109997	34.6840	8.9650	18	60
性别	男 =1，女 =0	109997	0.5925	0.4914	0	1
婚姻状况	已婚 =1，其他 =0	109997	0.7604	0.4269	0	1
学历	未上过学 =1，小学 =2，初中 =3，高中 =4，中专 =5，专科 =6，本科 =7，研究生 =8	109997	3.2853	1.0265	1	8
外出年数	离开老家（县）外年数	109997	9.5077	6.4509	1	46
家庭总收入	家庭在本地的月总收入	109997	8.3815	0.5345	6.8024	11.2898

注：FDI 变量和家庭总收入变量均取对数。

二 多重共线性检验和内生性的处理

表 9—4 为主要变量的相关系数表。从中可见，变量之间的相关系数绝对值都没有超过 0.7，说明各变量通过了多重共线性检验。

表 9—4   变量相关系数表

	FDI	年龄	性别	婚姻状况	受教育水平	外出年数	收入
FDI	1	-0.0524	-0.0398	-0.0479	0.0314	-0.0011	0.0802
年龄	-0.0507	1	0.0886	0.564	-0.338	0.523	0.232
性别	-0.0401	0.0981	1	0.0048	0.0323	0.0821	0.003
婚姻状况	-0.0477	0.54	0.0048	1	-0.215	0.426	0.452

续表

	FDI	年龄	性别	婚姻状况	受教育水平	外出年数	收入
受教育水平	0.0233	-0.317	0.0165	-0.215	1	-0.192	-0.0348
外出年数	-0.0023	0.52	0.0967	0.379	-0.194	1	0.281
收入	0.0613	0.209	0.0109	0.43	-0.0178	0.231	1

注：FDI 和支出水平变量取对数形式，表格左下三角部分为 Spearman 相关系数，右上三角部分为 Pearson 相关系数。

对外直接投资和农民工创业问题之间可能存在内生性问题。主要原因如下：第一，自变量、因变量之间可能存在相互作用；第二，本章所构建的模型中可能遗漏了一些变量，这些遗漏变量也会影响农民工的创业选择；第三，本章将微观调查数据和宏观城市层面数据相结合，数据来源不同且统计口径有差别，这也会带来内生性问题。严重的内生性可能会使计量结果有偏和非一致。[①] 因此本章借鉴以往学者的做法，使用调查数据 2012 年度的 FDI 数据[②]，有效地排除了解释变量与被解释变量之间的相互作用，避免了计量模型中潜在的内生性问题。

第四节　FDI 影响农民工创业几率的计量分析

一　总体样本回归结果

表 9—5 为 FDI 影响农民工创业的基准计量结果。从中可见，在控制变量逐步增加的情况下，FDI 的系数均在 1% 水平下显著为负，说明 FDI

---

① 王小洁、刘鹏程、陈梅、李红阳：《贸易开放对农民工自雇创业的影响》，《中国经济问题》2016 年第 5 期；李磊、刘斌、胡博、谢璐：《贸易开放对城镇居民收入及分配的影响》，《经济学（季刊）》2012 年第 1 期。

② Borensztein E., De Gregorio J., Lee J. W., "How Does Foreign Direct Investment Affect Economic Growth?", *Journal of International Economics*, 1998, 45 (1); Alfaro L., Chanda A., Kalemli Ozcan S., et al., "FDI and Economic Growth: the Role of Local Financial Markets", *Journal of International Economics*, 2004, 64 (1); 罗长远：《FDI、国内资本与经济增长——1987—2001 年中国省际面板数据的证据》，《世界经济文汇》2006 年第 4 期。

与农民工创业行为存在明显的负向相关关系，即 FDI 整体上抑制了农民工创业行为的发生。根据上文的论述，FDI 对农民工群体创业的抑制作用主要源于其带来的竞争效应、劳动力市场工资效应和行业壁垒效应。其中，产品市场竞争效应指的是 FDI 加剧了商品市场上的竞争程度，降低了产品市场价格，这会直接影响到农民工创业群体的预期收益，进而抑制其创业选择；劳动力市场工资效应是指外资企业进入东道国之后，往往会提供比当地企业更高的工资，致使个体倾向于选择成为雇员而非进行创业活动；行业壁垒效应是外资企业会利用自身的所有权优势，构建行业壁垒，阻止当地企业进入某一产业，这也会降低了农民工创业者在该产业的活跃度。

控制变量方面，年龄系数显著为正，平方项系数为负，说明农民工创业率随年龄增长先升后降。性别系数显著为正，说明男性农民工群体创业率高于女性群体，这些均与前文的描述性统计一致。婚姻系数显著为正，说明已婚农民工创业率更高。这主要源于已婚个体为了提高家庭收入会更努力创业[1]，且已婚个体能获得更多创业的情感激励。[2] 受教育水平越高，农民工创业可能性越低，这主要是因为受教育水平越高越有可能从事高工资工作，从而提高创业的机会成本。[3] 外出时间越长，农民工创业的可能性越大。这主要是随外出年数的增加，农民工会积累更多的创业资金、工作经验和社会关系，更有可能进行创业。家庭收入越高，个体创业率越高，这主要是因为家庭收入是创业的重要资金来源，能够为农民工创业提供有利资本条件。[4]

① Borjas G. J., "The Self-Employment Experience of Immigrants", *Journal of Human Resources*, 1986.

② Blumberg B., Pfann G., "Social Capital and the Uncertainty Reduction of Self-Employment", *Harris School of Public Policy Studies*, *University of Chicago*, 2001.

③ Lee A. T., "Empirical Studies of Self-Employment", *Journal of Economic Surveys*, 1999, 13 (4).

④ 石智雷、谭宇、吴海涛：《返乡农民工家庭收入结构与创业意愿研究》，《农业技术经济》2010 年第 11 期。

表 9—5　　　　　　　　　　FDI 影响雇主创业的基准计量结果

变量	(1)	(2)	(3)	(4)	(5)	(6)
FDI	− 0.0093 ***	− 0.0083 ***	− 0.0079 ***	− 0.0079 ***	− 0.0082 ***	− 0.0109 ***
	(− 13.2070)	(− 11.8369)	(− 11.2001)	(− 11.3263)	(− 11.7521)	(− 16.1955)
年龄		0.0219 ***	0.0137 ***	0.0139 ***	0.0124 ***	0.0111 ***
		(27.3245)	(14.9564)	(15.1737)	(13.4164)	(12.2049)
年龄平方		− 0.0003 ***	− 0.0002 ***	− 0.0002 ***	− 0.0002 ***	− 0.0001 ***
		(− 23.7461)	(− 13.7775)	(− 13.6902)	(− 12.5321)	(− 10.9854)
性别			0.0139 ***	0.0125 ***	0.0112 ***	0.0120 ***
			(7.9828)	(7.2008)	(6.4108)	(7.0053)
婚姻状况			0.0610 ***	0.0626 ***	0.0609 ***	0.0189 ***
			(19.1120)	(19.6455)	(19.0292)	(5.9007)
受教育水平				0.0091 ***	0.0094 ***	0.0046 ***
				(10.8646)	(11.2227)	(5.7157)
外出年数					0.0015 ***	0.0007 ***
					(10.4163)	(5.2259)
家庭收入						0.0857 ***
						(49.9506)
观测值个数	109997	109997	109997	109997	109997	109997

注：括号内的数值为稳健性标准误差；＊、＊＊、＊＊＊分别代表了 10%，5% 和 1% 的显著性水平，表中系数均为 Probit 模型的边际效应值，下表同。

表 9—6 为 FDI 影响自营创业的基准计量结果，各式的被解释变量为"是否为自营劳动者"。从中可见，FDI 变量系数均显著为负，与表 9—5 一致。说明 FDI 对自营劳动者创业具有显著负向影响。但是列（1）—列（6）FDI 变量系数绝对值要小于对应的列（7）—列（12）FDI 变量系数，说明 FDI 对自营劳动者创业负向影响更大。主要原因如下：首先，雇主创业规模更大、投入资金更多，对创业者的管理经验和技能水平要求更高，因此，FDI 对雇主创业的示范效应和技能、经验溢出效应更为明显；第二，根据本章的统计，雇主的月平均收入为 4657.91 元，明显高于自营劳动者的 3525.73 元，因此外资企业高工资的诱惑力于雇主而言也相对较低；第三，雇佣人数较少的创业者和自营创业者均具有生存型创业

的性质，具有知识技能水平低、动员资源能力差、风险承受能力弱的特点①，因此更容易受到 FDI 负面效应的影响。②

表 9—6 FDI 影响自营创业的基准计量结果

变量	(7)	(8)	(9)	(10)	(11)	(12)
FDI	− 0.0344 ***	− 0.0298 ***	− 0.0283 ***	− 0.0282 ***	− 0.0285 ***	− 0.0308 ***
	(− 29.1382)	(− 26.0586)	(− 24.9700)	(− 24.8480)	(− 25.1307)	(− 27.1612)
年龄		0.0626 ***	0.0345 ***	0.0338 ***	0.0321 ***	0.0311 ***
		(54.2070)	(25.5764)	(25.2762)	(23.6581)	(22.9618)
年龄平方		− 0.0007 ***	− 0.0004 ***	− 0.0004 ***	− 0.0004 ***	− 0.0004 ***
		(− 44.5668)	(− 21.4435)	(− 21.8182)	(− 20.7983)	(− 19.8934)
性别			0.0247 ***	0.0285 ***	0.0270 ***	0.0273 ***
			(9.0120)	(10.3730)	(9.7881)	(9.9196)
婚姻状况			0.1957 ***	0.1916 ***	0.1894 ***	0.1578 ***
			(43.4226)	(42.3831)	(41.7649)	(32.8922)
受教育水平				− 0.0280 ***	− 0.0277 ***	− 0.0306 ***
				(− 19.8254)	(− 19.5846)	(− 21.6527)
外出年数					0.0018 ***	0.0012 ***
					(7.5638)	(5.2886)
收入						0.0657 ***
						(23.2653)
观测值个数	109997	109997	109997	109997	109997	109997

　　根据本章的分析，农民工的学历水平主要为初中，但是也有 26.26% 的农民工的学历水平为高中及以上。那么，FDI 对高、低学历水平农民工创业的影响是否存在差异呢？接下来需要分技能样本进行分析。

———————————

① 陈怡安、陈刚：《社会保险与创业——基于中国微观调查的实证研究》，《人口与经济》2015 年第 6 期；宋冬林、姜扬：《政府财政支出与创业行为——基于 CGSS2012 数据的实证研究》，《当代经济研究》2017 年第 4 期。

② 全球创业观察报告（2002）最先提出生存型创业和机会型创业的概念，生存型创业是指那些由于没有其他更好的工作选择而从事创业的创业活动，机会型创业是指那些为了追求一个商业机会而从事创业的创业活动。

二 分技能样本回归结果

本章把高中及以上学历农民工样本定义为高技能样本，初中及以下学历样本定义为低技能样本。表 9—7 中列（13）和列（14）的计量结果显示，当被解释变量为"是否为雇主"时，不论是高技能还是低技能的农民工群体，FDI 的系数都显著为负，说明 FDI 对不同技能农民工群体的创业都产生了显著的抑制作用，不同的是，高技能样本中 FDI 变量的系数绝对值要大于低技能样本，说明相比较于低技能农民工，FDI 对高技能农民工创业的抑制作用更强。这主要是因为，学历水平较高的个体更容易在外资企业中找到令自己满意的工作，因此进行创业的机会成本较高[1]，受到 FDI 的负面影响也就越大。当被解释变量为"是否为自营劳动者"时，列（15）和列（16）计量结果依然稳健。

表 9—7　　　　　　　　　　　分技能样本回归结果

变量名	雇主		自营劳动者	
	高技能（13）	低技能（14）	高技能（15）	低技能（16）
FDI	- 0. 0125 ***	- 0. 0103 ***	- 0. 0334 ***	- 0. 0299 ***
	（- 9. 5078）	（- 13. 1456）	（- 16. 7793）	（- 21. 9560）
年龄	0. 0132 ***	0. 0101 ***	0. 0254 ***	0. 0327 ***
	（7. 3272）	（9. 5780）	（10. 0414）	（20. 2535）
年龄平方	- 0. 0001 ***	- 0. 0001 ***	- 0. 0003 ***	- 0. 0004 ***
	（- 6. 0329）	（- 8. 8655）	（- 7. 9322）	（- 17. 4685）
性别	0. 0121 ***	0. 0116 ***	0. 0257 ***	0. 0251 ***
	（3. 5379）	（5. 8512）	（5. 2023）	（7. 6235）
婚姻状况	0. 0082	0. 0238 ***	0. 1144 ***	0. 1762 ***
	（1. 5908）	（5. 7456）	（15. 6881）	（28. 6344）

---

[1]　Gagnon J. , Xenogiani T. , Xing C. , "Are All Migrants Really Worse Off in Urban Labour Markets? New Empirical Evidence from China", *Discussion Paper Series*, *Forschungsinstitut zur Zukunft der Arbeit*, 2011；王小洁、李磊、刘鹏程：《贸易开放对农民工工时的影响研究——来自 2007 年外来务工人员调查数据的经验分析》，《财经研究》2014 年第 5 期。

续表

变量名	雇主		自营劳动者	
	高技能（13）	低技能（14）	高技能（15）	低技能（16）
外出年数	0.0003	0.0008 ***	− 0.0002	0.0016 ***
	(0.9787)	(5.2116)	(− 0.2972)	(6.0795)
收入	0.0928 ***	0.0824 ***	0.0758 ***	0.0585 ***
	(30.0581)	(40.1657)	(16.2803)	(16.8842)
观测值个数	28881	81116	28881	81116

农民工就业分布在不同行业，那么，FDI 对各行业农民工创业是否有差异化影响呢？本章接下来对这一问题进行分析，以得到更为丰富的结论。

三　分行业样本回归结果

由前文描述性分析可知，农民工在不同行业中就业、创业的特征不同，因此本章分行业对 FDI 影响农民工创业进行了分析。表9—8 为计量结果，列（17）—列（20）结果显示，FDI 的系数为负，说明不论是第二产业还是第三产业，FDI 对农民工群体创业的抑制效应更加明显。对比系数绝对值大小，可以发现，FDI 对第二产业中农民工群体创业的抑制效应明显小于第三产业。其可能的原因如下：首先，外资企业的进入促进了国内市场的贸易开放度，特别是促进了加工贸易的发展，据统计，1995—2013 年外资企业在加工贸易中所占比重为 76.9%。[①] 外资进入为本土企业开拓了国际市场，推动了新创企业的不断涌现，这在一定程度上降低了 FDI 对创业的抑制作用。但是对于第三产业而言，由于其服务主体主要为国内企业和居民，因此难以获取国际市场拓展带来的利好；其次，根据朱倩（2011）[②] 的研究，相比较于制造业，FDI 对服务业的工资提高更为显著，因此从机会成本的角度来看，FDI 对第三产业中农民工创业的抑制作用会更大。

---

① 王生辉、张京红：《外资主导下的我国加工贸易转型升级问题》，《生产力研究》2014 年第 12 期。

② 朱倩：《FDI 对中国行业收入差距影响的实证研究》，《北方经济》2011 年第 17 期。

表9—8　　　　　　　　　　　分行业样本回归结果

变量	雇主		自营劳动者	
	第二产业（17）	第三产业（18）	第二产业（19）	第三产业（20）
FDI	-0.0052 *** （-6.5315）	-0.0099 *** （-10.8541）	-0.0152 *** （-11.6824）	-0.0222 *** （-15.4023）
年龄	0.0046 *** （4.7339）	0.0116 *** （9.0241）	0.0141 *** （9.6079）	0.0281 *** （15.9979）
年龄平方	-0.0001 *** （-4.3143）	-0.0001 *** （-8.2778）	-0.0002 *** （-8.6697）	-0.0003 *** （-13.8914）
性别	0.0160 *** （7.8174）	0.0217 *** （9.0750）	0.0477 *** （14.4801）	0.0625 *** （17.8784）
婚姻状况	0.0091 ** （2.3925）	0.0260 *** （5.8450）	0.0325 *** （6.0014）	0.2069 *** （34.7683）
受教育水平	0.0024 *** （2.8669）	0.0010 （0.8160）	-0.0148 *** （-9.7135）	-0.0577 *** （-31.1855）
外出年数	0.0007 *** （4.8497）	0.0010 *** （4.8509）	0.0005 ** （2.0166）	0.0026 *** （8.4691）
收入	0.0501 *** （23.0461）	0.1033 *** （45.7263）	0.0353 *** （10.3936）	0.0884 *** （25.1954）
观测值个数	38990	71007	38990	71007

创业绩效及其影响因素是研究创业问题的重点考察内容。那么，FDI对农民工创业绩效有什么影响呢？本章利用赫克曼（Heckman）两步法对这一问题进行分析。

第五节　FDI影响农民工创业绩效的计量分析

FDI的增加不仅会对农民工创业几率产生一定作用，还可能在一定程度上影响着农民工创业绩效。本章参考王戴黎（2014）[①] 的研究，把农民

---

① 王戴黎：《外资企业工作经验与企业家创业活动：中国家户调查证据》，《管理世界》2014年第10期。

工创业收入作为创业绩效的衡量标准展开研究分析。如果仅使用创业样本进行计量分析将会造成选择性偏差问题[1]，因此本章利用 Heckman 两步法进行回归分析。构造计量模型如下：

$$P\left(ENT_{ic}=1\right)=\Phi\left(\alpha+\beta\ln\left(FDI_{c}/GDP_{c}\right)+\gamma_{1}X_{ic}+\varepsilon_{ic}\right) \quad (9.3)$$

$$\ln wage=\alpha+\ln fdi+\beta X_{ic}+\varepsilon_{ic} \quad (9.4)$$

其中，lnwage 是创业农民工月收入的对数值，其他变量和前文一致。参考王戴黎（2014）[2] 的研究，影响收入的关键变量选取了 FDI、年龄、年龄平方、性别、婚姻状况、受教育水平和外出打工年限。

表9—9 报告了赫克曼第二步回归结果，从中可见，不论是对于总体样本还是对于不同行业、不同技能样本，FDI 系数都显著为正，这说明对于现有创业者来说，FDI 会提升其创业绩效水平。根据王剑等（2005）[3] 的研究，外资进入会带来技术和经验溢出效应，农民工在外企中积累的技术和管理经验都会对其创业绩效产生积极影响。而且，外资企业在一定程度上会通过管理创新、游说当地政府，甚至是改变规则等方式来提高本土的制度环境水平[4]，这也会在一定程度上提升创业绩效。对比 FDI 影响创业几率的计量结果，可以发现，FDI 通过竞争效应迫使效率较低的农民工创业者退出市场，但提升了现存创业者的绩效水平，这说明 FDI 不仅在就业、创新等领域的影响存在筛选效应[5]，在创业领域亦是如此。按照农民工技能水平分类的计量结果也支持了这一结论，FDI 对高技能群体创业绩效的正面影响更大。尽管 FDI 降低了高技能农民工群体的创业

① Heckman J. J., "Sample Selection Bias as a Specification Error", *Econometrica*, 1979, 47 (1).

② 王戴黎：《外资企业工作经验与企业家创业活动：中国家户调查证据》，《管理世界》2014 年第 10 期。

③ 王剑、张会清：《外国直接投资对中国就业效应的实证研究》，《世界经济研究》2005 年第 9 期。

④ 赵浩兴、张巧文：《内地农民工返乡创业与沿海地区外力推动：一个机制框架》，《改革》2011 年第 3 期。

⑤ 罗军：《FDI 影响区域创新能力的人力资本门槛效应研究》，《国际商务（对外经济贸易大学学报）》2016 年第 6 期；赵德昭：《FDI 对农村剩余劳动力转移存在门槛效应吗》，《财贸经济》2014 年第 11 期；鲁钊阳、廖杉杉：《FDI 技术溢出与区域创新能力差异的双门槛效应》，《数量经济技术经济研究》2012 年第 5 期。

率，但现有的高技能创业者却能在外资进入的过程中受益于溢出效应，取得更好的创业绩效。

表9—9　　　　　　　　　FDI 对农民工创业绩效的影响（1）

变量	总体样本（21）	高技能样本（22）	低技能样本（23）
FDI	0.0666 ***	0.0836 ***	0.0598 ***
	(12.1360)	(7.9201)	(9.3378)
年龄	−0.0545 ***	−0.0496 ***	−0.0565 ***
	(−7.3986)	(−3.5096)	(−6.5274)
年龄平方	0.0006 ***	0.0005 ***	0.0006 ***
	(6.4650)	(2.7414)	−5.8023
性别	0.1056 ***	0.1193 ***	0.1074 ***
	(7.4389)	(4.3451)	(6.5003)
婚姻状况	−0.2053 ***	−0.1670 ***	−0.2291 ***
	(−8.3150)	(−4.3241)	(−7.1269)
受教育水平	−0.0056		
	(−0.7841)		
外出年数	−0.0037 ***	−0.0018	−0.0039 ***
	(−3.2408)	(−0.7267)	(−3.0484)
常数项	11.0283 ***	10.7693 ***	11.1061 ***
	(79.4312)	(42.4197)	(69.5113)
观测值个数	109997	28881	81116

表9—10 为 FDI 影响各产业农民工创业绩效的计量结果，从中可见，FDI 对各产业农民工创业绩效均具有正面影响。但是从 FDI 变量系数来看，相对于第三产业，FDI 对第二产业农民工创业绩效的正面影响更大。从第三产业内部来看，FDI 对生产性服务业创业绩效影响最大，其次为社会性服务业，最后为生活性服务业，这说明 FDI 对各产业的影响具有引导性。根据贾妮莎等（2014）[①] 的论述，一方面，FDI 通过扩展东道国原

————————

① 贾妮莎、韩永辉、邹建华：《中国双向 FDI 的产业结构升级效应：理论机制与实证检验》，《国际贸易问题》2014 年第 11 期。

有的产品市场,以自身的品牌效应、销售经验、先进生产设备技术和分销渠道与东道国的原有产业形成竞争,通过技术外溢效应、产品竞争效应和示范效应,"倒逼"东道国企业改进生产技术、改善竞争环境、降低生产成本,从而改善东道国企业的竞争力,促进产业结构升级。另一方面,如果FDI 多为低端加工制造业,也会带来抑制劳动生产率提高等问题,从长期看,FDI 很可能会在一定程度上延缓发展中国家的工业化进程,成为抑制东道国产业结构再升级的瓶颈。从表9—10 的计量结果来看,FDI 对第二产业和生产性服务业创业绩效的积极影响最大,因此可以推断 FDI 会将农民工创业领域引导到更为高级的第二产业和生产性服务业中。

表9—10 FDI 对农民工创业绩效的影响（2）

	第二产业 (24)	第三产业 (25)	生产性服务业 (26)	生活性服务业 (27)	社会性服务业 (28)
FDI	0.0790 *** (5.5672)	0.0452 *** (7.7295)	0.0720 *** (2.7412)	0.0377 *** (5.4264)	0.0526 *** (3.6460)
年龄	-0.0653 *** (-3.6815)	-0.0384 *** (-4.7750)	-0.0345 (-0.8197)	-0.0393 *** (-4.1050)	-0.0458 ** (-2.2719)
年龄平方	0.0008 *** (3.2939)	0.0004 *** (4.1900)	0.0006 (1.0655)	0.0004 *** (3.3843)	0.0006 ** (2.3420)
性别	-0.0079 (-0.1989)	0.0679 *** (4.4235)	0.2124 *** (2.7150)	0.0280 (1.5302)	0.0477 (1.2328)
婚姻状况	-0.2291 *** (-3.5345)	-0.2046 *** (-7.6667)	-0.2027 * (-1.6976)	-0.2419 *** (-7.3272)	-0.1401 ** (-2.3539)
受教育水平	-0.0013 (-0.0766)	0.0180 ** (2.2706)	0.0996 *** (3.3688)	-0.0187 * (-1.8515)	0.0482 *** (2.7362)
外出年数	-0.0094 *** (-3.5416)	-0.0042 *** (-3.2816)	-0.0024 (-0.4042)	-0.0027 * (-1.7859)	-0.0102 *** (-3.1474)
常数项	11.8691 *** (34.9177)	10.5050 *** (69.6159)	10.0696 *** (13.4496)	10.6411 *** (58.6696)	10.4413 *** (28.2910)
观测值	38990	71007	6091	42126	14556

第六节　本章小结

本章使用 2013 国家卫计委调查数据分析了 FDI 对农民工群体创业的影响，结果显示，FDI 整体上对农民工创业几率存在抑制作用。分行业计量分析显示，不论是第二产业还是第三产业，FDI 均会对农民工群体创业产生负面效应，但是对于第三产业的抑制作用更显著。分技能计量结果显示，无论是高技能农民工还是低技能农民工，FDI 都不利于农民工创业，但是对于高技能农民工的抑制作用更强。最后，本章利用赫克曼两步法分析了 FDI 对农民工创业绩效的影响，发现 FDI 显著提高了农民工创业者的收入。

本章的结论能够为引资政策和创业扶持政策的制定提供有益的政策建议。十八大特别指出"要使改革红利惠及全体人民"，因而引进外资的政策目标不能只关注引资的规模与质量，也要着眼于保证全民可在更高水平上分享引进外资所带来的福利。考察外资进入对农民工创业的影响对于处理好引资政策和创业扶持政策有着重要的现实意义。而本章的研究结果表明 FDI 显著抑制了农民工群体创业行为的发生，但是能提升已有创业者的创业绩效，这意味着 FDI 会对农民工群体创业产生优胜劣汰的筛选效应。因此，政府在调整外资引入政策时，应当评估已有生产力提升和创业人才流失形成的挑战，提升 FDI 的正面溢出效应，降低其对高效率创业活动的抑制作用。具体地，应在 FDI 集中的区域加强国际创业园建设，对于园区内创业的农民工个体工商户和私营企业主给予多种优惠政策，以最大化利用外资进入所带来的溢出效应[①]；针对高学历农民工创业几率更易受到 FDI 抑制的特点，应当针对农民工进行职业培训，而且在职业培训的过程中更多地加入创业教育内容，提升其创业意识和创业能力，竭力培育高技能创业团队，增强高学历农民工把握创业机遇、参与市场竞争的能力；而对于 FDI 对创业绩效的促进作用，要注重引导和宣传，加快构建良好的制度环境、市场环境和营商环境，为农民工进

---

① 田毕飞、陈紫若：《FDI 对中国创业的空间外溢效应》，《中国工业经济》2016 年第 8 期。

城入镇自谋创业给予更多的扶持和服务，形成"创业、创新"协同互动的发展格局。另外要加强技术服务和金融支持，使更多农民工在具有高附加值和高发展潜力的第二产业和生产性服务业中创业。同时也要警惕FDI的负面抑制作用，提升新创企业的科技水平和创新能力，加快形成核心竞争力，避免FDI将农民工创业领域锁定在低端产业中，进而阻碍经济健康稳定发展。

第十章

金融开放对个体创业的影响研究

第一节　引言

创业被认为是一个国家创新力的重要表现，是拉动经济增长的引擎，对社会进步存在不可替代的作用，其对国家的贡献不仅体现在拉动经济总量和经济效益的增长，还体现在改善就业环境和推动技术创新等方面。① 因此，鼓励创业创新成为世界各国提升经济活力的重要举措。在此背景下，研究个体创业的影响因素也成为学者们的重要课题。目前，经济学领域的学者在进行创业研究时多使用职业选择模型，并认为创业者之所以会选择创业是期望从中收获比就业更高的报酬。从职业选择模型中可以看出，个体管理能力、人力资本和家庭收入对个体创业有着积极作用，风险规避程度对个体创业有着消极作用。

随着经济全球化的深入发展，个体创业者们面临着更加复杂多变的国际环境，这也为个体创业带来了新的研究领域。已有的文献聚焦于对外开放度对个体创业的影响。部分学者认为对外开放会对国内个体创业产生正面影响。例如，卡夫（Caves，1971）② 认为外资企业的管理模式和运营效率往往比较超前，在示范效应下雇员通过观察和学习吸收了优秀的管理经验，并凭借着自身的优势打破该国原有的行业壁垒，这就为

---

① 薛红志、张玉利、杨俊：《机会拉动与贫穷推动型企业家精神比较研究》，《外国经济与管理》2003 年第 6 期。

② Caves R. E.，"International Corporations：The Industrial Economics of Foreign Investment"，*Economics*，1971，38（141）．

他们创业提供了机会。德巴克尔和斯鲁万根（De Backer and Sleuwaegen，2003）① 等认为外资企业的进入会通过技术溢出效应和经验溢出效应从而促进创业。迈耶（Meyer，2004）② 发现本地就业者在外资企业中获取了创业所需的知识、经验和技能之后，可以在相关领域中进行创业活动。还有部分学者得出了相反的结论，例如，格罗斯曼（Grossman，1984）③ 发现对外开放导致了市场中产品价格偏低，降低了创业者的收入，造成了该国企业数量的减少。德利菲尔德（1999）④ 认为外资企业以其高薪酬吸引了大量优秀人才，造成国内实际工资上升，从而增加了创业的机会成本，降低了这部分群体的创业动机。阿伊格瑞和克索亚（Ayyagari and Kosová，2010）⑤ 等认为外资企业往往资金雄厚，技术先进，且形成了一定的规模经济，能够承担较高的沉没成本，而且外资企业通常可以享受税收优惠等超国民待遇，这些因素都提高了新企业组织的市场准入壁垒，因而创业的成功率会有所下降。以上文章在衡量对外开放度时，多使用贸易开放度或者外资进入程度指标，而金融开放度也是对外开放的重要表现，有部分学者针对金融开放与个体创业的关系进行了论述。刘华和卢孔标（2006）⑥ 研究发现，一国的金融开放程度较高时，外资银行的存在对本土银行业具有双向影响，在提高本国金融效率的同时也会对本国的金融企业带来一定的威胁，因此人们会减少创业活动以规避风险。斯蒂格利茨（Stigilitz，2000）⑦ 提出，因为信息不对称和市场不完善，完全

① De Backer K., Sleuwaegen L., "Does Foreign Direct investment Crowd Out Domestic Entrepreneurship?", *Review of Industrial Organization*, 2003, 22 (1).

② Meyer K. E., "Perspectives on Multinational Enterprises in Emerging Economies", *Journal of International Business Studies*, 2004, 35 (4).

③ Grossman G. M., "International Trade, Foreign Investment, and the Formation of the Entrepreneurial Class", *American Economic Review*, 1984, 74 (4).

④ Driffield N. L., "The Indirect Employment Effect of Foreign Direct Investment in the UK", *Bull. Econ. Res*, 1999.

⑤ Ayyagari M. and Kosová R., "Does FDI Facilitate Domestic Entry? Evidence from the Czech Republic", *Review of International Economics*, 2010, 18 (1).

⑥ 刘华、卢孔标：《外资银行对新兴市场经济国家银行体系效率与稳定性的影响》，《南方金融》2006 年第 11 期。

⑦ Stiglitz J. E., "CapitalMarket Liberalization, Economic Growth, and Instability", *World Development*, 2000, 28 (6).

的金融开放对经济发展的促进效应有限，但是适当的政府干预不仅会提高经济效益，还会促进金融市场的运行，他主张通过政府干预使利率低于市场均衡利率水平，并提出了恰当的金融压制能够提高资金配置的效率的观点。当创业者资金很难从资本市场上筹集时，会给企业运营带来较高的风险，为了避免这种风险，个体会减少创业活动。苏小莉、陈景新（2012）[①] 通过对 1985—2009 年数据的研究发现，金融开放度对金融服务贸易发展水平有显著负向影响。对于金融开放度较高的国家而言，金融服务贸易水平较低，对于创业行为而言会受到阻碍，已有企业创造的就业机会较多再加上制度完善，人们往往会更倾向于就业。虽然以上学者的研究涉及了金融开放与个体创业的关系，但是这些文献均没有以其为主题进行深入研究，仅仅在论述其他问题的过程中对金融开放与创业的关系有所提及。因此以往文献的研究缺乏系统性，而其中规范的计量分析则更为少见。鉴于此，本章使用 2010 年的全球创业观察（GEM）中的个体调查数据来研究金融开放对个体创业的影响。一方面是对已有文献的结论进行验证，另一方面通过更有针对性的研究使该领域的普适性理论得到扩展和补充。

第二节　数据来源

为了衡量国家的金融开放水平，本章借鉴了金和伊托（Chinn and Ito，2006）[②] 发布的 Chinn-Ito 指数，该指数主要用来衡量一国资本账户开放程度。金和伊托（Chinn and Ito，2006）主要利用了国际货币基金组织（IMF）发布的《汇率安排和外汇限制年报》（AREAER）。该年报记录了各 IMF 成员国有关多重汇率的存在与否、经常账户交易的管制、资本账户交易的限制、强制结售汇的政策等信息。针对以上信息，他们构建了二元虚拟变量并运用主成分分析法得到金融开放程度指数，取值越

---

① 苏小莉、陈景新：《我国金融服务贸易影响因素与发展策略研究》，《商业时代》2012 年第 5 期。

② Chinn，Menzie D. and Hiro Ito "What Matters for Financial Development? Capital Controls，Institutions，and Interactions"，*Journal of Development Economics*，2006（1）.

大表示金融开放程度越高。该指数具有覆盖国家广和时间跨度长的优势，能够对法定金融开放度给出较好的测度。

个体创业的数据来自 GEM 项目，该项目始于 1999 年，由英国伦敦商学院和美国百森商学院这两所研究创业领域的高校发起并组织的，旨在发掘国家创业活动的驱动力以及研究全球创业活动的变化态势。最初 GEM 项目仅涵盖 12 个发达国家，之后调查国家范围不断扩大，逐渐将越来越多的发展中国家纳入该项目框架内。截至 2010 年，参与 GEM 调查的国家和地区已达到 101 个。GEM 目前已经迅速成为创业范畴全球遥遥领先的研究项目，被公认为是调查个体创业情况的重要信息来源，是衡量个体创业情况较为全面具体、有权威性且具有全球可比性的数据。

第三节　计量模型的构建

一　模型选择

因为个体创业与否为离散型变量，所以本章将选择 Probit 模型进行分析，并构建计量模型如下：

$$P\left(teayy_{ic}\right) = \Phi\left(\alpha + \beta \ln kaopen_{ic} + \gamma X_{ic} + \varepsilon_{ic}\right) \tag{10.1}$$

模型中的变量解释如下：下标 i 代表个体，c 代表个体所在的国家。被解释变量代表个人是否参与了早期创业（是 = 1，否 = 0），式子中 $teayy_{ic}$ 代表国家 c 中 i 个体的创业情况。解释变量部分：$kaopen_{ic}$ 代表个体 i 所在的 c 国家的 Chinn-Ito 指数，即 c 国家的金融开放程度。为了减少异方差的影响，本章对该变量进行了对数化处理；控制变量部分中，X_{ic} 代表 c 国家中 i 个体的个体特征，包括年龄、性别、创业机会、受教育程度、技能、资源获得、风险规避程度、家庭收入水平，ε_{ic} 代表误差项。

二　主要变量描述以及数字特征

1. 金融开放度。该项为本章最主要的解释变量，参考金和伊托（Chinn and Ito）的做法，使用 Chinn-Ito 指数中的 kaopen 指标来衡量金融开放程度。作为衡量法定开放度的一种方式，主要衡量了政府对资本流动的限制。为考察发达国家和发展中国家对本国个体创业行为的影响的差异，本章进一步将个体所在国家进行分组，分别分析了发达国家和发展中国家在经济体量和社会文化不同的情况下金融开放对个体创业的影响，我们期望对比两者的差异来得到更有价值的结论。

2. 是否创业。对个体创业的衡量，本章依据 GEM 的调查问卷，选取了调查项"是否参与了早期创业？是 = 1，否 = 0"为基准指标。使用个体层面的调查数据，可以全面比较个体特征因素和宏观因素对个体创业的影响。

3. 创业机会。选取 GEM 数据中的一项调查："在未来的六个月内，是否有进行创业活动的好机会？是 = 1，否 = 0。"已有研究表明，认识到好的商业机会对创业十分重要。在 GEM 的调查数据中，发现创业机会的个体创业的概率为 18.32%，没有发现创业机会的个体创业的概率为 6.17%。前者是后者的 2.97 倍，这说明创业机会对个体是否进行创业有重要的影响。

4. 受教育程度。本章选取了 GEM 调查中的一个指标，是"个体受教育程度"，能够客观反映受教育程度对个体是否进行创业的影响。

5. 技能。选取 GEM 数据中的一项调查："你是否具备创建企业所需的知识、技能和经验？是 = 1，否 = 0。"对上述受教育程度的表述无法控制个体的技能经验这一因素，通过对这一指标的选取对其进行了有力的补充，但由于其为主观的自我评估项，单独引入该项进行经验分析亦可能产生偏差[13]，因此本章同时选用上述两个变量来进行分析。

6. 资源获得。GEM 中的一项调查为："你认识在 2 年内新建立公司的人吗？（认识 = 1，不认识 = 0）。"如果个体选择 1，便可认为其可获得的资源较广。这主要是因为进行创业异于一般就业活动，是否认识其他创业者对于本人创业往往发挥着重要作用。丰富的可获得资源能使得个体获取更多的学习机会、市场信息和企业发展所需的管理、技术方面的知识，从而增加其选择创业的几率。

7. 风险规避程度。针对个体风险规避程度，本章选取的 GEM 的调查项为"对失败的恐惧会阻止你尝试新的业务？"，并设定"是 = 1，否 = 0"。

8. 家庭收入水平。对于个体家庭收入情况的考察，本章选取了 GEM 对个体的家庭收入情况的调查，该调查将个体家庭收入从高到低分为三个等次，该项在回归中以虚拟变量形式引入。

表 10—1 为主要变量的描述性统计。

表 10—1　　　　　　　　　主要变量的统计性描述

变量	样本量	均值	标准差	最小值	最大值
是否创业	85228	0. 1040	0. 3053	0	1
金融开放度	85228	0. 3166	1. 1881	− 4. 0193	0. 8648
年龄	85228	42. 2151	14. 6445	2	99
性别	85228	1. 5014	0. 5000	1	2
创业机会	85228	0. 3956	0. 4890	0	1
技能	85228	0. 5617	0. 4962	0	1
学历	85228	3. 1454	1. 4106	0	6
资源获得	85228	0. 4085	0. 4916	0	1
风险规避程度	85228	0. 3716	0. 4832	0	1
家庭收入	85228	32629. 6500	32941. 6700	33	68100

注：金融开放度变量采取了对数化处理的方式。

三　多重共线性检验

为了检验变量之间是否具有多重共线性，计算相关系数矩阵如下。从表中可以看出变量之间的相关系数绝对值都没有超过 0.3，说明解释变量之间通过了多重共线性检验。

表 10—2　　　　　　　　　相关系数表

	lnkaopen	年龄	性别	创业机会	技能	受教育程度	资源获得	风险规避程度	家庭收入
lnkaopen	1	0. 1350	− 0. 0130	− 0. 0380	− 0. 0489	0. 0931	− 0. 0293	0. 0215	− 0. 0201
年龄	0. 1350	1	0. 0163	− 0. 1301	− 0. 0962	− 0. 0908	− 0. 1956	− 0. 0012	− 0. 0744
性别	− 0. 0103	0. 0163	1	− 0. 0600	− 0. 1392	− 0. 0535	− 0. 1. 41	0. 0767	− 0. 1049
创业机会	− 0. 0308	− 0. 1301	− 0. 0600	1	0. 2110	− 0. 0012	0. 2117	− 0. 1201	0. 0599
技能	− 0. 0489	− 0. 0962	− 0. 1392	0. 2110	1	0. 0711	0. 2346	− 0. 1504	0. 0933

	lnkaopen	年龄	性别	创业机会	技能	受教育程度	资源获得	风险规避程度	家庭收入
受教育程度	0.0931	-0.0908	-0.0535	-0.0012	0.0711	1	0.0701	-0.0289	0.2898
资源获得	-0.0293	-0.1956	-0.1041	0.2117	0.2346	0.0701	1	-0.0620	0.1134
风险规避程度	0.0215	-0.0012	0.0767	-0.1201	-0.1504	-0.0289	-0.062	1	-0.0353
家庭收入	-0.0201	-0.0744	-0.1049	0.0599	0.0933	0.2898	0.1134	-0.0353	1

注：表格左下三角部分为 Pearson 相关系数，右上三角部分为 Spearman 相关系数。

第四节　计量结果分析

一　总体样本回归结果

表 10—3 为金融开放度影响个体创业的基准回归结果。作为对比，列（1）展示了不加任何控制变量下的回归结果，列（2）—列（7）展示了依次加入各控制变量后的回归结果。计量结果显示，金融开放度的系数均在 1% 水平下显著为负，结果十分稳健，说明金融开放度与个体创业行为有明显的负向相关关系，即金融开放整体上抑制了个体创业的发生。

从微观控制变量来看，年龄变量的回归系数在 1% 水平下显著为正，年龄的平方系数在 1% 水平下显著为负，说明了个体创业与年龄呈倒"U"型，即随着年龄的增长，个体创业可能性先增加，到达顶峰后继而减少。从性别角度来看，回归系数显著为负，说明男性个体创业几率多于女性个体。这是因为一方面由于传统家庭角色影响，女性个体要花更多的精力在家庭上，而另一方面社会上通常存在着对女性创业显性或隐性的歧视，降低了女性的创业率。从创业机会来看，回归系数显著为正，当人们看到未来六个月内有创业机会的话会更愿意进行创业活动。从创业所需经验技能方面来说，回归系数显著为正，这意味着具备更多创业所需的知识、技能和经验的个体往往会更倾向于进行创业。从受教育水平角度来看，回归系数显著为负，说明受教育水平越高，个体创业的可能性越低，这主要是因为创业会给自己的职业生涯带来极大的不确定性，而受教育水平越高越有可能从事高工资的工作，从而提高创业的机会成本。[①] 从资源获得方面来看，回归系数显著为正，认识在两年内新建立公司的人，能够帮助个体更容易获得社会资本、融资经验以及行业动态，而且在团队的运营以及市场渠道的获得、管理技能等方面也会有较大的优势，这也会提升个体的创业几率。[②] 从风险规避程度来看，回归系数显著为负，越害怕创业失败的个体越不敢轻易尝试创业活动。从创业认知视角来看，创业具有高风险性，风险越高收益越大，具有冒险精神的人追求高风险下的高收益，会更倾向于进行创业；而低风险倾向的人在面对创业时，则会选择不进行创业或者暂停创业活动来追求生活的安逸。[③] 最后，家庭收入水平与创业显著正相关，众所周知创业前期往往需要大量的资金投入，因此家庭收入越高，个体的资金约束越少，进行创业的动机也会更强。

表 10—3　　　　　　　　　金融开放与个体创业的回归结果

	(1)	(2)	(3)	(4)	(5)	(6)	(7)
金融开放度	− 0.0727 ***	− 0.0556 ***	− 0.0572 ***	− 0.0467 ***	− 0.0474 ***	− 0.0469 ***	− 0.0460 ***
	(− 17.5926)	(− 13.0882)	(− 12.8976)	(− 9.8976)	(− 9.9360)	(− 9.7954)	(− 9.5850)
年龄		0.0319 ***	0.0388 ***	0.0289 ***	0.0277 ***	0.0305 ***	0.0296 ***
		(9.6005)	(11.6073)	(8.6546)	(8.2615)	(8.8743)	(8.6068)
年龄的平方		− 0.0006 ***	− 0.0006 ***	− 0.0005 ***	− 0.0005 ***	− 0.0005 ***	− 0.0005 ***
		(− 13.6838)	(− 14.9509)	(− 12.1376)	(− 11.2922)	(− 11.8122)	(− 11.5578)
性别		− 0.1786 ***	− 0.1560 ***	− 0.0926 ***	− 0.0670 ***	− 0.0566 ***	− 0.0524 ***
		(− 14.9895)	(− 12.7476)	(− 7.2591)	(− 5.1812)	(− 4.3598)	(− 4.0181)
创业机会				0.5854 ***	0.4672 ***	0.4239 ***	0.4018 ***	0.4000 ***
				(47.5438)	(36.4385)	(32.4520)	(30.5208)	(30.3613)
技能				0.8078 ***	0.7648 ***	0.7347 ***	0.7338 ***
				(51.4108)	(47.6926)	(45.4925)	(45.4158)
受教育程度					− 0.0421 ***	− 0.0474 ***	− 0.0495 ***	− 0.0551 ***
					(− 9.0583)	(− 10.0629)	(− 10.4480)	(− 11.1652)

① Lee A. T. , "Empirical Studies of Self-Employment", *Journal of Economic Surveys*, 1999, 13 (4) .

② 钱永红：《创业意向影响因素研究》，《浙江大学学报（人文社会科学版）》2007 年第 4 期。

③ 丁栋虹、张翔：《风险倾向对个体创业意愿的影响研究》，《管理学报》2016 年第 2 期。

续表

	(1)	(2)	(3)	(4)	(5)	(6)	(7)
资源获得					0.3218 ***	0.3175 ***	0.3139 ***
					(24.3266)	(23.8815)	(23.5667)
风险规避程度						−0.2468 ***	−0.2459 ***
						(−17.0512)	(−16.9810)
家庭收入							0.0000 ***
							(4.0649)
常数值	−1.2409 ***	−1.2564 ***	−1.7558 ***	−2.0502 ***	−2.1937 ***	−2.1398 ***	−2.1380 ***
	(−210.8406)	(−19.6872)	(−26.7593)	(−30.2433)	(−31.9630)	(−30.8097)	(−30.7844)
观测值	85228	85228	85228	85228	85228	85228	85228

注：括号内的数值为稳健性标准误；＊、＊＊、＊＊＊分别代表了10%，5%和1%的显著性水平，表中系数均为Probit模型的边际效应值。

二　区分国家发达程度的样本回归结果

将前述所有GEM调查包含的国家分成发达国家和发展中国家，针对子样本分别进行回归分析，得到的结果如表10—4和表10—5所示。计量结果显示，在发达国家样本中，金融开放变量系数不显著，而在发展中国家样本中，金融开放变量系数显著为负，说明金融开放抑制了发展中国家居民的创业率，但对发达国家居民创业率没有显著影响。这可以从以下两个方面来进行解释：首先，根据发展中国家金融开放的小规模技术论，发展中国家企业虽不具备发达国家的先进技术，其优势在于劳动力成本等生产要素价格较低，能够以较低的价格销售产品。因此金融开放产生的产品市场竞争效应对其企业预期收益率具有较大负面影响，进而降低个体进行创业的积极性。其次，根据王露露（2015）[①]的研究，对高收入水平的国家而言，金融开放与经济增长是负相关的；对低收入水平的国家而言，金融开放有利于经济增长。发展中国家金融开放程度较高时，外资进入为东道国带来了大量的就业机会，创造了大量的就业岗位，进行创业的机会成本增大，这会对个体进行创业产生明显的抑制作

---

① 王露露：《金融开放与经济增长之间关系的研究》，浙江工业大学经贸管理学院，2015年。

用。对比表 10—4 和表 10—5，对于受教育水平变量，发达国家样本中的回归系数显著为正，说明在发达国家受教育水平越高，个体创业的可能性越大，这主要是因为发达国家的福利体系更好，社会创业氛围也更好，接受高等教育的人会更愿意去追求一份高风险、高收益的职业类型来证明自己的存在价值。发展中国家的回归系数显著为负，说明在发展中国家受教育水平越高，个体越不愿意放弃就业所带来的稳定的高收入。

表 10—4 发达国家金融开放与个体创业的回归结果

	(1)	(2)	(5)	(7)	(8)	(9)	(10)
金融开放度	− 0.1065	− 0.1198 *	− 0.0716	− 0.0030	− 0.0189	− 0.0242	− 0.0258
	(− 1.5848)	(− 1.7134)	(− 1.0171)	(− 0.0411)	(− 0.2519)	(− 0.3209)	(− 0.3421)
年龄		0.0591 ***	0.0618 ***	0.0454 ***	0.0443 ***	0.0474 ***	0.0490 ***
		(8.3083)	(8.4514)	(6.0458)	(5.9270)	(6.2353)	(6.3447)
年龄的平方		− 0.0008 ***	− 0.0008 ***	− 0.0006 ***	− 0.0006 ***	− 0.0007 ***	− 0.0007 ***
		(− 9.4863)	(− 9.4633)	(− 7.4179)	(− 7.1077)	(− 7.4598)	(− 7.5473)
性别		− 0.2947 ***	− 0.2644 ***	− 0.1627 ***	− 0.1464 ***	− 0.1295 ***	− 0.1337 ***
		(− 10.0823)	(− 8.8831)	(− 5.1397)	(− 4.5935)	(− 4.0509)	(− 4.1598)
创业机会			0.4434 ***	0.3634 ***	0.3239 ***	0.2935 ***	0.2959 ***
			(15.0433)	(11.7621)	(10.3384)	(9.2869)	(9.3427)
技能			0.8463 ***	0.8086 ***	0.7803 ***	0.7817 ***	
			(22.2558)	(21.0047)	(20.1772)	(20.2057)	
受教育程度			0.0842 ***	0.0814 ***	0.0800 ***	0.0842 ***	
			(6.6060)	(6.3640)	(6.1707)	(6.3419)	
资源获得				0.2735 ***	0.2698 ***	0.2737 ***	
				(8.5916)	(8.4338)	(8.5111)	
风险规避程度					− 0.2787 ***	− 0.2806 ***	
					(− 7.9190)	(− 7.9706)	
家庭收入						− 0.0000	
						(− 1.6109)	
常数值	− 1.5162 ***	− 2.0010 ***	− 2.3426 ***	− 3.0186 ***	− 3.1210 ***	− 3.0561 ***	− 3.0712 ***
	(− 27.6955)	(− 12.8894)	(− 14.4527)	(− 17.1825)	(− 17.6997)	(− 17.2128)	(− 17.1709)
观测值	21271	21271	21271	21271	21271	21271	21271

注：括号内的数值为稳健性标准误；* 、** 、*** 分别代表了10%，5%和1%的显著性水平，表中系数均为 Probit 模型的边际效应值。

表 10—5　　　　　　　发展中国家金融开放与个体创业的回归结果

	(1)	(2)	(3)	(4)	(5)	(6)	(7)
金融开放度	−0.0452***	−0.0295***	−0.0349***	−0.0292***	−0.0308***	−0.0307***	−0.0295***
	(−10.3747)	(−6.6459)	(−7.5530)	(−6.0115)	(−6.3062)	(−6.2529)	(−5.9959)
年龄		0.0295***	0.0370***	0.0281***	0.0275***	0.0298***	0.0289***
		(7.5985)	(9.5772)	(7.3019)	(7.1038)	(7.5487)	(7.2882)
年龄的平方		−0.0005***	−0.0006***	−0.0005***	−0.0005***	−0.0005***	−0.0005***
		(−11.0628)	(−12.4018)	(−10.1814)	(−9.6092)	(−9.9639)	(−9.7238)
性别		−0.1566***	−0.1372***	−0.0871***	−0.0621***	−0.0537***	−0.0477***
		(−11.8067)	(−10.0968)	(−6.1826)	(−4.3654)	(−3.7588)	(−3.3260)
创业机会			0.5984***	0.4731***	0.4274***	0.4076***	0.4052***
			(43.5001)	(33.0130)	(29.3837)	(27.8484)	(27.6716)
技能				0.7777***	0.7280***	0.6988***	0.6979***
				(44.2541)	(40.7576)	(38.8669)	(38.7906)
受教育程度				−0.0517***	−0.0581***	−0.0602***	−0.0685***
				(−10.3403)	(−11.5107)	(−11.8739)	(−12.9386)
资源获得					0.3304***	0.3260***	0.3213***
					(22.5627)	(22.1730)	(21.8127)
风险规避程度						−0.2375***	−0.2365***
						(−14.8820)	(−14.8107)
家庭收入							0.0000***
							(5.1928)
常数值	−1.1622***	−1.1677***	−1.6937***	−1.9511***	−2.0991***	−2.0407***	−2.0422***
	(−178.2598)	(−15.9422)	(−22.7168)	(−25.5726)	(−27.1956)	(−26.2002)	(−26.1906)
观测值	63957	63957	63957	63957	63957	63957	63957

注：括号内的数值为稳健性标准误；＊、＊＊、＊＊＊分别代表了10%，5%和1%的显著性水平，表中系数均为 Probit 模型的边际效应值。

第五节　本章小结

根据上文的论述，从总体来看，金融开放对个体创业存在抑制作用。区分国家发达程度的分样本回归结果显示，金融开放抑制了发展中国家居民创业，而对发达国家居民创业影响不显著。控制变量的计量结果显示，年龄与创业之间呈倒"U"型关系；男性比女性更愿意进行创业活动；当个体意识到创业机会存在时会更倾向于去进行创业；当一个人掌握了创业所需的经验、技能和知识时，进行创业的几率会增加；个体受教育程度越高越不愿意进行创业；个体较容易获得创业资源时会更容易开始创业；个体越害怕创业失败越会逃避创业；家庭收入水平越高的个体越有可能进行创业。分样本计量时，我们发现对于发展中国家而言，回归分析与以上所谈一致。但是对于发达国家而言，个体受教育程度与创业显著正相关，受教育水平越高越有可能进行创业；家庭收入与个体进行创业的回归关系并不显著；其余与总体回归结果一致。

　　以上结果表明，创业活动的发生受到宏观因素和个体特征的制约。从宏观环境来说，当前更应对金融机构进行适当保护并进一步加强金融体制改革，提升金融服务市场的"内部开放度"。只有在达到法定门槛水平的情况下，更高的金融开放水平才能促进股市发展。因此金融开放要适度，一方面引进外来资金，一方面还要通过政府的适度干预让金融市场运作更加有效率，从而释放其提升创业率的潜力，进而提升国家经济发展的活力。从个体特征来看，政府要制定政策来进一步加快现代化教育进程，加强职业技能培训，鼓励有能力者进行创业，营造一个良好的创业氛围。

第十一章

政策建议

第一节 引言

改革开放以来，经过多年的发展和积累，创业型经济已经成为中国至关重要的经济发展模式，也是推动中国经济追求健康持续发展的新的动力源泉。创业在新兴服务业和高新技术领域均非常活跃。至 2007 年底，全国科技创业企业数超过 1.64 万家，较上年增长 2.9%。[①] 2008 年，我国创业企业贡献了逾 60% 的新产品和 65% 的新增专利技术。

全球创业观察（GEM）研究报告显示，中国创业活跃程度有了大幅上升，全员创业活动指数自 2002 年的 12.3% 增至 2007 年的 16.4%。基于全球视角观察，在全员创业活动指数方面中国一直位于前列，2007 年，在参加 GEM 调查的 42 个国家中位列第 6，属于创业最活跃国家之列。且我国的创业活跃程度曲线高于创业 GDP 曲线，这意味着创业活动对我国 GDP 的贡献潜力不断增长，能够有力地助推未来经济的可持续发展。最新资料显示，2011 年，中国在参与 GEM 调查的 60 多个国家中，创业排名已从初次参与调查（2002 年）的第十一名跃升至第二名，创业活跃度在全球范围名列前茅。

尽管我国创业活动高度活跃，但从当前我国的市场需求结构、产业结构和劳动力结构等方面来看，仍然存在着浓厚的传统经济模式烙印，

[①] 张茉楠：《启动创业型经济释放新一轮增长动力》，《中国高新技术产业导报》2008 年 10 月。

创业环境尚未出现显著改观。根据 GEM 的调查，2002 年中国创业环境综合评分为 2.69，到了 2012 年也仅提高到 2.8（5 分为满分），在参加 GEM 调查的 69 个国家中位列第 36，处于中游水平。相比排在前列的瑞士、美国、芬兰等国，还有很大差距。如果没有良好的创业环境，作为经济中弱势群体的初创型企业在面对外部冲击时会非常脆弱。再从细分创业类型来看，尽管中国创业活动中机会型创业占据了很大比例，但是总体创业质量有待提升，创业者中高学历占比较低，较多创业集中于低技术行业，仍是依托于劳动力成本优势，对经济长期增长和出口贡献的助推比较乏力。因此，为了改善以上问题，构建更好的创业环境，继续推动创业型经济的发展，本书提出了相应的政策建议。

第二节　政策建议

一　提升企业家地位

自从西方古典经济学派出现之后，经济学家马歇尔又提出了第四个生产要素，即"具有利用资本的经营能力"，也就是所谓的"企业家精神"，对经济学界这一领域的研究起到了巨大的作用。在之前的理论中，我们通常认为土地、资本和劳动是对生产起积极作用的基本要素。

马歇尔阐述了企业家在企业内部担当着组织化作用，使各种生产要素变成适合于需求的商品。很多时候，历史上定义企业家属于具有高度技能的职业阶层，但是马歇尔的理论指出，企业家机能的本质在于找出可能实现的费用函数和需求函数。这也可以解释为说企业家是介于体力劳动者和消费者之间的中间人。因为这种机能的本质，恰恰反映了销售活动作为描述企业家活动本质是十分恰当的。按照马歇尔的认识，企业家并不是有了明确的费用函数与需求函数之后才开始行动的。只有这样，才能把企业家称作最大限度地、最合理地把投入和产出联系起来的中间人。

这种第四要素的力量在传统的经济学往往容易忽视，但究竟什么是支持和推动市场经济机构的动力，马歇尔由此提出对企业家作用的认识，即上文提到的这种"联系"。企业家的最根本作用是去再次调整生产关系，这也就是企业家智慧和个人才能，他认为经济学所注重的，是以研究不断变化和进步的人为对象，而企业家就是他所说的这种"不得不变化和进步人"。但马歇尔认为，对于每个企业来说，这并非只能"自动地"实现的过程。在这个工作过程中，企业家要付出自己的汗水和努力甚至于做出一些牺牲。这一均衡化过程，正是竞争的本义和企业家活动的本质。

二　构建国家创新体系推动企业家精神的发展

我们要讨论近代企业家精神的发展，就避不开要研究制度层面的问题。现代很多人将企业家精神与创新挑战等问题联系在一起。国家创新体系历史上是由英国著名的技术创新研究专家弗里曼（C. Freeman）于20世纪80年代末期最早提出的，国家创新体系由公共和私有部门和机构组成的网络系统，强调系统中各行业为主体的制度安排及相互作用。该网络系统中各个行业为主体的活动及其间相互作用旨在经济地创造、引入、改进和扩散新的知识和技术，使一国的技术创新取得更好的绩效。具体地讲，国家创新体系具有国家创新资源（包括人力、财力、信息资源等）的配置功能、国家创新制度与政策体系建设功能、国家创新基础设施建设功能和部分创新活动的执行功能。用"国家创新体系"这个简单名词来概括一个国家在体系上的特质，这些特点决定了一个国家在各个领域中创新能力的高低，同时，这个广义的概念是为了避免人们把目光局限于对企业、机构的研究和创新，一个国家的创新能力在许多情况下取决于金融机构、劳动力市场、教育体系和政府管理体系的运作等。

正如管理学家德鲁克把企业家精神明确界定为"社会创新的精神"那样，一个国家的经济文明离不开创新的支撑。制度的保障在任何一个国家都是必不可少的。建立国家创新体系是超越于企业家、企业的创新，它存在于全社会，是一个国家及其社会、经济是否成功发展是国家创新体系能否成功运作的标志。

三　充分利用国际市场

第一，要平等对待国内企业和外资企业，特别对本国中小企业实行国民待遇，促使其在一个相对平等的环境中与外资企业进行竞争。进一步拓宽中小企业的进入领域，所有对外资实行开放的项目，对本国具备相应条件的中小企业也应实行开放。参照外资企业的投资登记方法，对本国中小企业投资审批制度予以简化。加大对中小型企业在税率上的优惠政策扶持，在税收待遇上推动本国企业与外资企业的全面接轨。深化中小企业所得税优惠政策，降低其增值税税负，出口退税政策要进一步向中小企业，特别是民营中小企业倾斜，减轻其税负压力，构建利于中小企业成长的税收制度环境。

第二，充分利用 WTO 规则，发挥关税的调节保护作用。在遵循 WTO 所允许关税保护的条款下，对国内幼稚产业和中小企业予以保护。合理利用反倾销和反补贴措施，消除国内中小企业和幼稚产业的潜在威胁。在 WTO 规则允许的范围内，增强对国内中小企业的政府采购力度，构建适宜国内新创企业和中小企业发展的社会环境。

第三，加强有利于中小企业发展的基础设施建设，进行合理的规划，有意识地、有步骤地培育中小企业工业园区和商贸小区，发挥积聚效应，推动中小企业相对集中、集群发展。同时促进集聚区内中小企业分工与合作，产生规模经济与范围经济效应，降低中小企业的生产成本，抵御国际贸易和 FDI 带来的产品市场价格效应。推动外资带动型产业集群，吸引外资企业进驻中小工业园区，完善中小企业配套和竞争厂商的跟进，充分发挥 FDI 的溢出效应。

第四，鼓励以合资和合作经营方式引进 FDI，特别是对那些愿意转让先进技术的外资企业予以更多支持。要积极引导 FDI 和国内非国有经济更多地流向一些薄弱的行业部门，特别是那些行业的经营效率差，相对生产率低的行业，促进这些行业发展水平的提高和经营效率的改善，打破原先国内垄断，创造更多的企业家机会。鼓励外资企业投资于研发部门，吸引外商直接投资共同参与研发，或者在华设置研发机构，带动国内研发的增加，在产生新知识的同时，提高知识的可开发率。

四 大力推动创客经济发展

2017 年 9 月，《中共中央国务院关于营造企业家健康成长环境弘扬优秀企业家精神更好发挥企业家作用的意见》中提出，要弘扬优秀企业家精神、更好发挥企业家作用。而发展创客经济、推进大众创新创业是实施创新驱动战略、创建创新生态体系的重要战略，更是新常态背景下实现经济稳定增长的新动力。早在 2015 年初，李克强总理在广东考察了柴火创客空间，指出创客是"双创"的重要展示，体现了创新创业活力，而创新精神将会持续推动中国经济持续健康发展。紧随其后，国务院为了从政策方面支持大众创业、万众创新，在 3 月份发布了《关于发展众创空间推进大众创新创业的指导意见》。2017 年 7 月，国务院发布了《关于强化实施创新驱动发展战略进一步推进大众创业万众创新深入发展的意见》，提出要继续推动大众创业、万众创新的发展，优化"双创"环境，系统性地给予政策支持，完善发展瓶颈突破机制，提升社会创新创业能力，释放"双创"潜力，高层次、深程度、大范围地推动"双创"事业的发展。当前我国已进入以创新促转型、促发展的重要阶段，实施创新驱动战略，获取核心竞争力，继而推动供给侧结构性改革、构建创新型的经济体系来提高我国的国际竞争力，是不容忽视的重要问题。

五　协同创新推动创业型经济发展

协同创新是指创新主体之间通过协同互动等方式，组织创新资源来发掘自身的潜能并获得创新成果，这些创新主体主要包括政府、企业、高校等。协同创新体系的构建要以各方能够良好沟通为基础，通过各主体能力上的互补，实现在与需求相匹配的合作期望上达成一致。协同过程以"战略—知识—组织"为核心层，政府政策引导、项目推动、制度激励为支持层，中介和金融机构等的参与为辅助层。协同机制指的是基于企业、高校和科研所三方主体的协同关系，通过政府扶持、科技中介服务机构的信息咨询、金融机构投融资服务，形成协同网络创新氛围。在各个创新层次上，各方面在创新职能上有着明确的分工，但是各自也存在着在创新资源上的优势和劣势。大学知识扩散的需要和企业技术创新知识源的需要是协同创新的主要需求市场。一个企业的能力和优势主要体现在可以实现技术的快速商业化、拥有充裕的创新资金和生产设备，以及丰富的市场信息及营销经验，需求则是基础性原理知识和科技人力

资源 。因此，找到二者利益共同点并达成利益分配，促成二者协同成为关键。利益协调的重点在于是否能建立完整的协同创新机制 。在共同的利益基础上，制定风险共担机制、利益分配机制和风险投资机制，才能整合和重组企业中的经济资源和大学与研究所的科技资源，产生"1 + 1 > 2"的非线性效用。

协同创新主体的作用和各主体间的关系主要有：政府在协同创新活动中占据了一个重要地位，将各个主体联结起来，促进协同效应的形成；企业是协同创新活动的直接受益者，通过协同创新整合利用系统的资源，提高自身的创新能力，将科研成果转化为商品，在提高科研成果利用率的同时也获得了利润；高等院校是协同创新的主要知识来源，侧重学术研究，一方面其向企业输送科技人才，另一方面向企业提供科学技术支持，为企业生产提供资源；科研机构作为创新资源的重要来源，侧重应用研究，是科技成果的直接提供者；金融机构和社会服务机构为系统提供资金协助和其他社会服务；用户以购买的形式体验协同创新成果，也是其最终的检验者。

以协同创新促进创业经济发展不仅对于创业经济的主体的建设十分必要，而且还能够有效发挥创新驱动在经济社会发展中的引擎作用，具体体现在以下几点：

第一，对于高校和科研机构，将知识转化为资本是增加科研经费的方式，科研经费的增加为新的知识和科学原理的探索和发现提供了经济保障，由此实现了知识创、收、投的良性循环；第二，对企业来讲，新的盈利增长点在于转变创新方式，由封闭式创新转变为开放式创新，企业在创建创新系统时，引进先进创新人才与重置企业闲置的技术和资金并重，知识的获取、利用以及增值决定了企业的盈利能力；第三，对政府来讲，通过建立协同创新各方的纽带，推动协同创新的发展，从而带动地方经济腾飞，最终实现可持续性发展；第四，科技中介机构的发展受益于知识的增值，并且科技中介服务水平的提高有利于降低创新主体之间的交易成本和道德风险，有利于为产学研以及协同创新创建良好的平台。以协同创新促进创业经济的发展，发挥创新驱动在经济社会发展中的引擎作用。通过完善组织形式，推动协同创新，整合创业经济各个主体，构架"创新—资金—产业"链条，实现协同耦合发展，从而带动整个社会经济的发展。通过协同创新，取得自主知识产权，增强我国在国际上的竞争力，促进科技创新和经济发展，最终实现产业的转型升级。

总之，协同创新致力于将企业、政府、知识生产机构（高校、研究机构）、社会支持机构和用户等进行整合，创建创新一体化模式，是一种新型组织模式，这一组织模式可以实现科技创新，因此，构建协同创新平台来推动协同创新的科学高效发展是必不可少的。

六　高校和科研机构：推行创业教育，实施成果转化

对于高校来讲，创业运动与教育的相互结合已经是大势所趋，创新创业教育正在成为重要的教学内容 。高等教育是社会与经济发展的重要支撑，在传统教育的基础上，学生创新能力培养效果也逐渐成为衡量教育质量的指标之一 。发展创业教育，增强学生的创新能力，提高创新意识，通过主流媒体对创业文化的宣传、报道，邀请创业代表、专家等进行讲座等方式进行宣传，积极鼓励并引导学生参加创新实践活动 。

高校和科研机构的另一个重要作用是实现创新成果的转化，通过推动高校、科研机构等与企业的合作，实现知识产权的转移，提高创业个体的创新能力。创新成果与市场完成对接才能最大程度发挥创新的效用，为此，高校要做到学科、科研、人才与产业、市场互动，理顺基础科研、应用研究、成果转化与市场化的链条，打通科技与经济、创新成果与生产力对接渠道，帮助突破关键技术，把科技创新转化为产业驱动力，由此使得高校创新资源推动经济社会的发展 。

七　政府：载体打造，制度支持

要进一步加强制度改革，营造公平有效的市场环境。自由市场能通过价格机制向企业和其他技术创新主体完整真实地传递多样化的供求信息，从而诱发技术创新。当市场能够合理地为新技术和新知识定价，新技术能为创业者带来足够的预期利润下，本国个体才会有激励对技术进行模仿和创新，在激烈竞争的环境中加强研发力度。也只有在市场经济条件下，个体的人力资本才会获得合理回报，个体才会对自身的人力资

本进行投资，因而创业者乃至整个社会的技术活动才会更有效率。

政府在创业经济的发展中起到引导和规范的作用，为了推动创业经济的发展，就要落实创业载体的打造，从而有效整合不同地区的创业资源，促进协同创新各个方面的相互连接，构建更加系统化、合理化、高效化的创业体系。政府应增加对创新活动的扶持，建立孵化基地、经纪机构等，推动高水平创业空间、创业实验室的建立。协同创新涉及各个主体的利益，制定合理的制度，协调各方的利益分配，建立风险共担机制，有利于协同创新的推进。

在知识产权领域，为了保证知识产权的快速授权、确权、维权，需要建一个更加完善的知识产权运用和保护体系，将知识产权保护由单一领域向多产业领域拓展。搭建知识产权保护中心，集专利快速审核、确权、维权为一体，构建国家知识产权服务体系，发挥知识产权公共服务平台的枢纽作用。

政府机构还需要在社会上营造舆论氛围，提升大众的创业创新意识。传统的中国教育忽视动力能力和个性培育，重视灌输和做题。创业的成功由显性知识与个体和社会的隐性知识所共同决定，这些隐性知识主要包括自信、文化、敏感、经历、灵感、综合等 。虽然发达国家的创业文化的发展比中国早了几年，但是由于互联网的兴起和开源硬件的传播，我国的创业文化也在不断发展。在这一关键时刻，政府要大力培育创业文化，让创新创业理念在社会中潜移默化，被大众接受。以人民群众为主体，真正掀起创业经济发展的新浪潮，推动大众创业、万众创新。

传统的市场经济理论排斥政府的干预，但在现实中，若要引入创新，就需要有政府的积极介入，因为创新成果本身具有很强的公共产品的属性，存在溢出效应，从而决定了政府介入创新活动的必要性。但同时应该强调的是，政府的主要作用不是人们传统印象中的投资作用，其更为重要的作用是对创新活动的引导。

针对创业经济发展过程中出现的创业组织小而散、创新模式不完善、创新能力不足、产品同质化等问题，政府作为主导机构应该促成协同创新体系的形成，将高校、科研机构、企业、社会支持机构整合在一起，明确共同利益，进而实现以国家目标为导向的协同创新。政府对协同创新系统进行整体协调的主要方式在于搭建协同创新的信息共享平台，这一点将在下文有具体论述。

政府应该制定创业经济发展的相关制度，研究成果递次扩散转移机制、成熟的技术转移方式、有效的信息沟通机制、风险投资方式，关系到各方对创新成果的权利，以明确的制度安排规定协同创新各方的权利和义务，以及合作的安排和流程，避免出现合作过程中的任务分配不清、利益分配不均、风险分担不明等情况，保障协同创新的顺利进行，促进各方的整合协调。

八 社会支持机构：融资支持，有效监管

社会支持机构主要包括金融机构和监管机构。对于创业个体来说，高风险是其内在属性，融资难是制约其发展的重要问题，解决这一问题，就需要金融机构对创业个体的融资给予一定的支持，为创新过程提供持续的资金保障。社会支持结构还需要不断地创新投融资机制，克服创业发展的资金瓶颈。不断发挥互联网股权众筹融资功能，健全政府创投引导基金机制。在此前提下，需要持续探索创业融资担保及抵押新型模式。对于社会服务支持结构，要着力推动科研成果、专利等无形资产价值市场化，依照法律法规发挥资产评估的市场化功能作用，以服务为宗旨，简化资产评估备案程序，使资产评估更方便可行，实现协议定价和挂牌、拍卖定价，提高科研成果、专利等无形资产在企业的利用率。

众所周知，为创业者融通资金并降低融资成本、为创新活动提供风险分担机制，是金融的核心功能之一。如果金融体系发展滞后甚至扭曲，那么富有发展前景的创业机会极有可能由于难以获取资金支持而丧失，从事创新或创业行为的风险将由创新者自身承担，大量具备企业家才能的个体会被埋没的几率大大增加。创新源泉无疑会随之枯竭，进而经济的可持续发展也会受到阻碍。针对金融发展制约融资渠道的问题，需要社会支持结构提供以下保障措施：

第一，发展专门服务于创科企业的金融组织体系。首先，要引导金融体系服务于创业经济的发展，金融机构应积极探索适合创业特点的金融产品，如中小企业私募债，各大商业银行应根据不同层次、不同类型

和不同阶段的创业个体的融资需求特点，推出新型的融资模式、信贷产品和抵押、质押方式。其次，中介服务机构应联合会计师事务所、律师事务所、管理咨询公司、税务师事务所等机构共同组成，为创业个体发展提供必要的咨询服务。

第二，控制信贷投放总量，大力优化信贷结构，关键是要改变大型商业银行的垄断局面，着力解决小微企业融资困难问题。

第三，建立健全创业投资体系，充分调动投资者的投资积极性和机构管理者的积极性。另外，要完善创业投资的退出机制，拓宽资金的退出渠道，最终形成创业投资的良性循环。

参考文献

[1] 〔美〕刘易斯·威尔斯：《第三世界跨国企业》，叶刚、杨宇光译，上海翻译出版公司1986年版。

[2] 〔美〕威廉·鲍莫尔：《企业家精神》，孙智军等译，武汉大学出版社2009年版。

[3] 阿玛尔毕海德：《企业家精神的复兴》，魏如山、马志英译，中国人民大学出版社2004年版。

[4] 蔡宏标、张耀辉：《对我国彩电企业的进入退出与产业组织政策研究》，《生产力研究》2006年第2期。

[5] 蔡宏波、钱叶粲、李爱军：《外资企业对内资企业的工资溢出效应——基于中国长三角地区的理论和实证分析》，《国际贸易问题》2016年第5期。

[6] 陈刚：《管制与创业——来自中国的微观证据》，《管理世界》2015年第5期。

[7] 陈浩义、孙红霞、王文彦：《国内农民工创业问题研究综述及理论分析框架》，《山东工商学院学报》2014年第2期。

[8] 陈利敏、谢怀筑：《外商直接投资对我国工资水平的影响分析》，《山东经济》2004年第6期。

[9] 陈明星：《中国创业企业失败率高达70%以上》，《中国经济信息》2006年第17期。

[10] 陈文超、陈雯、江立华：《农民工返乡创业的影响因素分析》，《中国人口科学》2014年第2期。

[11] 陈艳莹、原毅军、游闽：《中国服务业进入退出的影响因素——地区和行业面板数据的实证研究》，《中国工业经济》2008年第10期。

[12] 陈怡安、陈刚：《社会保险与创业——基于中国微观调查的实证研究》，《人口与经济》2015年第6期。

[13] 程姝：《城镇化进程中农民工市民化问题研究》，东北农业大学2013年版。

[14] 程新章：《外商直接投资、民工、制造业集合和区域收入分配》，《上海经济研究》2005年第7期。

[15] 池仁勇：《美日创业环境比较研究》，《外国经济与管理》2002年第9期。

[16] 陈艳莹、原毅军、游闽：《中国服务业进入退出的影响因素——地区和行业面板数据的实证研究》，《中国工业经济》2008年第10期。

[17] 邓芳芳、李鲁：《中国制造业企业进入退出的影响因素分析——基于对称性壁垒假说的研究》，《商业研究》2015年第11期。

[18] 杜传忠、郭树龙：《中国服务业进入退出影响因素的实证分析》，《中国工业经济》2010年第10期。

[19] 段浩、陈颖：《中国创客空间地图与发展模式》，《中国工业评论》2015年第7期。

[20] 丁栋虹、张翔：《风险倾向对个体创业意愿的影响研究》，《管理学报》2016年第2期。

[21] 范太胜：《基于产业集群创新网络的协同创新机制研究》，《中国科技论坛》2008年第7期。

[22] 樊纲、王小鲁：《中国市场化指数——各地区市场化相对进程2009年报告》，经济科学出版社2009年版。

[23] 费涓洪：《社会资本与女性创业——上海30位私营企业女性业主的个案调查》，《中华女子学院学报》2005年第2期。

[24] 高日光、孙健敏、周备：《中国大学生创业动机的模型建构与测量研究》，《中国人口科学》2009年第1期。

[25] 高建、程源、李习保、姜彦福：《全球创业观察中国报告（2007）——创业转型与就业效应》，清华大学出版社 2007 年版。

[26] 耿新：《企业家社会资本对新创企业绩效影响研究》，山东大学 2008 年版。

[27] 辜胜阻、武兢：《扶持农民工以创业带动就业的对策研究》，《中国人口科学》2009 年第 3 期。

[28] 郭峰、洪占卿：《贸易开放、地区市场规模与中国省际通胀波动》，《金融研究》2013 年第 3 期。

[29] 何郁冰：《产学研协同创新的理论模式》，《科学学研究》2012 年第 2 期。

[30] 何予平：《企业家精神与中国经济增长——基于 C—D 生产函数的实证研究》，《当代财经》2006 年第 7 期。

[31] 胡怀敏：《我国女性创业及影响因素研究》，华中科技大学 2007 年版。

[32] 黄兆信、吴新慧、钟卫东：《新生代农民工创业的现状与对策研究——基于多个城市的实证调查》，《江西社会科学》2012 年第 9 期。

[33] 纪韶、刘德建：《农民工职业层次分化与就业身份选择——基于 2013 年北京市流动人口动态监测数据》，《调研世界》2015 年第 11 期。

[34] 贾妮莎、韩永辉、邹建华：《中国双向 FDI 的产业结构升级效应：理论机制与实证检验》，《国际贸易问题》2014 年第 11 期。

[35] 蒋殿春、张宇：《经济转型与外商直接投资技术溢出效应》，《经济研究》2008 年第 7 期。

[36] 蒋含明、王军辉、李非：《企业家创业、生产性公共支出与区域经济增长——基于动态空间面板方法的实证研究》，《经济评论》2013 年第 2 期。

[37] 江春、滕芸：《企业家精神与金融发展关系研究评述》，《经济学动态》2010 年第 2 期。

[38] 江春、周宁东、张龙耀：《中国企业家精神的动态变化与政策支

持》，《财政研究》2012 年第 5 期。

[39] 蒋殿春、张宇：《经济转型与外商直接投资技术溢出效应》，《经济研究》2008 年第 7 期。

[40] 解安：《中国新一轮起飞动力在哪——评〈走向创业型经济〉一书》，《人民论坛》2011 年第 10 期。

[41] 李长安、苏丽锋：《人力资本对创业活动的影响——基于 2003 年—2011 年数据的实证分析》，《清华大学教育研究》2013 年第 2 期。

[42] 李国学：《发展中国家对外直接投资理论综述》，《中国社会科学院世界经济与政治研究所》，工作论文，2012 年。

[43] 刘宏、李述晟：《FDI 对我国经济增长、就业影响研究——基于 VAR 模型》，《国际贸易问题》2013 年第 4 期。

[44] 李磊、刘斌、胡博、谢璐：《贸易开放对城镇居民收入及分配的影响》，《经济学（季刊）》2012 年第 1 期。

[45] 李磊、王小洁、刘鹏程：《国际贸易与企业家精神的跨国溢出》，《经济学报》2015 年第 4 期。

[46] 李磊、郑妍妍、刘鹏程：《金融发展、职业选择与企业家精神——来自微观调查的证据》，《金融研究》2014 年第 6 期。

[47] 李剑力：《创新型创业和模仿型创业的分类促进政策探析——基于浙苏粤豫鄂陕渝七省市的调查》，《学习论坛》2013 年第 8 期。

[48] 李平：《论国际贸易与技术创新的关系》，《世界经济研究》2002 年第 5 期。

[49] 李燃、王立平、刘琴琴：《地理距离与经济距离对创业知识溢出影响的实证分析》，《科技进步与对策》2012 年第 10 期。

[50] 李威、黄顺武、喻鑫：《FDI 对中国企业家精神的影响——基于制造业面板数据的分析》，《中央财经大学学报》2009 年第 5 期。

[51] 李雪莲、马双、邓翔：《公务员家庭、创业与寻租动机》，《经济研究》2015 年第 5 期。

[52] 李燕、韩伯棠、张庆普：《FDI 溢出、门槛效应与我国区域技术进步——基于全国 29 个省市面板数据的实证研究》，《中国科技论坛》2011 年第 3 期。

［53］李燕萍、陈武、李正海：《驱动中国创新发展的创客与众创空间培育：理论与实践——2016 年首届"创新发展·创客·众创空间"论坛评述》，《科技进步与对策》2016 年第 20 期。

［54］刘华、卢孔标：《外资银行对新兴市场经济国家银行体系效率与稳定性的影响》，《南方金融》2006 年第 11 期。

［55］刘明霞：《我国对外直接投资的逆向技术溢出效应——基于省际面板数据的实证分析》，《国际商务》2009 年第 4 期。

［56］刘鹏程：《老龄化社会与企业家精神》，《南开大学国经济研究所〈12 观点〉》2013，http：//nkiie. com/news2. asp？ArticleID＝1114。

［57］刘鹏程、李磊、王小洁、刘斌：《FDI 对东道国企业家精神的动态影响》，《当代经济科学》2013 年第 7 期。

［58］刘鹏程、李磊、王小洁：《企业家精神的性别差异——基于创业动机视角的研究》，《管理世界》2013 年第 8 期。

［59］刘荣秀：《新常态下创客经济发展现状及路径探究》，《山西财经大学学报》2017 年第 S1 期。

［60］刘志彪、王建国：《工业化与创新驱动：工匠精神与企业家精神的指向》，《新疆师范大学学报》（哲学社会科学版）2018 年第 3 期。

［61］刘中起、风笑天：《社会资本视阈下的现代女性创业研究：一个嵌入性视角》，《山西师大学报》（社会科学版）2010 年第 1 期。

［62］鲁钊阳、廖杉杉：《FDI 技术溢出与区域创新能力差异的双门槛效应》，《数量经济技术经济研究》2012 年第 5 期。

［63］鲁若愚、张鹏、张红琪：《产学研合作创新模式研究——基于广东省部合作创新实践的研究》，《科学学研究》2012 年第 2 期。

［64］罗长远：《FDI、国内资本与经济增长——1987—2001 年中国省际面板数据的证据》，《世界经济文汇》2006 年第 4 期。

［65］罗军：《FDI 影响区域创新能力的人力资本门槛效应研究》，《国际商务（对外经济贸易大学学报)》2016 年第 6 期。

［66］毛丰付、张淼：《城市新移民自雇创业问题研究述评》，《贵州财经大学学报》2014 年第 4 期。

［67］宁光杰：《自我雇佣还是成为工资获得者？——中国农村外出劳动

力的就业选择和收入差异》,《管理世界》2012 年第 7 期。

[68] 欧雪银:《企业家精神评价指标体系与灰色关联度系数的测量》,《求索》2007 年第 11 期。

[69] 欧阳峣、张亚斌、易先忠:《中国与金砖国家外贸的"共享式"增长》,《中国社会科学》2012 年第 10 期。

[70] 普洛克特:《英汉双解剑桥国际英语词典》,上海外语教育出版社 2001 年版。

[71] 钱永红:《创业意向影响因素研究》,《浙江大学学报》(人文社会科学版)2007 年第 4 期。

[72] 卿石松:《职位晋升中的性别歧视》,《管理世界》2011 年第 11 期。

[73] 沈坤荣、周卫民:《中国经济增长中的管理要素:理论梳理和实证分析》,《科研管理》2012 年第 5 期。

[74] 盛斌、毛其淋:《贸易开放、国内市场一体化与中国省际经济增长(1985—2008 年)》,《世界经济》2011 年第 11 期。

[75] 盛丹、包群、王永进:《基础设施对中国企业出口行为的影响:"集约边际"还是"扩展边际"》,《世界经济》2011 年第 1 期。

[76] 史晋川、赵自芳:《所有制约束与要素价格扭曲——基于中国工业行业数据的实证分析》,《统计研究》2007 年第 6 期。

[77] 石智雷、谭宇、吴海涛:《返乡农民工家庭收入结构与创业意愿研究》,《农业技术经济》2010 年第 11 期。

[78] 宋冬林、姜扬:《政府财政支出与创业行为——基于 CGSS2012 数据的实证研究》,《当代经济研究》2017 年第 4 期。

[79] 苏小莉、陈景新:《我国金融服务贸易影响因素与发展策略研究》,《商业时代》2012 年第 5 期。

[80] 孙国翠:《女性创业成功影响因素及作用机制研究》,山东大学博士论文 2011 年。

[81] 唐东波:《全球化对中国就业结构的影响》,《世界经济》2011 年第 9 期。

[82] 田毕飞、陈紫若:《FDI 对中国创业的空间外溢效应》,《中国工业经济》2016 年第 8 期。

［83］田大洲、曲涛、田娜：《我国中小企业发展及其就业贡献》，《人口与经济》2011 年第 2 期。

［84］田大洲：《我国中小企业发展与就业研究》，首都经济贸易大学，博士论文，2010 年。

［85］田泽永：《FDI 的资本形成与技术溢出效应研究——基于江苏民营制造业视角》，南京航空航天大学博士论文，2009 年。

［86］王春霞：《我国中小企业绿色管理的驱动机制研究》，山东财经大学，2013 年。

［87］王春法：《FDI 与内生技术能力培育》，《国际经济评论》2004 年第 2 期。

［88］王戴黎：《外资企业工作经验与企业家创业活动：中国家户调查证据》，《管理世界》2014 年第 10 期。

［89］王剑、张会清：《外国直接投资对中国就业效应的实证研究》，《世界经济研究》2005 年第 9 期。

［90］王生辉、张京红：《外资主导下的我国加工贸易转型升级问题》，《生产力研究》2014 年第 12 期。

［91］王小洁、李磊、刘鹏程：《贸易开放对农民工工时的影响研究——来自 2007 年外来务工人员调查数据的经验分析》，《财经研究》2014 年第 5 期。

［92］王小洁、刘鹏程、陈梅、李红阳：《贸易开放对农民工自雇创业的影响》，《中国经济问题》2016 年第 5 期。

［93］王郁昭、邓鸿勋：《农民就业与中国现代化》，四川人民出版社 1999 年版。

［94］吴利华、申振佳：《产业生产率变化：企业进入退出、所有制与政府补贴——以装备制造业为例》，《产业经济研究》2013 年第 4 期。

［95］徐怀伏：《技术创新溢出的制度分析》，南京农业大学博士论文，2007 年。

［96］许艳丽：《社会性别视角下的女性职业教育发展》，《中华女子学院学报》2001 年第 3 期。

［97］薛红志、张玉利、杨俊：《机会拉动与贫穷推动型企业家精神比较

研究》，《外国经济与管理》2003 年第 6 期。

[98] 杨蕙馨、吴炜峰：《经济全球化条件下的产业结构转型及对策》，《经济学动态》2010 年第 6 期。

[99] 杨宇、郑垂勇：《企业家精神和区域经济增长的典型相关分析》，《工业技术经济》2007 年第 3 期。

[100] 殷德生、唐海燕：《内生技术进步、南北贸易与干预政策》，《财经研究》2006 年第 4 期。

[101] 袁红林、蒋含明：《中国企业家创业精神的影响因素分析——基于省级面板数据的实证研究》，《当代财经》2013 年第 8 期。

[102] 阮荣平、郑风田、刘力：《信仰的力量：宗教有利于创业吗?》，《经济研究》2014 年第 3 期。

[103] 张力：《产学研协同创新的战略意义和政策走向》，《教育研究》2011 年第 7 期。

[104] 张敏：《FDI 影响机会驱动型和生存驱动型创业的比较分析》，《商业经济研究》2015 年第 32 期。

[105] 张茉楠：《启动创业型经济释放新一轮增长动力》，《中国高新技术产业导报》，2008 年 10 月，20B08。

[106] 张晔：《政府干预、经济自由与企业家精神》，《南京大学学报》（哲学·人文科学·社会科学版）2005 年第 2 期。

[107] 张晔：《政府干预、经济自由与企业家精神》，《南京大学学报》2005 年第 2 期。

[108] 张玉利：《开启中国创业型经济之路——评李政的〈创业型经济：内在机理与发展策略〉》，《社会科学辑刊》2011 年第 4 期。

[109] 张玉利、李乾文、李剑力：《创业管理研究新观点综述》，《外国经济与管理》2006 年第 5 期。

[110] 张玉利、薛红志、杨俊：《企业家创业行为的理性分析》，《经济与管理研究》2003 年第 5 期。

[111] 赵德昭：《FDI 对农村剩余劳动力转移存在门槛效应吗》，《财贸经济》2014 年第 11 期。

[112] 赵德昭：《外商直接投资、城市化与劳动力市场的非均衡化发展》，

《经济学家》2014 年第 10 期。

[113] 赵浩兴、张巧文：《内地农民工返乡创业与沿海地区外力推动：一个机制框架》，《改革》2011 年第 3 期。

[114] 赵奉军、高波：《经济发展与企业家精神的 U 型关系及其检验》，《广东商学院学报》2009 年第 1 期。

[115] 赵奇伟：《东道国制度安排、市场分割与 FDI 溢出效应：来自中国的证据》，《经济学季刊》2009 年第 3 期。

[116] 赵莹：《中国的对外开放和收入差距》，《世界经济文汇》2003 年第 4 期。

[117] 郑江淮、袁国良：《非均衡经济中的企业家行为——论舒尔茨的企业家理论》，《中国人民大学学报》1998 年第 2 期。

[118] 中华职业教育社、中小企业全国理事会、KAB 创业教育中国研究所、北京世纪英才高等研修学院：《全球创业型经济研究报告》，《创业、创新、就业与科学发展——全球创业型经济论坛文集》，2008 年。

[119] 朱承亮、师萍、岳宏志：《FDI、人力资本及其结构与研发创新效率》，《科学学与科学技术管理》2011 年第 9 期。

[120] 朱倩：《FDI 对中国行业收入差距影响的实证研究》，《北方经济》2011 年第 17 期。

[121] 朱乾、杨勇、陶天龙等：《企业家精神影响因素的国外研究综述》，《东南大学学报》（哲学社会科学版）2012 年第 4 期。

[122] 朱彤、刘鹏程、王小洁：《贸易开放对发展中国家企业家精神的影响》，《南开经济研究》2015 年第 5 期。

[123] 庄晋财、尹金承、王春燕：《农民工创业资源获取的网络渠道及其差异研究》，《软科学》2015 年第 5 期。

[124] 邹宇春、敖丹：《自雇者与受雇者的社会资本差异研究》，《社会学研究》2011 年第 5 期。

[125] Acs, Z. J., Audretsch, D. B. and Evans D. S., " Why does the Self-Employment Rate Vary Across Countries and Over Time?" 1994, CEPR Discussion Papers No. 871.

[126] Acs Z. J. , Arenius P. , Hay M, et al. , " Global Entrepreneurship Monitor Executive Report 2004 ", *London Business School.* Babson, UK, 2005.

[127] Acs Z. J. , Braunerhjelm P. , Audretsch D. B. , "The Knowledge Spillover Theory of Entrepreneurship", *Small Business Economics*, 2009, 32 (1) .

[128] Acs Z. J. , Szerb L. , " Entrepreneurship, Economic Growth and Public Policy", *Small Business Economics*, 2007, 28 (2 – 3) .

[129] Alvarez, S. A. and Barney, J. B. , "Discovery and Creation: Alternative Theories of Entrepreneurial Action", *Strategic Entrepreneurship Journal*, 2007 (1) .

[130] Amsden A. H. , "The Direction of Trade—Past and Present—and the "Learning Effects" of Exports to Different Directions", *Journal of Development Economics*, 1986, 23 (2) .

[131] Alfaro L. , Chanda A. , Kalemli-Ozcan S. , et al. , "FDI and Economic Growth: The Role of Local Financial Markets", *Journal of International Economics*, 2004, 64 (1) .

[132] Amar V. Bhide. , The Origin and Evolution of New Business, *Oxford University Press*, 2000.

[133] Amsden A. H. , " The direction of Trade-past and Present-and the 'Learning Effects' of Exports to Different Directions", *Journal of Development Economics*, 1986, 23 (2) .

[134] Anderson C. , "In the Next Industrial Revolution, Atoms are the New bits", *Wired magazine*, 2010, 1 (25) .

[135] Anker, Richard, "Theories of Occupational Segregation by Sex: An Overview ", *International Labour Review*, 1997, 136 (3) .

[136] Akpor-Robaro. Introductory Notes on the Theories of Entrepreneurship, Lagos: Bendona and Associates, 2004.

[137] Akpor-Robaro, M. O. Mamuzo. , "The Impact of Globalization on Entrepreneurship Development in Developing Economies: A Theoretical

Analysis of the Nigerian Experience in the Manufacturing Industry", *Management Science and Engineering*, 2012, 6 (2).

[138] Ardichvili A., Cardozo R. and Ray, S., "A Theory of Entrepreneurial Opportunity Identification and Development", *Journal of Business Venturing*, 2003, 18 (1).

[139] Armington C., Acs Z. J., "The Determinants of Regional Variation in new firm Formation", *Regional Studies*, 2002, 36 (1).

[140] Atuahene-Gima K., "The Effect of Centrifugal and Centripetal Forces on Product Development Quality and Speed: How Does Problem Solving Matter?", *Academy of Management Journal*, 2003, 46 (3).

[141] Audretsch D. B., "The knowledge Spillover theory of Entrepreneurship and Economic Growth", Research on Technological Innovation, *Management and Policy*, 2005 (9).

[142] Audretsch D. B., Keilbach M., "The Theory of Knowledge Spillover Entrepreneurship", *Journal of Management Studies*, 2007, 44 (7).

[143] Audretsch D. B., Thurik, A. R., " Linking Entrepreneurship to Growth, OECD Science", *Technoloty and Industry*", *OECD Working Papers*, 2001.

[144] Audretsch D. B. and Michael F., "The Geography of Firm Births in Germany ", *Regional Studies*, 1994, 28 (4).

[145] Audretsch D. B. , *Innovation and Industry Evolution*, Cambridge: MIT Press, 1995.

[146] Audretsch D. B. and A. R. Thurik, "Capitalism and Democracy in the 21st Century: From the Managed to the Entrepreneurial Economy", *Journal of Evolutionary Economics*, 2000 (10).

[147] Audretsch D. B., A. R. Thurik, I. Verheul, A. R. M. Wennekers, "Entrepreneurship: Determinants and Policy in a European-US Comparison", *Boston/Dordrecht: Kluwer Academic Publishers*, 2002.

[148] Barringer B. R., Jones F. F., Neubaum D. O., "A Quantitative Content Analysis of the Characteristics of Rapid-growth firms and Their

Founders", *Journal of Business Venturing*, 2005, 20 (5).

[149] Bates T. , "Entrepreneur Human Capital inputs and small Business Longevity", *The Review of Economics and Statistics*, 1990.

[150] Baumol, William J. , "Entrepreneurship: Productive, Unproductive, and Destructive", *Journal of Business Venturing*, 1996, 11 (1).

[151] Bhide A. , *The Origin and Evolution of New Businesses*, Oxford University Press, 2000.

[152] Bianchi M. , "Credit Constraints, Entrepreneurial Talent, and Economic Development", *Small Business Economics*, 2010, 34 (1).

[153] Blanchflower D. G. and Meyer B. A. , "Longitudinal Analysis of young Entrepreneurs in Australia and the United States", *Small Business Economics*, 1994 (6).

[154] Blanchflower D. G. , "Self-Employment in OECD Countries", *Labour Economics*, 2000 (7).

[155] Blanchflower David G. , Andrew Oswald, Alois Stutzer, "Latent Entrepreneurship across Nations", *European Economic Review*, 2001, 45 (4).

[156] Borensztein E. , De Gregorio J. , Lee J. W. , "How does Foreign Direct Investment Affect Economic Growth?", *Journal of International Economics*, 1998, 45 (1).

[157] Carree M. , "Does Unemployment Affect the Number of Establishments? A Regional Analysis for U. S. States", *Regional Studies*, 2002, 36 (4).

[158] Carree, M. , Van Stel, A. , Thurik, R. , Wennekers, S. , "Economic Development and Business Ownership: An Analysis using Data of 23 OECD Countries in the Period 1976 – 1996", *Small Business Economics*, 2002, 19 (3).

[159] Carreira, C. and Teixeira, P. , "Internal and External Restructuring over the Cycle: A Firm-based Analysis of Gross Flows and Productivity Growth in Portugal", *Journal of Productivity Analysis*, 2008, 29

（3）.

[160] Caves R. E. , "International Corporations: The Industrial Economics of Foreign Investment", *Economics*, 1971, 38（141）.

[161] Chinn, Menzie D. and Hiro Ito. , "What Matters for Financial Development? Capital Controls, Institutions, and Interactions", *Journal of Development Economics*, 2006（1）.

[162] Clarke George, Robert Cull, Maria Martinez Peria, "Does Foreign bank Penetration Reduce Access to Credit in Developing Countries", *Evidence from Asking Borrowers*, No. 2716. The World Bank, 2001.

[163] Coase, Ronald Harry, "The Firm, the Market, and the Law, University of Chicago Press", 2012.

[164] Coe D. and E. Helpman, "International R&D Spillovers", *European Economic Review*, 1995, 39（5）.

[165] Congregado E. , Millán J. M. , Román C. , "From own-account Worker to Job Creator", *International Review of Entrepreneurship*, 2010, 8（4）.

[166] Covin J. G. , Slevin D. P. , "A Conceptual Model of Entrepreneurship as firm Behavior", *Entrepreneurship Theory and Practice*, 1991, 16（1）.

[167] Criscuolo, P. , Narula, R. , "A Novel Approach to National Technological Accumulation and Absorptive capacity: Aggregating Cohen and Levinthal", *The European Journal of Development Research*, 2008, 20（1）.

[168] Cromie, Stanley and John Hayes, "Towards a Typology of Female Entrepreneurs", *The Sociological Review*, 2011, 36（1）.

[169] De La Potterie, B. V. P. , and Lichtenberg, F. , "Does foreign Direct Investment Transfer Technology Across Borders?", *Review of Economics and Statistics*, 2001, 83（3）.

[170] Démurger S. , et al. , "Migrants as Second-class Workers in Urban China? A Decomposition Analysis", *Journal of Comparative Econom-*

ics, 2009, 37 (4).

[171] Dierk H. and Peter N. , "FDI and Income Inequality: Evidence from Europe", *Kiel Institute for the World Economy Working Paper*, 2011, No. 1675.

[172] Díez, Federico, and Ali Ozdagli, "Entrepreneurship and Occupational Choice in the Global Economy", *Society for Economic Dynamics Meeting Papers*, 2012, No. 1004.

[173] Driffield N. L. , "The Indirect Employment Effect of Foreign Direct Investment in the UK", *Bull. Econ. Res*, 1999.

[174] Dubini, Paola, and Howard Aldrich, "Personal and Extended Networks are Central to the Entrepreneurial Process", *Entrepreneurship: Critical Perspectives on Business and Management*, 2002.

[175] Evans D. S. and Leighton L. S. , "Some empirical aspects of entrepreneurship", *American Economic Review*, 1989 (79).

[176] Evans D. S. and Linda Leighton, "Small Business Formation by Unemployed and Employed Workers", *Small Business Economics*, 1990, 2 (4).

[177] Evans David S. , and Linda S. Leighton, "Some Empirical Aspects of Entrepreneurship", *The American Economic Review*, 1989, 79 (3).

[178] Evans J. , Mavondo F. T. , "Psychic Distance and Organizational Performance: An Empirical Examination of International Retailing Operations", *Journal of International Business Studies*, 2002, 33 (3).

[179] Feenstra R. C. and Hanson G. H. , "Foreign Direct Investment and Relative Wages: Evidence from Mexico's Maquiladoras", *Journal of International Economics*, 1997, 42 (3).

[180] Fogel D. S. , "Environments for Entrepreneurship Development: Key Dimension and Research Implications", *Entrepreneurship Theory Practice*, 1994, 18 (1).

[181] Fritsch, Michael and Pamela Mueller, "The Evolution of Regional Entrepreneurship and Growth Regimes ", *Entrepreneurship in the*

Region, 2006.

[182] Gagnon, Jason, Theodora Xenogiani, and Chunbing Xing, " Are all Migrants Really Worse off in Urban Labour Markets?", *New Empirical Evidence from China*, No. 278. OECD Publishing, 2009.

[183] Gartner, William B. , "A Conceptual Framework for Describing the Phenomenon of New Venture Creation", *Academy of Management Review*, 1985, 10 (4) .

[184] Gartner, William B. , "A Conceptual Framework for Describing the Phenomenon of new Venture Creation", *Academy of Management Review*, 1985, 10 (4) .

[185] Gene M. G. , "International trade, Foreign Investment, and the Formation of the Entrepreneurial Class", *American Economic Review*, 1984 (4) .

[186] Girma, S. , Holger, G. and Mauro P. , "Exporting, Linkages and Productivity Spillovers from Foreign Direct Investment", *Canadian Journal of Economies*, 2008, 41 (1) .

[187] Goetz, Stephan J. and David Freshwater, "State-level Determinants of Entrepreneurship and a Preliminary Measure of Entrepreneurial Climate", *Economic Development Quarterly*, 2001, 15 (1) .

[188] Grilo, Isabel, and Jesus-Maria Irigoyen, "Entrepreneurship in the EU: to wish and not to be", *Small Business Economics*, 2006, 26 (4) .

[189] Grossman G. M. , "International Trade, Foreign Investment, and the Formation of the Entrepreneurial Class", *American Economic Review*, 1984, 74 (4) .

[190] Guy, Mary Ellen and Meredith A. Newman, "Women's Jobs, Men's Jobs: Sex Segregation and Emotional Labor", *Public Administration Review*, 2004, 64 (3) .

[191] Hackett, G. and Betz, N. E. A. , "Self-efficacy Approach to the Career Development of Women", *Journal of Vocational Behavior*, 1981 (18) .

[192] Haddad M. , Harrison A. , "Are there Positive Spillovers from Direct Foreign Investment? Evidence from Panel Data for Morocco" , *Journal of Development Economics*, 1993, 42 (1) .

[193] Hart M, Gudgin G. , "Spatial Variations in new firm Formation in the Republic of Ireland, 1980 – 1990" , *Regional Studies*, 1994, 28 (4) .

[194] He, Z. and Wong, P. Exploration vs. , "Exploitation: An Empirical Test of the Ambidexterity Hypothesis" , *Organization Science*, 2004, 15 (4) .

[195] Hebert, R. F. , Link A. N. , "In Search of the Meaning of Entrepreneurship" , *Small Business Economics*, 1989, 1 (1) .

[196] Heckman J. J. , "Sample Selection Bias as a Specification Error" , *Econometrica*, 1979, 47 (1) .

[197] Holmes, Thomas J. , "A gain from Trade: From Unproductive to Productive Entrepreneurship" , *Journal of Monetary Economics*, 2001, 47 (2) .

[198] Hurst, Erik, and Annamaria Lusardi, "Liquidity Constraints, Household Wealth, and Entrepreneurship" , *Journal of Political Economy*, 2004, 112 (2) .

[199] Iwasa T. , Odagiri H. Overseas R&D, "Knowledge Sourcing, and Patenting: an Empirical Study of Japanese R&D Investment in the US" , *Research Policy*, 2004, 33 (5) .

[200] Jovanovic Boyan. , "Firm Formation with Heterogeneous Management and Labor Skills" , *Small Business Economics*, 1994, 6 (3) .

[201] Kanbur S. M. , "Of Risk Taking and the Personal Distribution of Income" , *Journal of Political Economy*, 1979, 87 (4) .

[202] Kaufman A. S. , Horn J. L. , "Age Changes on Tests of Fluid and Crystallized Ability for Women and Men on the Kaufman Adolescent and Adult Intelligence Test (KAIT) at Ages 17 – 94 Years" , *Archives of Clinical Neuropsychology*, 1996, 11 (2) .

[203] Klaus E. M. , "Perspectives on multinational Enterprises Inemerging Economies", *Journal of International Business Studies*, 2004 (4).

[204] Kihlstrom, Richard E. , Jean-Jacques Laffont, "A General Equilibrium Entrepreneurial Theory of Firm Formation Based on Risk Aversion", *Journal of Political Economy*, 1979, 87 (4).

[205] Koellinger P. , "Why are some Entrepreneurs more Innovative than others?", *Small Business Economics*, 2008, 31 (1).

[206] Koen D. E. B. and Leo S. , "Does Foreign Direct Investment Crowd Out Domestic Entrepreneurship?", *Vlerick Working Paper*, 2002, No. 14.

[207] Kouriloff M. , "Exploring Perceptions of a Priori barriers to Entrepreneurship: a Multidisciplinary Approach", *Entrepreneurship Theory and Practice*, 2000, 25 (2).

[208] Lahiri S. , Tsai Y. , "Foreign Penetration and Domestic Competition", *Mimeo*, 2015.

[209] Lee A . T. , "Empirical Studies of Self - employment", *Journal of Economic Surveys*, 1999, 13 (4).

[210] Lee Sang M. , and Suzanne J. Peterson. Culture, "Entrepreneurial Orientation, and Global Competitiveness", *Journal of World Business*, 2001, 35 (4).

[211] Lee, L. W. , "Entrepreneurship and Regulation: Dynamics and Political Economy", *Journal of Evolutionary Economics*, 1991, 1 (3).

[212] Lerner M. , Brush C. , Hisrich R. , "Lsraeli Women Entrepreneurs: An Examination of Factors Affecting Performance", *Journal of Business Venturing*, 1997, 12 (4).

[213] Levesque M. and M. Minniti. , "The Effect of Aging on Entrepreneurial Behavior", *Journal of Business Venturing*, 2006, 21.

[214] Lucas R. E. , "On the Mechanics of Economic Development", *Journal of Monetary Economics*, 1988, 22 (6).

[215] Lumpkin, G. Tom, and Gregory G. Dess, "Clarifying the Entrepreneurial Orientation Construct and Linking it to Performance", *Academy of Management Review*, 1996, 21 (1).

[216] Luthans F., Stajkovic A. D., Ibrayeva E., "Environmental and Psychological Challenges Facing Entrepreneurial Development in Transitional Economies", *Journal of World Business*, 2000, 35 (1).

[217] Luthans, Fred, Alexander D. Stajkovic, and Elina Ibrayeva, "Environmental and Psychological Challenges Facing Entrepreneurial Development in Transitional Economies", *Journal of World Business*, 2000, 35 (1).

[218] MacDougall, G. D. A., "The Benefits and Costs of Private Investment from Abroad: a Theoretical Approach", *Economic Record*, 1960, 36.

[219] Manasse, Paolo, and Alessandro Turrini, "Trade, Wages, and 'Superstars'", *Journal of International Economics*, 2001, 54 (1).

[220] Mark A. Dutz, Janusz A. Ordover and Robert D. Willig, "Entrepreneurship Access Policy and Economic Development: Lessons from Industrial Organization", *European Economic Review*, 2000 (44).

[221] Marvel M. R. and Lumpkin G. T., "Technology Entrepreneurs' Human Capital and its Effects on Innovation Radicalness", *Entrepreneurship Theory and Practice*, 2007, 31 (6).

[222] McClelland D. C., *The Achieving Society*, Princeton, N. J.: Van Nostrand, 1961.

[223] Meghana A. and Renata K., "Does FDI Facilitate Domestic Entry? Evidence from the Czech Republic", *Review of International Economics*, 2010, 18 (1).

[224] Melitz M. J., "The Impact of Trade on Intra - industry Reallocations and Aggregate Industry Productivity", *Econometrica*, 2003, 71 (6).

[225] Menon N. and Rodgers Y. M., "International Trade and the Gender Sage Gap: New Evidence from India's Manufacturing Sector", *World*

Development, 2009, 37 (5).

[226] Meyer K. E., Estrin S., Bhaumik S. K. and Peng, M. W., "Institutions, Resources, and Entry Strategies in Emerging Economies", *Strategic Management Journal*, 2009, 30 (1).

[227] Meyer, K. E., "Perspectives on Multinational Enterprises in Emerging Economies", *Journal of International Business Studies*, 2004, 35 (4).

[228] Minniti, Maria, and Moren Levesque, "Recent Developments in the Economics of Entrepreneurship", *Journal of Business Venturing*, 2008, 23 (6).

[229] Morris M. H., Kuratko D. F., Covin J. G., Corporate Entrepreneurship and Innovation: Entrepreneurial Development within Organizations, Cengage Learning, 2010.

[230] Nickels, William G., James M. McHugh, and Susan M. McHugh, "Understanding Business", *McGraw-Hill/Irwin*, 2011.

[231] Nigel D., "Indirect Employment effects of Foreign Direct Investment into the UK", *Bulletin of Economic Research*, 1995 (3).

[232] Oakes, Jeannie, "Opportunities, Achievement, and Choice: Women and Minority Students in Science and Mathematics", *Review of Research in Education*, 1990 (16).

[233] Oi W. Y., "Heterogeneous Firms and the Organization of Production", *Economic Inquiry*, 1983 (21).

[234] Okamuro H., Kobayashi N., "The Impact of Regional Factors on the Start-Up Ratio in Japan", *Journal of Small Business Management*, 2006, 44 (2).

[235] Reynolds, P. D., David Storey, and Paul Westhead, "Regional Characteristics Affecting Entrepreneurship: A Cross National Comparison", *Frontiers of Entrepreneurship Research 550*, 1994.

[236] Richard E. C., "International Corporations: The Industrial Economics of Foreign Investment", *Economica*, 1971 (149).

[237] Richard E. K. , Jean J. L. , "A general Equilibrium Entrepreneurial Theory of Firm Formation Based on Risk Aversion", *Journal of Political Economy*, 1979 (4) .

[238] Robinson P. B. , Sexton E. A. , "The Effect of Education and Experience on Self-employment Success", *Journal of Business Venturing*, 1994, 9 (2) .

[239] Rosenberg, Nathan, *Inside the Black Box*: *Technology and Economics*, Cambridge: Cambridge University Press, 1982.

[240] Rothwell Roy and Zegveld Walte, *Industrial Innovation and Public Policy*: *Preparing for the 1980s and the 1990s*, Westport: Conn. Greenwood Press, 1982.

[241] Ruth J. E. , Birren J. E. , "Creativity in Adulthood and old age: Relations to Intelligence, Sex and Mode of Testing", *International Journal of Behavioral Development*, 1985, 8 (1) .

[242] Ryan J. J. , Sattler J. M. , Lopez S. J. , "Age Effects on Wechsler Adult Intelligence Scale-III Subtests", *Archives of Clinical Neuropsychology*, 2000, 15 (4) .

[243] Shane S. , "Explaining Variation in Rates of Entrepreneurship in the United States: 1899 – 1988", *Journal of Management*, 1996, 22 (5) .

[244] Shane S. , Stuart, T. , "Organizational Endowments and the Performance of University Start-ups ", *Management Science*, 2002, 48 (1) .

[245] Shane Scott, S. Venkataraman, "The Promise of Entrepreneurship as a Field of Research", *The Academy of Management Review*, 2000, 25 (1) .

[246] Stevenson, Lois A. , "Against all Odds: The Entrepreneurship of Women", *Journal of Small Business Management*, 1986, 24 (4) .

[247] Stiglitz J. E. Capital Market Liberalization, "Economic Growth, and Instability", *World Development*, 2000, (6) .

[248] Theodore W. Schultz. , "The Value of the Ability to Deal with Disequi-

libria", *Journal of Economic Literature*, 1975 (13) .

[249] Thurik R. , Audretsch D. B. , Grilo I. , "Globalization, entrepreneurship and the Region", EIM Business and Policy Research Working Paper, 2012.

[250] Veblen T. , *The Theory of Business Enterprise*, New York: Scribner, 1904.

[251] Wang X. , Huang J. , Zhang L. , et al. , "The Rise of Migration and the Fall of Self-employment in Rural China's Labor Market", *China Economic Review*, 2011, 22 (4) .

[252] Wong, Poh Kam, Yuen Ping Ho, and Erkko Autio, "Entrepreneurship, Innovation and Economic Growth: Evidence from GEM data", *Small Business Economics*, 2005, 24 (3) .

[253] Yu, T. F. , "Entrepreneurship and Economic Development in Hong Kong", *Knowledge Advances in Asia-Pacific Business*, 1997.

[254] Zhao Y. , "Foreign Direct Investment and Relative Wages: The Case of China", *China Economic Review*, 2001, 12 (1) .

[255] Zoltan J. Acs, Colm O'Gorman, Laszlo Szerb and Siri Terjesen, "Could the Irish Miracle be Repeated in Hungary? ", *Small Business Economics*, 2007, 28 (2) .

后　　记

　　本书为国家自科基金青年项目"经济全球化对我国创业的影响——理论研究与实证分析（71603142）"的阶段性成果。主要内容是将贸易开放与外商直接投资这两项经济全球化因素纳入到企业家精神的研究范畴中，通过构建理论模型，理清影响机制，从宏观层面和个体层面两个维度，系统探讨了经济全球化影响企业家精神的直接效应和间接效应。在写作过程中受到恩师朱彤、同门李磊、刘斌、冯其云、卢冠锋、庄媛媛、王乃红、孙沫辰、同窗王小洁、吴雯、李占成等的指导帮助，也受到工作单位青岛大学学校领导和学院领导的支持鼓励，在此表示衷心感谢！

刘鹏程

2019 年 10 月